EVROPA

MICHAEL BREEN

Kim Jong Il
Nordkoreas »Geliebter Führer«

Biographie

Aus dem Amerikanischen übersetzt von
Gabriele Gockel und Bernhard Jendricke

Europäische Verlagsanstalt

Die Originalausgabe erschien 2004 unter dem Titel »Kim Jong-il. North Korea's Dear Leader« bei John Wiley & Sons (Asia) Pte Ltd, Singapur

Bildnachweis: Alle Fotos erscheinen mit freundlicher Genehmigung.

Informationen zu unseren Verlagsprogrammen finden Sie im Internet unter www.europaeische-verlagsanstalt.de

Bibliografische Information Der Deutschen Bibliothek

Die Deutsche Bibliothek verzeichnet diese Publikation in der Deutschen Nationalbibliografie; detaillierte bibliografische Daten sind im Internet über http://dnb.ddb.de abrufbar.

Umschlaggestaltung: projekt ® | Walter Hellmann, Hamburg
Signet: Dorothee Wallner nach Caspar Neher »Europa« (1945)
Herstellung: Das Herstellungsbüro, Hamburg
Druck und Bindung: Freiburger Graphische Betriebe

Printed in Germany
ISBN 3-434-50585-7

Inhalt

Quelle: Originalausgabe John Wiley & Sons

Vorwort

Im Sommer 2002 bestätigte sich der Verdacht der Vereinigten Staaten, dass Nordkorea ein heimliches Atomwaffenprogramm verfolgt und damit gegen internationale Vereinbarungen verstößt. Als Nordkorea Anfang 2003 als erstes Land das internationale Abkommen über die Nichtweiterverbreitung von Atomwaffen aufkündigte, verschärften sich die Spannungen noch mehr.

Die Vereinigten Staaten waren in äußerster Alarmbereitschaft. Gemeinsam mit ihrem langjährigen Verbündeten Südkorea verfügen sie im Süden der koreanischen Halbinsel über eine Streitmacht, die den kommunistischen Norden von einem etwaigen Angriff abschrecken soll. Seit dem historischen ersten Gipfeltreffen zwischen dem südkoreanischen Staatschef Kim Dae Jung und dem nordkoreanischen Führer Kim Jong Il im Jahre 2000 hatte sich die Lage allerdings etwas entspannt. Als dann noch im selben Jahr die amerikanische Außenministerin Madeleine Albright Pjöngjang besuchte, waren die Hoffnungen auf Aussöhnung größer als je zuvor.

Aber die jüngsten Entdeckungen drehten die Uhr wieder zurück. Amerikanische Truppen hatten soeben das Regime in Afghanistan beseitigt und würden bald im Irak einmarschieren. Nun betrachtete Washington Nordkorea nicht mehr durch die Brille des Kalten Krieges als »kommunistische Bedrohung«, sondern als potenziellen Verbündeten von Schurkenstaaten und terroristischen Gruppen. Der

Krieg gegen den Terrorismus war auch im Korea des Kalten Krieges angekommen und erhöhte das Risiko eines Konflikts.

Die Koreaner sind an ein solches Auf und Ab gewöhnt. Ihr Land war immer schon ein Land der Tragödien und Extreme.

Die Spaltung in einen prosowjetischen Norden und einen proamerikanischen Süden im Jahre 1945 stellt die radikalste Teilung eines Landes in der jüngeren Geschichte dar. Im Krieg der beiden Seiten gegeneinander ließen drei Millionen Koreaner ihr Leben. Und während man im Süden die glühendsten Christen Asiens findet, hat der Norden einen kommunistischen Personenkult hervorgebracht, der an Fanatismus selbst den Kult um Mao oder Stalin übertraf und immer noch übertrifft. Zu Beginn des 21. Jahrhunderts leidet der Norden unter Lebensmittelmangel und einer maroden Wirtschaft, während der Süden auf Platz zwölf der weltgrößten Wirtschaftsmächte rangiert.

Trotz seines grotesken Fanatismus war Nordkorea bislang nicht von großem Interesse für die internationale Völkergemeinschaft. Seit dem Koreakrieg von 1950 bis 1953 ist dieses Land nur gelegentlich aus der selbst auferlegten Isolation herausgetreten und hat unsere Aufmerksamkeit erregt, und zwar stets aus negativem Anlass: Attentatsversuche auf südkoreanische Präsidenten, Festnahme südkoreanischer Diplomaten wegen Drogenschmuggel, Ausbildung von Terroristen, die Kaperung des Spionageschiffs USS Pueblo im Jahre 1968 und die Festnahme der Mannschaft, der Mord mit einer Axt an zwei amerikanischen Offizieren in der entmilitarisierten Zone im Jahre 1976, der Tod von Kim Il Sung 1994, die Hungersnot und die Überläufer. Das einzig positive Ereignis, an das ich mich erinnern kann, war der Sieg der nordkoreanischen Fußballmannschaft über Italien und damit ihr Einzug ins Viertelfinale bei der Weltmeisterschaft von 1966. Die Welt staunte, und die Bewohner der englischen Stadt Middlesbrough, wo sie ihre Spiele austrug, wurden umgehend zu Fans der nordkoreanischen Mannschaft. Deren Technik bestand darin, während des gesamten Spiels ständig über den ganzen Platz zu laufen, ein Stil, der später als »totaler Fußball« bezeichnet wurde.

In letzter Zeit macht Nordkorea erneut Schlagzeilen. Anfang des 21. Jahrhunderts, noch vor dem atomaren Eklat, geriet es sogar in den Mittelpunkt der internationalen Politik. Die Ursache dafür war eigentlich ein verspäteter Einfall des Weißen Hauses. Als dort im Jahre 2002 Präsident George W. Bushs Rede an die Nation ausgearbeitet wurde, bekam Nordkorea neben dem Irak und dem Iran einen Platz auf der Achse des Bösen zugewiesen – offenbar in letzter Minute und höchstwahrscheinlich nur aus rhetorischen Gründen und politischer Korrektheit, nicht aus politischen Motiven[1]: Irgendwie erschien eine Achse aus nur zwei islamischen Staaten als nicht ganz vollständig.

Viele zuckten zusammen, als sie die Rede hörten, auch wenn sie durchaus die Ansicht teilten, dass Nordkorea ein übler Geselle sei. Aber sie wussten, dass es keine Verbindungen zum islamistischen Terror unterhielt – zumindest nicht genügend, um in die »Achse des Bösen« aufzusteigen – und daher diese neue Etikettierung die Bemühungen Südkoreas zunichte machen würde, den Norden aus seiner hoffnungslosen Isolation zu locken. Das Ergebnis war, dass ein Schurkenstaat, der einst in der Amateurliga gespielt hatte, nun ganz oben auf der Tagesordnung des US-Präsidenten stand.

Mein eigenes Interesse an Kim Jong Il und Nordkorea geht auf das Jahr 1982 zurück. Damals zog ich als freier Journalist von New York nach Seoul. Zu dieser Zeit war noch Kim Il Sung, Kim Jong Ils Vater, an der Macht, den in Südkorea alle fürchteten.

Als sich Nordkorea Ende der achtziger Jahre für den Tourismus öffnete, beschloss ich, mir die Sache einmal mit eigenen Augen anzusehen. Zuvor jedoch ließ ich mir vom Botschafter eines befreundeten Landes etwas über Nordkorea erzählen, was sich als eine Art informelle Spionageausbildung erwies.

»Sie werden Ihnen gar nichts erzählen«, meinte er. (Oder sie lügen, fand ich später heraus. Mein erster offizieller Reisebegleiter behauptete, in Nordkorea gäbe es keine Kriminalität.) »Sie werden einzig und allein aus dem schöpfen müssen, was Sie zu sehen bekommen.«

Also die Wahrheit durch ein Fenster suchen. Aufgrund der ersten Eindrücke – Ochsen auf den Feldern, keine Werbung, verschrobene politische Parolen, Kinder auf dem Schulweg, die revolutionäre Lieder singen, eine marode Industrie – stellte sich mir die Frage, warum wir vor diesem traurigen Land Angst hatten. Zählen Sie die Drähte zwischen den Telegrafenmasten, riet mir der Botschafter (ich weiß nicht mehr, was man daraus errechnen konnte, aber es gab eine Menge Masten mit einem einzigen Kabel). »Achten Sie darauf, was für Waren auf den Bahnhöfen verladen werden.«

Ich befolgte seine Ratschläge – und entdeckte meinen inneren Sherlock Holmes.

»Warum sind in dem Verschließautomaten so viele zerbrochene Flaschen?«, fragte ich – inzwischen schon zu einem zweiten Watson geworden –, als ich mit einem Kollegen an einer Führung durch eine Limonadenfabrik in der Nähe der Hauptstadt Pjöngjang teilnahm. »Die Flaschen stehen nicht gerade in der Reihe«, meinte mein Kollege und nahm eine in die Hand, um sie zu prüfen. »Und zwar deshalb, weil aus dem Boden Blasen herausragen. Die Flaschen stehen schräg, und wenn die Maschine den Kronenkorken draufpresst, zerbrechen sie.« Man merkt, dass man noch lebt, wenn einen sogar die Glasindustrie fasziniert.

Von solchen Beobachtungen zu möglichen Problemlösungen – in der Art: wie wär's, wenn man die Qualität der Flaschenfertigung steigerte? – ist es nur ein kleiner Schritt, und bald fühlt sich der ausländische Besucher wie ein Experte für den Aufbau des Landes. So werden die Fremden süchtig nach Nordkorea. Alle, selbst die, die anscheinend Befürworter sind, wissen, dass sich Nordkorea im Griff einer verabscheuungswürdigen Diktatur befindet. Aber von der sicheren Warte des Ausländers schätzen sie die Tatsache, dass sie Verbindungen zu dem Land haben, weil es ihr Selbstwertgefühl hebt.

In dieser Begeisterung stellt man fest, dass man Sympathie für die Menschen empfinden kann, obwohl sie einem immer wieder einen Bären aufbinden. Als die internationale Presse Mitte der neunziger Jahre über die Reisknappheit in Nordkorea berichtete, servierte das Hotel Koryo in Pjöngjang zu jedem Gericht zwei Schalen Reis, um, so dachte ich, zu beweisen, dass die Journalisten sich irrten. »Im Gegenteil, das bestätigt sie«, erklärte mir später ein südkoreanischer Freund, bevor mein Artikel über die jüngste Entdeckung in Druck ging. »Sie wissen, dass man den Reis nicht ganz aufessen wird. Was übrig bleibt, nehmen sie mit nach Hause.«

Willkommen in Nordkorea, diesem rätselhaften Staat mit der bemerkenswerten Fähigkeit, die Außenwelt an der Nase herumzuführen, in einem Land, in dem Information und Bewegungsfreiheit so beschnitten sind, dass die Bürger nicht wissen, was außerhalb geschieht, und niemand erfährt, was sich im Land abspielt. Nordkorea war jahrelang »nachrichtendienstlich betrachtet ein schwarzes Loch«, wie ein US-Diplomat sich einmal ausdrückte.

Auch wenn es dafür keine sicheren Belege gibt, nimmt man an, dass bis zu drei Millionen Menschen verhungert und Hunderttausende nach China geflohen sind, wo sie versteckt und in Furcht vor Deportation und Bestrafung leben.[2] Wie konnte es im 21. Jahrhundert mitten im boomenden Nordostasien zu einer humanitären Krise solchen Ausmaßes kommen?

Die Antwort liegt bei dem einzigen Beleibten im ganzen Land – Kim Jong Il. Mit diesem Buch möchte ich ihn dem Leser vorstellen, so weit wie möglich seinen Werdegang schildern und zeigen, wie er die Tatsache, dass seine Bürger in den Gulag verschleppt werden können, nur weil sie *Le Monde* lesen, mit der persönlichen Vorliebe für guten französischen Wein vereinbart.

Dabei soll auch der interessanten Frage nachgegangen werden, wie es ihm gelingt, an der Macht zu bleiben. Warum haben die Nordkoreaner ihre Spielart des Kommunismus nicht auf den Müllhaufen der Geschichte geworfen, insbesondere da der prosperierende, freie Süden faktisch gesehen bessere Möglichkeiten bietet, als Koreaner zu leben? Übt dieser Kommunismus immer noch einen nationalistischen Reiz aus, oder erzeugt das repressive Regime so viel Angst, dass die Menschen es nicht abschütteln können? Oder anders: Lautet die Antwort schlicht und einfach, dass die Nordkoreaner ihren Führer lieben?

Vor allem aber ist zu fragen, warum Kim Jong Ils erbärmliches, von Hass geprägtes Regime in der Lage ist, die zivilisierte Welt mit Massenvernichtungswaffen in Angst und Schrecken zu versetzen. Diese Frage entlarvt uns. Denn so sehr uns auch die humanitäre Krise und die Menschenrechtsverletzungen in Nordkorea aufrütteln sollten, in erster Linie sind wir um uns selbst besorgt, weil dieses Regime offenbar zum Krieg bereit ist, so entsetzlich er auch sein mag.

Kim Jong Ils Atomwaffenprogramm bringt Nordkorea auf Kollisionskurs mit den Vereinigten Staaten und ihren Verbündeten. Europa, Russland, China, Südkorea und Japan – sie alle sind sich einig, dass ein mit Atomwaffen gerüstetes Nordkorea nicht hinnehmbar ist, auch wenn unterschiedliche Meinungen darüber bestehen, was man dagegen unternehmen kann. So schwer vorstellbar es auch sein mag, wenn man all die glitzernden Einkaufspassagen in Seoul, Tokio und Peking betrachtet – sehr wahrscheinlich wird diese Situation in einen Krieg münden. Dafür spricht vor allem, dass die US-Regierung seit dem 11. September 2001 und die isolierte Führung in Pjöngjang auf unterschiedlichen Planeten leben und keiner eine Ahnung hat, was die jeweils andere Seite will. Mit einem Schlag ist es nicht mehr allein eine Sache von Spezialisten, sich mit Nordkorea zu beschäftigen. Die ganze Welt hat ein Interesse daran zu erfahren, wie man mit diesem Mann und seinem Land umgehen soll.

Nur seriöse, sachliche Überlegungen nützen bei der Suche nach Strategien für den Umgang mit Kim. Doch bekanntlich hat man ihn dämonisiert – auch weil er in dem Ruf steht, sich Atomwaffen beschaffen zu wollen. Im Januar 2003 war sein Konterfei auf den Titelseiten von *Economist, Time* und *Newsweek* abgebildet, und Letztere titulierte ihn sogar als »Dr. Evil« (Dr. Böse). Solche Verteufelungen sind zwar verständlich – schließlich fürchtet ihn die ganze Welt –, lenken aber eher von der entscheidenden Frage ab, wie man mit ihm verfahren soll, und sie haben zudem den Effekt, sich immer wieder selbst zu bestätigen.

Jeder Lösungsvorschlag, so klar er auch sein mag (zum Beispiel, dass Kim verschwinden muss – oder eben nicht, weil das nachfolgende Regime vielleicht noch schlimmer wäre), muss rational begründet sein. Mit anderen Worten: Einerseits darf man gegenüber einer üblen Staatsführung nicht neutral bleiben, andererseits ist bei ihrer Beurteilung unbedingt Objektivität vonnöten. Ich erwähne das nur, weil mich besagter Botschafter – ein Australier, wenn Sie es genau wissen wollen – am Vorabend meiner ersten Nordkoreareise auch fragte: »Können Sie objektiv sein?« Er bezweifelte es, weil ich bis dahin sieben Jahre im antikommunistischen Südkorea gelebt hatte, das Kim Jong Il als einen geisteskranken Caligula betrachtete. (Inzwischen haben sich die Verhältnisse natürlich geändert. Die Welt meint zwar immer noch, er trage Hörner, die Südkoreaner hingegen haben erkannt, dass man Geschäfte mit ihm machen kann.)

Beim Schreiben dieses Buches haben mir etliche Menschen beigestanden, die ich für bessere Experten halte als mich. Einige von ihnen sind Autoren, deren Arbeiten in der Bibliografie aufgelistet sind. Bei anderen handelt es sich um Funktionäre, häufige Besucher in Nordkorea oder Überläufer, die aus persönlichen oder beruflichen Gründen anonym bleiben wollten. Namentlich nennen kann ich aber: Marceli Burdelski, Jack Burton, Brent Choi, Barbara Demick, Kwak Dae Jung, John Larkin, Donald Macintyre, Tim Peters, Sohn

Kwang Joo, Jay Solomon, Norbert Vollertsen, Andrew Ward und Roland Wein. Für ihre Hilfe danke ich außerdem Chi Jungnam, Ken Kaliher, Kim Mi Young, Kim Yooseung und Ryoo Hwa Joo.

Besonders erwähnen möchte ich Aidan Foster-Carter, dessen Buch zu redigieren ich vor einigen Jahren das Glück hatte, als wir eine Monatszeitschrift mit dem Namen *North Korea Report* herausgaben. Er hat mir gezeigt, wie man selbst über eine Diktatur lachen kann.

Erwähnen möchte ich auch Nick Wallwork und Janis Soo vom Verlag John Wiley. Nick war es, von dem die Idee zu diesem Buch stammte; er schlug es vor, als ich mit einem anderen Projekt bei ihm anklopfte. Ich bin ihm dankbar dafür, dass er mich von meiner Bahn abgelenkt hat.

Großen Dank schulde ich meiner Frau Jennifer Nicholson-Breen, die fünf Monate lang eine besondere Art von Einsamkeit ertrug – einen physisch anwesenden Ehemann zu haben, der mit seinen Gedanken stets woanders ist – und dann dem Manuskript ihre professionellen Lektoratskenntnisse angedeihen ließ. Auch meine Kinder Sasha, Jonnie und Avielle möchte ich nicht unerwähnt lassen, die auf der anderen Seite des Globus leben und deren Sommerferien im Jahre 2003 verschoben wurden, damit ich dieses Projekt fertig stellen konnte.

Gewidmet habe ich dieses Buch Han Jin Duk, deren kurze Geschichte am Ende von Kapitel 9 nachzulesen ist. Ich kenne sie nicht und weiß nicht einmal, ob sie noch lebt. Aber in meinen Augen steht sie für Millionen Nordkoreaner, die ihr Leben nicht mehr zurückbekommen.

Eine Anmerkung zur Schreibweise der Namen

Die koreanische Sprache lässt sich nicht völlig eindeutig transkribieren, weshalb Kim Il Sung (engl. Kim Il-sung) in der Bibliografie auch in der Schreibweise Kim Il-song auftaucht, manchmal mit einem Sonderzeichen auf dem »o«.

Koreanische Namen bestehen aus einem einsilbigen Nachnamen (in seltenen Fällen sind es auch zwei), dem ein Vorname aus ein oder zwei Silben folgt. Kim Il Sung ist daher Herr Kim, nicht Herr Sung. Die Schreibweise – ob mit oder ohne Bindestrich – ist nicht eindeutig festgelegt. In der deutschen Übersetzung wurde die Schreibweise Kim Jong Il etc. gewählt. Manche Koreaner drehen ihre Namen aus Gründen der Einfachheit um, aber auch solche Fälle tauchen nur in der Bibliografie auf.

Unter den etwa 75 Millionen Koreanern auf der Welt gibt es nur 270 Familiennamen, deren Herkunft oftmals ungesichert ist. Erst vor hundert Jahren wurde ein Gesetz erlassen, nach dem jeder Koreaner einen Nachnamen tragen muss, und so wählten die meisten einen Namen aus der Oberschicht. Deshalb heißt heute etwa ein Viertel der Bevölkerung Kim und ein weiteres Viertel Lee, Park, Choi oder Chung.

Die Familie Kim Jong Ils

Chang Song Taek, Schwager
Han Seong Hee (alias *Han Yong Suk*), angeblich Kim Il Sungs erste Frau
Hong Il Chon, Geliebte
Kang Pan Seok, Großmutter väterlicherseits
Kim Hyeong Jik, Großvater väterlicherseits
Kim Hye Kyong, Tochter
Kim Il Sung, Vater und Gründungspräsident Nordkoreas (ursprünglicher Name *Kim Song Ju*)
Kim Jong Chul, Sohn
Kim Jong Nam, Sohn
Kim Jong Ool, Bruder von Jong Chul
Kim Jong Suk, Mutter
Kim Kyung Hee, Schwester
Kim Kyung Jin, Halbschwester
Kim Man Il, Bruder, genannt »Shura«
Kim Pyong Il, Halbbruder
Kim Shin Sook, Nichte Kim Il Sungs, die sich um Jong Ils Hochschulausbildung kümmerte
Kim Sol Song, Tochter
Kim Song Ae, Stiefmutter
Kim Yong Il, Halbbruder
Kim Yong Ju, Onkel
Kim Young Sook, Ehefrau, von seinem Vater ausgesucht
Ko Young Hee, Mutter Kim Jong Chuls
Lee Han Yong, Neffe
Sung Hae Rang, Schwägerin
Sung Hae Rim, Lebensgefährtin
Yi Jae Dok, Amme

KAPITEL EINS

Finsteres Land

Könnten Sie Nordostasien nachts vom Weltraum aus betrachten – was die Vereinigten Staaten ja aus nahe liegenden Gründen tun –, würde Ihnen etwas Seltsames auffallen. Inmitten der hellen Lichter Chinas, Südkoreas und Japans liegt ein pechschwarzer Fleck: Nordkorea.

Dieses Reich der Dunkelheit ist die Heimat von 22 Millionen Menschen, deren gesamte verfügbare Stromenergie nicht ausreichen würde, um jenseits der Grenze, in Südkorea, auch nur eine einzige Stadt mit genügend Licht zu versorgen. Sie leben jedoch nicht in einer pazifischen Idylle mit Sandstränden und Baströckchen, in der man keinen Strom braucht. Die gewaltige Kraft des Meeres hat die koreanische Halbinsel zu einem gebirgigen Massiv zusammengepresst, so dass vier Fünftel ihrer Fläche unbewohnbar sind. Im Hochsommer herrscht brütende Hitze, im Winter fällt das Thermometer auf minus 30 Grad Celsius. Man benötigt eine Klimaanlage und eine Zentralheizung, und außerdem elektrisches Licht, um leben und arbeiten zu können. Und man braucht Benzin. Die Demokratische Volksrepublik Korea, wie sie sich nennt, ist ein Industriestaat mit – wie es der kommunistischen Art entspricht – besonderer Vorliebe für Maschinenbau und Schwerindustrie, wo in besseren Tagen Heldinnen der Arbeit mit Schutzhelmen vor ihren Traktoren für die Fotografen posierten. Dieses Land ist zugleich aber auch ein

Schandfleck inmitten einer boomenden Weltregion, die vor Vitalität geradezu vibriert, nur drei Flugstunden von 40 Städten mit mehr als einer Million Einwohner entfernt. Nordkorea sollte wirtschaftlich nur so brummen, doch der Großteil seiner Bevölkerung ist in Lumpen gekleidet, ernährt sich buchstäblich von Gras und kämpft in herzerschütterndem Elend ums Überleben.

Weshalb?

Um eine Antwort darauf zu erhalten, sollte man sich dort umsehen, wo es nicht ganz so düster ist. Zum Beispiel im stromfressenden Kumsusan-Gedenkpalast am Rande der Hauptstadt Pjöngjang. Dieser war einst so etwas wie das Weiße Haus des Landes, wo der Gründer und Führer der Republik, Kim Il Sung, lebte, arbeitete und Gäste empfing. Nach seinem Tod im Jahre 1994 ließ sein Sohn und Erbe Kim Jong Il, der in anderen Bezirken der Hauptstadt lebt, den imposanten Granitbau in ein Mausoleum umwandeln. Aufwändige Vorrichtungen wie in einer Fabrik für Computerchips sorgen dafür, dass weder Schmutz noch Keime in diese Pyramide gelangen. Besuchern werden zuerst die Schuhsohlen mit rotierenden Bürsten gesäubert, danach befördert man sie auf 800 Meter langen Rollbändern zu Röntgengeräten und Apparaten, wo ihnen mit Druckluft der Staub aus der Kleidung geblasen wird. Ein marmorverkleideter Gang führt zu einem Raum mit einer weißen, von hinten mit violetten Lichtstrahlen illuminierten Statue des verstorbenen Herrn Kim. Schließlich gelangt man in einen riesigen abgedunkelten Saal, in dem feierliche Musik erklingt und in dessen Mitte sich ein schwarzer, beleuchteter Katafalk befindet. Darauf, unter Glas, ruht Kim Il Sung, bekleidet mit einem schwarzen Anzug und durch die Kunst russischer Balsamierer fast wieder zum Leben erweckt.

Der ganze Aufwand einschließlich Einbalsamierung und Ausstattung des Mausoleums soll 100 Millionen US-Dollar gekostet haben, eine stattliche Summe für ein Land, dessen jährliches Handelsvolumen sich auf ein paar Milliarden beläuft. Aber weshalb bei der

Verehrung des Verstorbenen knausern?[1] Oft brechen gewöhnliche Nordkoreaner beim Anblick des mumifizierten Kim in Tränen aus, und sie würden sich vermutlich auch nicht über die Kosten beklagen, die ohnehin ihre Vorstellungskraft übersteigen.

Zu Lebzeiten wurde Kim senior häufig als *weedae-han suryong-nim* bezeichnet, »Großer Führer«. Doch er trug abwechselnd auch noch andere Ehrentitel wie »Unvergleichlicher Patriot«, »Stets siegreicher, mit eisernem Willen ausgestatteter, ruhmreicher Befehlshaber«, »Sonne der Nation«, »Sonne der Menschheit«, »Rote Sonne der unterdrückten Völker« und so weiter. Posthum verlieh man ihm den Titel »Ewiger Präsident«.

»Er ist der berühmteste Mensch der Welt«, erklärte mir einmal ernsthaft ein junger Student in Pjöngjang. Offenbar war Kim senior kein schüchterner Zeitgenosse, und so begrüßte er die Aufstellung von Statuen seiner Person auf öffentlichen Plätzen, deren größte ein bronzenes, mit Gold bemaltes Monstrum von 20 Meter Höhe ist. Es wurde 1972 zu seinem 60. Geburtstag enthüllt und beherrscht den Kim-Il-Sung-Platz, nur wenige Autominuten von der Kim-Il-Sung-Universität und vom Kim-Il-Sung-Stadion entfernt. In Stadt und Land trägt jeder Erwachsene ein Abzeichen mit seinem Konterfei, und wenn die Bürger nach einem harten Arbeitstag, an dem sie mit Liedern über ihn beschallt wurden, nach Hause kommen, können sie die obligatorischen Bilder von ihm und Jong Il betrachten, die in jeder Wohnung hängen. Ein Revolutionsmuseum hat sich ganz der Dokumentation dessen gewidmet, wie Kim senior das »Arbeiterparadies« erschaffen hat. Die Oper, das Theater, die bildende Kunst, die Literatur und die Musik des Landes – all das dreht sich allein um ihn. »Ich unterbreite den Vorschlag, die kreative Arbeit zur Hälfte dem Aufbau des Sozialismus und zur anderen Hälfte dem revolutionären Kampf zu widmen«, teilte er in einer Grundsatzrede den Schriftstellern mit.[2] Im Klartext: Die eine Hälfte der Kultur hat sich mit meinen Aktivitäten als Unabhängigkeitskämpfer gegen

Japan zu beschäftigen und die andere Hälfte mit meiner Arbeit für den Aufbau des Landes. Die Rote Sonne der unterdrückten Völker »unterbreitete« außerdem noch »den Vorschlag«, die Literatur solle sich nicht mit der Lebensgeschichte von Genossen auseinander setzen, die noch am Leben seien und dadurch womöglich populär werden könnten, sondern vielmehr mit den Genossen, die ihr Leben geopfert hätten – für ihn. Bislang wurde noch kein Nordkoreaner für den Literaturnobelpreis vorgeschlagen.

Ein Turm, der seine Version des Kommunismus versinnbildlichen soll, ist ausdrücklich um einen Meter höher gebaut als das Washington Monument. Er wurde 1982 aus mehr als 22 000 weißen Granitblöcken errichtet, je einer für jeden Tag, den Kim bis dahin auf Erden geweilt hatte. Im selben Jahr wurde ein Triumphbogen fertig gestellt, der größer und besser als derjenige in Paris ist und die Stelle markiert, an der er nach dem Zweiten Weltkrieg im befreiten Korea eine Rede hielt. Das bescheidene Haus, in dem er zur Welt kam, ist eine der größten Touristenattraktionen, wobei die übrigen Gebäude des Dorfes schon längst abgerissen sind. Im Übrigen ist das ganze Land übersät mit Denkmälern, die jeweils eine Stelle bezeichnen, wo Kim senior oder ein Angehöriger seiner Familie angeblich eine »hervorragende Leistung« vollbracht hat, was nach kommunistischer Sprachregelung bedeutet, der Sache gedient zu haben. Überall, wo Kim Il Sung eine seiner weltberühmten »Anleitungen vor Ort« durchführte, erinnert eine Tafel an dieses Ereignis. Erstaunlicherweise gewann er auch den gar nicht existenten Wettbewerb um die höchsten Ehrungen des Landes – die Zweifache Heldenmedaille in Gold und den Orden des Nationalbanners Erster Klasse – und stiftete auch selbst Auszeichnungen: die Kim-Il-Sung-Medaille, die Kim-Il-Sung-Goldmedaille und den Kim-Il-Sung-Jugendpreis. Sein Geburtstag am 15. April war jahrzehntelang so etwas wie Nordkoreas Weihnachtsfest, sein Konterfei wichtiger als die Staatsflagge, und das »Lied des General Kim Il Sung« rangierte in seiner Bedeutung noch vor der Nationalhymne.[3] Das Gewese um ihn ist, kurz gesagt, die Mutter aller Personenkulte. Man fragt sich unweigerlich, ob ein solcher Irrwitz nicht über ein schreckliches Gefühl der Unsicherheit hinwegtäuschen sollte.

Zu bedenken ist jedoch auch, dass ein einziger Mensch allein dies alles gar nicht hätte bewerkstelligen können. Auch kulturelle Faktoren spielen dabei eine Rolle. Nordkorea ist tatsächlich eine irrwitzige Welt, aber – so beleidigend dies für Südkoreaner auch klingen mag – viele dort auftretende Erscheinungen sind leider ein gesamtkoreanisches Phänomen. Dazu gehört auch der koreanische Brauch, Führungspersonen Ehrerbietung zu erweisen.

Man stelle sich vor: Im Januar 2003 pilgern leitende Manager von Hyundai Asan – eine Tochtergesellschaft des südkoreanischen Konsortiums, das den Traum seines Gründers Chung Ju Yung weiterverfolgt, in Nordkorea Geschäfte zu machen – zu Herrn Chungs Grab, um ihm zu berichten, dass sie die erste Straße einweihen werden, auf der Touristen in den Norden reisen können.[4] Diese frohe Botschaft wurde um exakt 5.50 Uhr morgens überbracht, zur Stunde des Mundgeruchs, in der der verstorbene Herr Chung gewöhnlich seine morgendlichen Sitzungen abzuhalten pflegte. Diese Ehrerbietung gegenüber einem Mann, der zu Lebzeiten seinen Managern gern ans Schienbein trat und mit Aschenbechern nach ihnen warf, geschah völlig aus freien Stücken. Aber sie hatte auch einen Sinn, zum einen, weil ihr neuer Boss der infantilste von Chungs Söhnen war, aber vor allem, weil Loyalität das koreanische Gemüt noch stärker bewegt als eine Firmenbilanz. In Südkorea mildern Freiheitlichkeit der Gesellschaft, Weltoffenheit und konkurrierende Loyalitätsverpflichtungen solche kultischen Formen der Verehrung. Aber im Norden sind ihnen keine Grenzen gesetzt.

In Nordkorea spielt noch ein weiterer Aspekt eine Rolle: die Unwissenheit. Es gibt dort keine anderen Helden, weil die Menschen von deren Existenz nichts wissen, und es werden keine negativen Nachrichten über die Kims in Umlauf gebracht, die die patriotischen Gefühle des Volkes dämpfen könnten. Man benötigt schon einige Vorstellungskraft, um sich in einen Nordkoreaner zu versetzen, der die Medien des Landes schätzt. Es ist verblüffend, wie wenig die Nordkoreaner über die moderne Welt wissen. Bei verschiedenen Aufenthalten suchte ich vergeblich nach einem gewöhnlichen Menschen, der schon einmal von Elvis Presley oder Michael Jackson gehört hatte. Der *homo nordocoreanus* wurde nicht darüber informiert, dass inzwischen Menschen den Mond betreten haben, weil ein solches Wissen dazu verleiten könnte, Amerika zu bewundern.

Und der gewöhnliche Nordkoreaner weiß auch eigentlich – und das ist wichtig – nur sehr wenig über die Objekte seiner Verehrung, die beiden Kims. Er wird mit Anekdoten und Zitaten vollgefüllt wie mit Bibelversen. Was zu einer interessanten Überlegung führt: Je weniger man über eine verehrte Person weiß, umso aussichtsloser ist es, ihr nachzueifern, und umso größer die Neigung, die Person auf einen Sockel zu heben und sie aus der Ferne anzubeten. Das ist bei Kim Il Sung der Fall. Von heroischer Abstammung, Vollbringer von Wundern, eigenhändiger Befreier Koreas aus der japanischen Knechtschaft, ist er so unerreichbar, dass der Durchschnittsbürger nichts anderes tun kann als zu glauben, anzubeten und andere zu bekehren. Die Forderung, Ehrerbietung zu zeigen, ist lauter als die Forderung, es ihm nachzutun (mit anderen Worten, sich persönlich zu entwickeln), was erklären mag, weshalb Nordkorea wirtschaftlich gesehen Vollinvalide ist.

Außerdem gibt es gar keine anderen Helden. Weder Filmstars – in nordkoreanischen Streifen werden die Namen der Mitwirkenden nicht einmal genannt – noch Popmusiker, Schriftsteller, Politiker, Fernsehstars oder Sportler. Und, nicht zu vergessen, auch keine Alltagshelden wie Feuerwehrleute, Polizisten, Menschen, die den Pazifik mit einem Ruderboot überqueren, oder Kinder, die gegen ihre

Krebserkrankung kämpfen. Es gibt nur Ihn. In der Schule lernt man, welche Großtaten Er vollbracht hat und wie sehr Er sein Volk liebt. Und dass die Amerikaner den Koreakrieg vom Zaun gebrochen haben und Er sie zurückschlug. (Niemand sagt einem, dass in Wirklichkeit Er es war, der den Krieg angefangen hat. Nur die Älteren wissen das, schweigen aber still.) Man studiert Sein Denken. Auf den Bahnhöfen schallen Hymnen über Ihn aus den Lautsprechern, so dass sich Heimweh und Reisemelancholie mit der Liebe zu Ihm vermischen. Weil wir uns geschlossen um Ihn scharen, sind wir eine Weltmacht. Eines Tages wird Er die armen Kinder Südkoreas befreien. Und wenn du die überweltliche Prozession durch Seinen ehemaligen Palast absolvierst, bis Er schließlich vor dir liegt, fühlst du dich nichtswürdig. Das Leid unseres Volkes lässt dein Herz überquellen, und schluchzend verneigst du dich. Das ist Religion.

Ebenso wie andere Diktatoren der Neuzeit die hörigen Massen durch Ideologie an sich banden, hat auch Kim Il Sung seine Herrschaft mit seinem eigenen Denken untermauert. Man bezeichnet es – wie könnte es anders sein? – als *Kimilsung-joo-eui* (Kimilsungismus), der geläufigere Name lautet jedoch *Juche* (Selbstvertrauen). Außerdem herrscht grausame Unterdrückung. Auf diese beiden Aspekte werden wir in späteren Kapiteln noch zurückkommen, dennoch sollten wir an dieser Stelle den bedeutendsten Faktor hinter dem Kult um den Mann, der in jenem Mausoleum in Pjöngjang liegt, zumindest nennen: die Rolle seines Sohns in dieser Schöpfung.

Die Koreaner sind seit jeher für ihre Leidenschaftlichkeit bekannt. Bevor sie den weltweit fanatischsten und rigidesten kommunistischen Kult erschufen, hatten sie den chinesischen Konfuzianismus und dessen zentralen Wert der kindlichen Ergebenheit in seiner extremsten Form übernommen. Südkorea rühmt sich, das Land in Asien mit den hingebungsvollsten Christen zu sein, und falls man je eine solche Statistik erstellen sollte, würde sich wahrscheinlich herausstellen, dass es dort mehr häretische Abspaltungen und Gründungen gibt als irgendwo sonst auf der Welt. Diese seltsame Energie scheint sich aus etwas zu speisen, das man vielleicht das Schamanenhafte in der koreanischen Psyche nennen könnte. Vor dem Christentum, dem Konfuzianismus und dem Buddhismus herrschten Schamanen-Könige über die koreanischen Stämme. Ihr Erbe ist im koreanischen Wesen immer noch virulent. Die Schamanen lehrten nichts über den Widerspruch von Gut und Böse oder Wahr und Falsch, was einen dazu veranlassen könnte, innezuhalten und über die eigenen Gefühle und Handlungen nachzudenken. Sie sahen vielmehr das Individuum als Ganzes, betrachteten Mann und Frau als gleichwertig und schrieben allen menschlichen Eigenschaften den gleichen Wert zu. Diese Einstellung nach dem Motto »Ich bin o.k., du bist o.k.« bildete die notwendige Grundlage zur Umsetzung einer weiteren schamanistischen Vorstellung: dass das Leben in ganzer Fülle auszuschöpfen ist. Um wahrhaft Mensch zu sein, muss man sich mit aller Energie für etwas einsetzen.[5]

Die Bereitschaft Kim Jong Ils, sich mit aller Energie einer Sache zu widmen, war der ausschlaggebende Faktor dafür, dass der Kult um Kim Il Sung zum extremsten in der gesamten kommunistischen Welt werden konnte. Anfang der siebziger Jahre beispielsweise leitete Kim Jong Il die nach dem Geburtstag von Kim senior benannte »Schöpfungsgruppe 15-4«. Sie produzierte die unsterblichen Klassiker, von denen die Öffentlichkeit glauben sollte, sie seien dem Großen Führer direkt aus der Feder geflossen.[6] Kim Jong Il beaufsichtigte auch den Bau des Juche-Turms, des Triumphbogens und des Kim-Il-Sung-Stadions, die zum 70. Geburtstag seines Vaters errichtet wurden.[7] Auf diese Weise demonstrierte der Sohn seinem Vater und den alten Revolutionären, die ihn umgaben, dass er sich ihrer Sache völlig hingab und ein würdiger Nachfolger war. Außerdem war dies ein probates Mittel, sich der Bevölkerung als netter, knuddeliger Kerl zu präsentieren, dessen kindliche Ehrerbietung dem Vater gegenüber größer war als ihre eigene.

Und das ist auch der Grund, weshalb Kim Jong Il als »Geliebter Führer« *(chinae-haneun jidoja)* bezeichnet wird.

Für Außenstehende klingt dieser Titel lächerlich. Es ist kaum zu glauben, dass eines der weltweit grausamsten Regime eine solch dümmliche Bezeichnung als Ehrentitel akzeptiert. Fast ist man dabei an ein Kindermärchen erinnert, in dem der Geliebte Führer wie eine Fee im Tüllröckchen mit einem Zauberstab die Banalitäten des Lebens regelt. 1965 beispielsweise ließ der Geliebte Führer – der laut dem Buch *The Great Teacher of Journalists: Kim Jong-il (Der Große Lehrer der Journalisten – Kim Jong Il)* stets alles »mit dem Blick des Erneuerers sieht und die sich entwickelnde Realität und die Wünsche unseres Volkes [auf der Stelle erfasst]« – die Erkennungsmelodie des Rundfunks ändern. Bei seiner Rückkehr von »einer langen Reise in ein weit entferntes Land inspizierte der Geliebte Führer das Komitee für Rundfunk und Fernsehen, ohne Rücksicht auf seine tiefe Müdigkeit nach dieser Auslandsreise« und befand:

> Die jetzige Erkennungsmelodie unseres Rundfunks ist ihrem Wesen nach glanzlos.
>
> Unser Rundfunk ist die Stimme unserer vom Führer geleiteten Partei, die Stimme des Juche-Korea. Also muss die Erkennungsmelodie, die den Beginn unserer Rundfunkprogramme anzeigt, natürlich eine Melodie sein, die mit unserem Führer verbunden ist.
>
> Es wäre ratsam, als Erkennungsmelodie das »Lied auf General Kim Il Sung« zu wählen, die unsterbliche revolutionäre Hymne, die nicht nur von unserem Volk, sondern auf der ganzen Welt mit dem Gefühl tiefen Respekts für ihn gesungen wird.[8]

Als Ausländer können wir nur einen flüchtigen Blick in das Land werfen und versuchen, uns einen Reim darauf zu machen, und ich räume gerne ein, dass man dabei leicht zu Fehlschlüssen gelangt. Genau genommen missdeuten westliche Ausländer die dortigen Vorgänge ständig, wie mir bereits bei meinem ersten und einzigen Besuch in Kumsusan an einigen peinlichen Beispielen auffiel.

Der Anlass war Kim Il Sungs 82. Geburtstag im Jahre 1994. Da zu dieser Zeit der internationale Kommunismus bereits zusammengebrochen war, fiel die Zahl ausländischer Gäste äußerst bescheiden aus. So kam es, dass meine Delegation, der auch ein ehemaliger ägyptischer Premier und ein früherer kanadischer Generalgouverneur angehörten, die bedeutendsten Gäste der Festivitäten einschloss und zum Mittagessen eingeladen wurde. Zu unserer Gruppe gehörten außerdem Vertreter von CNN, Mitarbeiter des japanischen Senders NHK und drei Journalisten der *Washington Times*, das Blatt, für das ich damals arbeitete. Als sich die Gratulanten, etwa 20 Leute, in einer Reihe aufstellten, um Ihm nacheinander die Hand zu schütteln, beschloss der Reporter in mir, ein Stück neben dem GF (Großen Führer) Posten zu beziehen, um Fotos zu schießen. So bekam ich aus nächster Nähe mit, wie jeder der Gäste ein paar kurze Worte mit ihm wechselte. Einer von ihnen, ein amerikanischer Universitätsdozent, war ihm zuvor schon einmal begegnet und meinte nun offenbar, ihn wie einen guten alten Freund begrüßen zu müssen. Als er an der Reihe war, lehnte er sich theatralisch zurück, breitete die Arme weit aus, anstatt die ihm entgegengestreckte Hand zu schütteln, und rief laut: »Sie sehen großartig aus!« Kim Il Sung behielt zwar seine huldvolle Miene bei, aber ich schwöre, dass kurz ein Schatten seine Augen verdunkelte, während er überlegte, wer zum Teufel dieser Mensch wohl sei. Deplatziert war nicht nur die Vertraulichkeit des Amerikaners, wie sie in Washington üblich sein mag, sondern auch seine Anspielung auf die Gesundheit des GF, denn zwei Monate später war Kim senior tot.

Die zweite Szene zog sich länger hin. Wir speisten an einem großen runden Tisch Wachteleisuppe und Eselsbraten. Der GF war ein freundlicher Gastgeber, auch wenn er nicht von der Vergangenheit lassen konnte und mehrmals auf den Kampf Koreas um die Unabhängigkeit von Japan und auf den Koreakrieg zu sprechen kam, wobei er sich jedoch jedes Mal höflich bei seinen japanischen und amerikanischen Gästen entschuldigte. Während ich darüber sinnierte, ob wohl die Queen ihren Gästen auch immer wieder vorschwärmt, wie England die Deutschen in zwei Weltkriegen und im Endspiel um die Fußballweltmeisterschaft 1966 vernichtend geschlagen hat, erhob sich ein Vertreter von CNN, um das Wort zu ergreifen. Es war klar, dass gleich ein Hauen und Stechen um ein Interview ausbrechen würde. Unsere Zeitung hatte sich bereits im Vorfeld eine Art Interview gesichert – in Form von schriftlichen Antworten auf Fragen –, und ich drückte die Daumen, dass der Wunsch meines Konkurrenten von CNN abgelehnt würde.

»Sir, ich überbringe Ihnen die Glückwünsche von Ted Turner und Jane Fonda«, begann der CNN-Mann. (»Er überbringt die Glückwünsche von seinem Führer und dessen Frau, einer Schauspielerin«, übersetzte der Dolmetscher ins Koreanische.) Der CNN-Mann formulierte seinen Toast gekonnt und sehr diplomatisch, und am Ende brachte er wie erwartet die Bitte um ein Interview vor.

»Ich freue mich, dass Ihnen der Besuch in unserem Land gefällt«, erwiderte der GF. Dann trat Schweigen ein. Manchen der Ausländer war geradezu anzusehen, wie schwer es ihnen fiel zu glauben, dass dies das einzige und letzte Wort sein sollte.

»Sir, CNN ist in 200 Ländern und Regionen auf der ganzen Welt zu empfangen …«, versuchte es der Journalist noch einmal. Sein Wunsch wurde erneut höflich abgelehnt. Daraufhin unternahm ein anderer einen Anlauf. Allmählich wurde die Situation peinlich. Schließlich versuchte es der besagte Hochschullehrer, doch ebenfalls ohne Erfolg. Eigentlich hätte es mich ja für die internationale Zunft der Print-Journalisten freuen müssen, aber als westlicher Ausländer wurde mir die ganze Sache immer unangenehmer. Versuch Nummer fünf: Der Hochschullehrer stand auf, griff in sein Jackett und zog ein Blatt Papier heraus.

»Herr Präsident, ich habe hier in meiner Hand eine Weltkarte, auf der alle Orte eingezeichnet sind, wo man CNN empfangen kann. Diese Karte würde ich Ihnen gerne überreichen.« Oh nein, er beugte sich tatsächlich quer über den Tisch und über zwei andere Gäste hinweg, darunter einen hochrangigen Parteisekretär, und legte dem Diktator das Blatt vor die Nase. Ich musste mich zügeln, um mir nicht auf die Knöchel zu beißen. »Bitte prüfen Sie es, und falls Sie ...«

»Ich habe nicht den Wunsch, mich der ganzen Welt anzubiedern«, erwiderte Kim Il Sung, und damit hatten es alle schließlich begriffen.

Mit Stolz schilderte er, wie er das Land aufgebaut habe. In Wahrheit erschien Nordkorea aus westlicher Sicht völlig verwahrlost, aber für einen Kleinkrämer, als der sich fast jeder Diktator erweist, gab es gewiss eine Menge, worauf man stolz sein konnte – und wie all die steinernen Huldigungen, die sein Sohn hatte errichten lassen, bestätigten. Kim Il Sung war stolz auf sein ehrliches und pflichtbewusstes Volk und illustrierte das an der Geschichte über einen ausländischen Besucher, der seine Brieftasche verloren hatte, diese aber am Flughafen vor seiner Abreise zurückbekommen habe. Er erklärte selbstbewusst, dass seine Arbeiterrevolution nicht nur eine Sache von Hammer und Sichel sei. »Ich wusste, wie wichtig die Intellektuellen sind«, meinte er, um zu erklären, weshalb das nordkoreanische Emblem auch einen Federhalter zeigt. Vielleicht wollte er uns damit zu verstehen geben, dass selbst wir elenden Lohnschreiber einen Sinn im Leben finden könnten. Natürlich hatten wir keine Angst vor ihm, vielmehr konnten wir kaum das unverhoffte Glück fassen, hier einem Mann gegenüberzusitzen, der seit Jahrzehnten jedes Interview verweigert hatte. Eher so wie Wissenschaftler und Journalisten und manchmal auch Filmstars sich von den Mächtigen einschüchtern lassen und ihnen den Gefallen tun, machten wir gute Miene zum bösen Spiel und ließen uns von ihm schmeicheln.

»Herr Präsident, welchen Vergnügungen gehen Sie in Ihrer Freizeit nach?«, wollte jemand wissen. Worauf der GF erklärte, wie sehr er die Jagd und das Angeln genossen habe, inzwischen jedoch zu alt dafür sci.

»Meine Soldaten ziehen Bären für mich groß, damit ich sie jage, aber ich glaube, inzwischen verstecken sie sich mit einem zahmen Bären hinter einem Baum und schubsen ihn vor, wenn ich vorbeikomme«, gab er einen Diktatoren-Witz zum Besten, der bei einem Treffen der amerikanischen Waffenlobby gut angekommen wäre. Zum Abschied schüttelte er noch einmal allen Gästen die Hand. Ich sagte auf Koreanisch zu ihm, dass ich als Korrespondent meiner Zeitung in Seoul stationiert sei, und hoffte ein wenig, er würde mich bitten, noch zum Tee zu bleiben, um mir seine Lebensgeschichte zu erzählen. Aber aus nächster Nähe wirkte er ziemlich zerstreut und schien diese wichtige Mitteilung gar nicht aufgenommen zu haben. Später erfuhr ich, dass er seinerzeit sehr unter Blähungen litt, und vielleicht hatte er damals ja gerade mit einer besonders heftigen Attacke dieser Art zu kämpfen.[9]

Doch dann kam es noch zu einem kleineren Vorfall, der Bände sprach. Die Vorletzte in der Schlange der Gratulanten war die koreanisch-amerikanische Beraterin, die die Reise organisiert hatte. Der GF kannte sie, betrachtete sie als »Ausländerin« und begrüßte sie deshalb mit einem Lächeln. Schließlich fand das Essen mit Ausländern statt, die gekommen waren, um seinen Geburtstag zu »feiern«. Unsere relative Ungezwungenheit und unbefangene Art, ihm Fragen zu stellen, hätte er bei einem Angehörigen seinen eigenen Volkes gewiss niemals geduldet. Tatsächlich musste jeder der nordkoreanischen Funktionäre, wenn Kim Il Sung ihn ansprach, das Besteck beiseite legen und die Antwort im Stehen geben. Jedenfalls streckte sich nun Seine Hand der letzten Person in der Reihe entgegen. Als er jedoch sah, wer das war – der nordkoreanische Geschäftspartner der Dame –, zog er seine Hand sofort wieder zurück, wandte sich mit finsterer Miene ab und ließ den unglücklichen Menschen stehen, damit er über seinen Fauxpas nachdachte.[10]

Ein auffälliges körperliches Merkmal Kim Il Sungs war die enorme, faustgroße Geschwulst an seinem Nacken. Man könnte nun meinen, dieser entstellende Makel hätte seinen Untertanen stets vor Augen geführt, dass dieser Mann auch nur ein gebrechliches menschliches Wesen war, aber dabei würde man einen entscheidenden Aspekt der koreanischen Unterwürfigkeit übersehen. Amerikaner tun sich im Allgemeinen nicht leicht, jemanden zu bewundern, der nicht eine fiktive Figur oder – noch besser – schon lange tot ist und daher menschliche Makel haben kann. Im Gegensatz dazu neigen die Japaner dazu, den Makel nicht zu sehen, und können die betreffende Person deshalb wie ein gottähnliches Wesen anhimmeln. Die Koreaner hingegen nehmen den Makel sehr wohl wahr, bewundern die Person aber trotzdem. Der Gott, dem sie sich unterwerfen, ist von menschlichem Wesen, und mit entsprechender öffentlicher Präsentation übertünchen sie seinen Makel, weil ihnen an seinem dauerhaften Erfolg gelegen ist. Ihrem Verständnis nach kommt es im Leben nicht darauf an, Bestätigung bei einem liebenden Gott zu finden, sondern eher darauf, launische Geister und mächtige Menschen zu besänftigen und ihren Wutanfällen zu entgehen, um weiterleben zu können.

Ursprünglich wurde die Geschwulst, die bösartig war, sorgfältig auf allen Propagandafotos wegretuschiert, aber in späteren Jahren ließ man davon ab. Als wir uns vor dem Essen zu dem Interview mit dem GF trafen, postierte sich eine Wache auf der anstößigen Seite, um den Fotografen die Sicht zu nehmen. Es wäre interessant zu wissen, ob die Sicherheitsleute bei dieser Vorkehrung der Geschwulst einen Codenamen gegeben hatten oder ob deren Existenz überhaupt immer verleugnet wurde.

Zu dieser Zeit war Kim Jong Il nirgends zu entdecken, aber er ließ uns freundlicherweise körbeweise Obst auf unsere Zimmer bringen. Tatsächlich regierte er damals bereits das Land. Kim Il Sung erzählte uns, er sähe nicht mehr so gut, weshalb sein Sohn ihn täglich per Tonband mit Berichten über die Staatsangelegenheiten versorge.

Kim Jong Il hielt sich gerne im Hintergrund. Er sprach nie in der Öffentlichkeit und erschien nur selten bei einem Treffen mit Ausländern. Einer dieser seltenen Anlässe, so erzählte mir ein russischer Reporter, war ein Neujahrsempfang für ausländische Diplomaten, zu dem er an der Seite seines Vaters erschien. Man hatte den Eindruck, dass es ihm schwer fiel, entspannt zu wirken, und dass er angestrengt versuchte, natürlich zu lächeln. »Kim Il Sung gab sich wie gewöhnlich freundlich«, erinnerte sich Alexandr Zhebin, seinerzeit TASS-Korrespondent in Pjöngjang. Der Geliebte Führer jedoch lächelte verkrampft und blickte drein, »als habe er Gift geschluckt«. Aufgrund solch zufälliger Eindrücke spekulierten ausländische Politanalytiker darüber, ob Kim Jong Il vielleicht extrem schüchtern sei, stottere oder unter psychischen Problemen leide.

In Wahrheit war es Kim Jong Ils Überlebensstrategie, möglichst unauffällig zu bleiben. Entgegen weitverbreiteter Ansicht war er nicht automatisch zum Nachfolger erkoren. Meinem Verständnis der nordkoreanischen Verlautbarungen nach galt Kim Il Sungs oberste Verbundenheit nicht seiner Familie, sondern der Revolution, und hätte sich Kim Jong Il ihrer nicht würdig erwiesen, wäre er einfach übergangen worden. Dass er es vermied, seinem Vater die Schau zu stehlen – ein potenzieller Nachfolger lenkt immer ein wenig die Aufmerksamkeit vom gegenwärtigen Amtsinhaber ab – und all die Denkmäler errichten ließ, verrät uns etwas über seinen Vater und die Revolution. In der Vorstellung des alten Mannes waren beide untrennbar miteinander verbunden. Und Kim Jong Ils Fähigkeit, dies zu erkennen und 20 Jahre lang als Erbe entsprechend zu handeln, verrät uns etwas über seinen Überlebensinstinkt.

Was uns zur Gegenwart bringt.

Nordkorea ist ein Staat, der tief in Schwierigkeiten steckt, und obgleich die herrschende Koreanische Arbeiterpartei formal dem Ziel verpflichtet bleibt, die gesamte Halbinsel kommunistisch werden zu lassen, ist Jong Ils Politik auf ein einziges Ziel ausgerichtet: sein eigenes Überleben und das seines Landes zu sichern. Als kommunistischer Staat ist Nordkorea ein politischer Dinosaurier, der im Streit mit der zivilisierten Welt liegt. Die isolierte, paranoide Führung hat den Wettlauf mit dem rivalisierenden Süden verloren. Und sie lehnt weiterhin jede Bevormundung durch seinen Verbündeten China ebenso ab wie das Angebot seiner Nachbarn inklusive Südkorea, Hilfe zu leisten. Als Folge davon ist der Staat pleite. Doch mit halsstarrigem Stolz, aus Angst vor dem Scheitern und mit Hilfe eines grausamen inneren Systems der Unterdrückung, das immer noch funktioniert, kann sich das Regime bislang halten.

Man würde erwarten, dass Jong Il etwas unternimmt, um die Lage zu verbessern. Doch sobald er etwas in dieser Hinsicht versucht, wirkt es wie eine schlechte Komödie, was das Scheitern bereits vorzeichnet. Zum Beispiel: Bei einem der seltenen Besuche in den USA schlägt ein hochrangiger Parteiführer ein Bündnis zwischen Washington und Pjöngjang vor, um so ein Bollwerk gegen Japan zu schaffen. Oder: Ein seltsamer Medienrummel um die Ernennung eines ausländischen Großindustriellen zum Chef einer Freihandelszone an der Grenze zu China endet damit, dass dieser Industrielle in China verhaftet wird.

Was ihre Fähigkeit angeht, im 21. Jahrhundert einen Staat zu regieren, könnte die nordkoreanische Führung ebenso gut vom Mars stammen. Darauf spielte auch *The Economist* an, als er ein Bild des winkenden Kim Jong Il auf der Titelseite mit: »Seid gegrüßt, Erdlinge!« überschrieb. Und so hat sie ihre Grenzen abgeschottet und die Flughafen-Befeuerung gelöscht, damit die Polizei ihres Heimatplaneten sie nicht ausfindig machen kann.

Vielleicht erklärt das die Dunkelheit.

KAPITEL ZWEI

Zwei Staaten, eine Rose

Ohne die Rivalität zu seinem historischen Gegenspieler Südkorea ist das heutige Nordkorea nicht zu verstehen. Diese Rivalität begann 1945, unmittelbar nach dem Zweiten Weltkrieg, als die Sowjetunion und die Vereinigten Staaten eine Trennlinie zwischen ihre Einflusszonen in Korea entlang des 38. Breitengrads zogen und verschiedene Gruppen, die für die Unabhängigkeit kämpften, unterstützten. 1948 schufen schließlich Kommunisten auf der einen und prowestliche Kräfte auf der anderen Seite zwei separate Staaten, die beide für sich in Anspruch nahmen, das wahre Korea zu sein, und ein zukünftiges wiedervereinigtes Land unter ihrer Führung versprachen. Sie gebärdeten sich wie zwei Freier, die die Jungfrau der Geschichte becircen wollten. Wer würde am Ende mit gebrochenem Herzen und zerstörtem Ego dastehen?

Inzwischen ist der Sieger schon geraume Zeit klar. Es ist Südkorea.

Wir mögen versuchen, neutral zu sein, und hoffen, dass der Norden etwas Positives zu einem zukünftigen Vereinten Korea beiträgt. Aber dem ist nicht so. Nordkorea wird Bodenschätze, Land, billige Arbeitskräfte und eine deprimierte und orientierungslose Generation einbringen, die der Fürsorge bedarf. Vielleicht gibt es auch ein Atomwaffenprogramm, aber dies würde der Süden stoppen müssen. Im Hinblick auf eine politische oder ökonomische Theorie hat

Nordkorea nichts Konzeptionelles zu bieten, denn es handelt sich um eine chaotische Diktatur, deren Existenz nur noch dazu dient, uns im 21. Jahrhundert – damit wir es nicht vergessen – an den intellektuellen und organisatorischen Irrsinn zu erinnern, den der Kommunismus im 20. Jahrhundert entfaltete.

Die zivilisierte Welt scheint den Streit darum, wie sie sich organisieren will, entschieden zu haben: Eine entwickelte Gesellschaft muss rechtsstaatlich begründet, demokratisch verfasst und marktwirtschaftlich ausgerichtet sein, und die Religion hat dabei allein eine Sache der persönlichen Entscheidung und nicht des Staates zu sein. Ganz unabhängig davon, ob dies alles richtig oder wünschenswert ist und ob es auch in Zukunft dabei bleiben wird – es ist das gegenwärtig gültige System. Kein Land hat sich entwickeln können, ohne dieses System zu übernehmen, ausgenommen vielleicht einige Stadtstaaten wie Singapur und ein paar Golfstaaten, die ihrer Bevölkerung die Demokratie vorenthalten. Südkorea verkörpert diese Realität mit Nachdruck, während Nordkorea sich ihr widersetzt und somit in die Gefahr des Scheiterns begibt. Deshalb wird ein Vereintes Korea ein erweitertes Südkorea sein.

Aber auch in Südkorea selbst gibt es Nationalisten, die dieses System ablehnen, weil es sich in ihren Augen schon wegen der von Anfang an bestehenden Abhängigkeit des Südens von den »imperialistischen« Vereinigten Staaten in Fragen der Sicherheit und Hilfe disqualifiziert habe. Diese Leute, die politisch links orientiert sind, betrachten die beiden Koreas eher als gleichwertig und denken, durch ihre Vereinigung werde ein drittes, höherwertiges Gebilde entstehen. Sie erinnern daran, dass die beiden Koreas in den vierziger Jahren aufeinander losgingen wie rivalisierende Gangsterbosse. Aber das war damals. Heute ist der Süden ein ehrenwerter Geschäftsmann. Der Gangster im Norden hingegen steckt in einer Sackgasse, und sein alter Rivale versucht gemeinsam mit dem amerikanischen Cop, ihn zu überreden, die Waffe fallen zu lassen.

Wie ist es dazu gekommen?

Die Frage führt uns weit in die Vergangenheit zurück.

Ein koreanisches Volk gibt es bereits seit mehreren Tausend Jahren.[1] Das Erste, was der ausländische Besucher in Korea erfährt, ist, dass das Land offiziell etwa seit »5000 Jahren« existiert. Angeblich stammen die Koreaner von steinzeitlichen Gruppen ab, die zwischen 5500 und 2000 v. Chr. auf die Halbinsel kamen, sowie von Sippen der Bronzezeit, die etwa 1000 Jahre später eintrafen und möglicherweise aus dem altaischsprachigen Zentralasien stammten. Von da an bildeten sie eine homogene Bevölkerung und unterschieden sich kulturell und sprachlich von ihren Nachbarn.

Der Legende nach ging der Gründervater Tangun aus der Verbindung zwischen einem Gott und einem Bären hervor, und wir können froh sein, dass keine Videoaufnahme von ihm existiert. Er wurde 2333 v. Chr., also kurz nach dem Fall Jerichos, geboren, errichtete angeblich die ummauerte Stadt Pjöngjang und nannte sein Gebiet im Nordwesten der Halbinsel »Dschoseon«, was »Land der Morgenruhe« bedeutet. In den neunziger Jahren hoben nordkoreanische Wissenschaftler ein Grab aus, von dem sie behaupteten, es sei das von Tangun. Doch die Südkoreaner bestreiten den angeblichen Fund. Sie wissen sehr genau, worauf ihre kommunistischen Nachbarn aus sind: Sie wollen die Geschichte für sich beanspruchen, als gäbe es eine ununterbrochene Linie von Tangun zu Kim Jong Il. Das mag für Kommunisten ungewöhnlich sein, doch für die Nordkoreaner ist es wichtig, da sie – im Gegensatz etwa zu den kommunistischen Revolutionären Chinas, die die Vergangenheit beiseite schoben – Nationalisten sind, deren Ziel es war, das Land vom japanischen Kolonialismus zu befreien. Sie wollten eher ganz Korea für sich reklamieren als es verändern.

Aus gutem Grund war Korea seit 936 ein einheitlicher Staat. In diesem Jahr wurden in dem Gebiet, das ungefähr der heutigen Fläche Nord- und Südkoreas entspricht (der gegenwärtige Verlauf der Grenze zwischen Nordkorea und China geht auf das 15. Jahrhundert zurück), die verschiedenen Häuptlingstümer vereint. Zu der Zeit herrschte die Dynastie der »Koryo« – daher der Name Korea. Als Hauptstadt fungierte Kaesong[2] im heutigen Nordkorea, weshalb der Norden seit langem für eine Wiedervereinigung mit dem Süden zu einer »Koryo-Föderation« wirbt. 1392 wurde die Dynastie durch einen Militärputsch gestürzt, worauf das neue Regime wieder auf den alten Namen Dschoseon zurückgriff.

Mit dem Putsch einher ging eine konfuzianische Revolution, zu deren Gedankengut das »Mandat des Himmels« gehörte. Demzufolge ist die Herrschaft göttlich legitimiert. Die Aufkündigung der Legitimation signalisiert der Himmel durch Naturkatastrophen, schlechte Ernten und militärische Niederlagen (zwei dieser Desaster hat Kim Jong Il schon erlebt, fehlt nur noch das militärische). Die konfuzianischen Revolutionäre etablierten ein fünfstufiges Kastensystem, an dessen Spitze eine gelehrte Oberschicht aus zivilen und militärischen Beamten stand, die so genannten *Jangban*, die Regierungs- und Lehrämter anstrebte. Unter ihr standen die *Tschung In* oder »mittleren Leute« – Ärzte, Übersetzer, Beamte und so weiter –, auf die wiederum die gemeinen Bürger *(Sang In)* – Handwerker, Bauern und Kaufleute – folgten. Letztere machten etwa die Hälfte der Bevölkerung aus. Den Bauern dieser Kategorie war es gesetzlich verboten, ihr Land zu verlassen, und sie mussten stets Ausweispapiere bei sich tragen. Jeweils fünf Familien bildeten eine Gruppe, die die anderen kontrollierte. Weiter unten auf der Leiter befanden sich Bevölkerungsgruppen wie Totengräber und Metzger, die ihren Beruf jeweils an die Söhne weitergaben. Diese *Tschonmin* oder »niederen Leute« wohnten in eigenen Dörfern oder schlugen sich als Fahrende durch. Schließlich lebte auch eine beträchtliche Anzahl von Menschen – sogar noch bis ins 20. Jahrhundert – als Sklaven, ein Kapitel der Geschichte, das die Koreaner von heute gerne übersehen. Ein ähnliches Kastensystem besteht gegenwärtig noch in Nordkorea, wobei allerdings die Menschen nach dem Grad der Treue zur kommunistischen Revolution eingestuft werden, die man ihnen unterstellt.

Noch ein weiteres Merkmal des gegenwärtigen Nordkorea – seine Isoliertheit – findet man in ähnlicher Form bereits in der Geschichte. Korea galt stets als entlegenes Land, und Mitte des 19. Jahrhunderts schottete es sich gänzlich ab, um dem Schicksal des Nachbarn China zu entgehen, das schwer unter dem westlichen Imperialismus litt. Dies trug ihm den Titel »das eremitische Königreich« ein. Anfang der achtziger Jahre des 19. Jahrhunderts schließlich nahm König Kojong (trotz Protesten der Konservativen) durch chinesische Vermittlung Verbindungen zu den Vereinigten Staaten und danach auch zu Großbritannien, Deutschland, Italien, Russland, Frankreich und Österreich-Ungarn auf.

Zu dieser Zeit war Japan ein aufstrebendes Land, das ebenfalls nicht dem westlichen Imperialismus zum Opfer fallen wollte und daher die Strategie verfolgte, selbst in der Region zur Imperialmacht zu werden. 1905 besiegte es Russland, japanische Truppen besetzten Seoul und blieben dort. Mit der offiziellen Annektierung im Jahre 1910 wurden 14,7 Millionen Koreaner japanische Staatsbürger, ohne dass mehr als ein paar Schüsse gefallen waren. Japanisch war nun die offizielle Sprache, und der Generalgouverneur errichtete seinen Amtssitz unmittelbar vor dem Königspalast, so dass dieser dem öffentlichen Blick entzogen war. Auf den Bergen wurden Metallstäbe in den Boden getrieben, um das, was die Koreaner als spirituelle Energie des Landes bezeichneten, zu vernichten. Später wurden die Koreaner auch gezwungen, vor Shinto-Schreinen zu beten und japanische Namen anzunehmen. Die Jugend verlor die Verbindung zur Tradition und übernahm die japanische Sichtweise, dass die Koreaner minderwertig seien.

So wurde ein Bauernvolk, das aus Angst vor Geistern und durch ein Kastensystem Jahrhunderte in der Rückständigkeit verharrt hatte, weil die herrschende Gelehrtenschicht jegliche Innovation verhinderte und ihre ganze Kreativität der Nachahmung der Klassiker widmete, als Untertan der Japaner in die moderne Welt gestoßen.

1919 kam es zu bemerkenswertem Widerstand gegen die japanische Herrschaft, als religiöse Nationalisten eine Unabhängigkeitserklärung unterzeichneten und zu friedlichen Demonstrationen aufriefen. Die Japaner reagierten mit brutaler Gewalt, mehrere Tausend Menschen kamen bei den überwiegend friedlichen Protesten um. Politisch wurde mit diesem Unabhängigkeitsversuch nichts erreicht, aber er machte doch den Koreanern ihre Identität bewusst, und man kann durchaus sagen, dass aus diesem blutigen Schoß die modernen koreanischen Zwillinge geboren wurden.

Die Unabhängigkeitsbewegung schwächte sich jedoch selbst durch Uneinigkeit. Sie zerfiel im Wesentlichen in zwei nationalistische Lager: Die einen gründeten entweder Schulen oder Unternehmen oder gingen ins Exil, die anderen wandten sich den neuen Gedanken des Marxismus-Leninismus zu. Leider trugen beide Gruppen nur wenig zur schließlichen Befreiung Koreas bei, die 1945 mit dem Sieg der Alliierten über Japan erreicht wurde.

Die Vereinigten Staaten und die Sowjetunion, die erst spät in den Pazifikkrieg eintrat, waren übereingekommen, die Kapitulation der Japaner auf ihrer jeweiligen Seite des 38. Breitengrads entgegenzunehmen. Die USA zerstörten in ihrer Zone, im Süden, ziemlich gedankenlos ein landesweites Netzwerk von so genannten Volkskomitees, die Aktivisten und ortsansässige Personen mit hohem Ansehen in den Wochen vor dem Eintreffen der US-Truppen gegründet hatten. An ihrer Stelle installierten sie eine amerikanische Militärregierung, die etliche japanische Beamte und Polizeikräfte in die Verwaltung übernahm. Die Amerikaner favorisierten einen älteren Konservativen namens Rhee Syngman, der 40 Jahre im Exil gelebt hatte, während die Sowjets einen jungen Offizier in der Uniform der Roten Armee namens Kim Il Sung ins Amt hoben.

Kim war als ältester von drei Söhnen christlicher Eltern am 15. April 1912 in einem Dorf namens Mang Gjong Dae in der Nähe von Pjöngjang geboren.[3] Seine Eltern nannten ihn Song Ju. Sein Vater Kim Hyeong Jik praktizierte östliche Medizin und hatte eine von amerikanischen Missionaren gegründete Schule besucht. Seine Mutter Kang Pan Seok betätigte sich als Diakonin. Als Kim sieben Jahre alt war, zog die Familie in die Mandschurei. Sieben Jahre später starb der 32-jährige Vater. Abgesehen von zwei weiteren Jahren in Korea als Jugendlicher verbrachte Kim die Zeit bis zu seinem 28. Lebensjahr in China. Er sprach fließend Mandarin, wandte sich dem Kommunismus zu und wurde deshalb in China von der Schule verwiesen. Im Herbst 1929 wurde er erstmals inhaftiert, und zwar in der Stadt Jilin, wo man ihn folterte und ihm die Finger brach.[4] Obwohl es in seinen Aufzeichnungen wenig überzeugend klingt – »Im Gefängnis dachte ich über Wege und Möglichkeiten nach, die koreanische Revolution anzuführen« –, war die Haft zweifellos eine prägende Erfahrung für den Siebzehnjährigen, und nach seiner Freilassung verließ er die Familie und schloss sich der Untergrundbewegung an.[5]

Nachdem einer seiner Genossen ein Lied über ihn mit dem Titel »Stern von Korea« geschrieben hatte, wurde er »Han Byol« (Einzigartiger Stern) genannt. Aber die Nacht ist voll von Sternen, und bald trug er den Ehrentitel »Il Sung« (Sei die Sonne), hoffte man doch, er werde die Koreaner aus der Finsternis der japanischen Herrschaft herausführen. Der zweite *Nom de guerre* blieb ihm, trotz seiner Proteste. »Es gefiel mir nicht, bei einem anderen Namen genannt zu werden. Noch weniger konnte ich ertragen, dass die Leute mich in den Himmel lobten, indem sie mich mit einem Stern oder der Sonne verglichen; es ziemte sich nicht für mich, der ich ein junger Mann war. Aber meine Genossen wollten nicht auf mich hören, auch wenn ich sie noch so scharf zurechtwies.«[6]

1931 schloss sich »Sei die Sonne« der kommunistischen Partei

Chinas an, die in der Mandschurei von Koreanern beherrscht war. Im Jahr darauf begann seine Laufbahn als antijapanischer Partisan bei der chinesischen nationalen Befreiungsarmee. Kurze Zeit später wurde er inhaftiert, im Laufe einer groß angelegten Säuberungsaktion gegen angebliche projapanische Koreaner durch die chinesischen Kommunisten, bei der Hunderte hingerichtet wurden, jedoch freigesprochen. Nach dieser hässlichen Einführung in die kommunistische Praxis schloss er sich im Juni 1934 der antijapanischen Vereinten Armee des Nordostens an, die unter chinesischem Befehl stand. Er war Chef einer Abteilung von etwa 300 Mann, die meist Blitzüberfälle auf die japanische Polizei und andere Ziele in der Mandschurei und Nordkorea verübten. Offenbar entführte er auch junge Männer, um sie seiner Einheit einzuverleiben. Außerdem trieb er Gelder auf, indem er Ginseng- und Opiumbauern Schutzdienste anbot und reiche Koreaner erpresste, wobei er nicht selten Geiseln nahm und drohte, ihnen die Kehle durchzuschneiden. Kim wurde nicht nur als der meistgesuchte Mann in der Mandschurei, sondern als Überlebenskünstler bekannt.[7] Während die meisten anderen Revolutionäre getötet, gefangen genommen oder einer Gehirnwäsche unterzogen wurden, überlebte Kim, indem er Ende 1940 in die Sowjetunion floh, als die Japaner die Widerstandsbewegung in China aufrieben. In der Sowjetunion wurden die koreanischen Partisanen schließlich zur 88. Spezialeinheit für Aufklärung in der 25. Sowjetarmee (Fernost) unter einem chinesischen Befehlshaber zusammengefasst. Kim Il Sung führte eins ihrer vier Bataillone an, deren Aufgabe die Feindaufklärung und Infiltration war. Nunmehr Offizier der Roten Armee, betrachtete er sich als Teil des großen internationalen Kampfes gegen den Imperialismus unter Führung der Sowjets. 1945 war der 33-jährige Hauptmann Kim eine wichtige Figur in der mandschurischen Partisanenabteilung der sowjetischen Fernostarmee.

Zwei Tage nach dem Abwurf der Atombombe über Hiroshima erklärte die Sowjetunion Japan den Krieg, und eine Woche später kapitulierte Japan. Entsprechend einer vorherigen Übereinkunft zog die Rote Armee über die Mandschurei in Nordkorea ein, wobei marodierende sowjetische Soldaten die befreiten Einheimischen durch Vergewaltigungen und Plünderungen schikanierten – ein beliebtes Spiel bestand auch darin, Bauern mit Jeeps zu überfahren, um die Straße freizumachen.[8] Die Sowjets hegten nicht die Absicht, im Norden eine Regierung zuzulassen, wie es die Amerikaner im Süden getan hatten, sondern wollten Oberst Kim als ihren Mann einsetzen, denn er galt den sowjetischen Politoffizieren als vertrauenswürdig, umgänglich und diszipliniert. Dennoch blickte er auf sein neues Land mit den Augen eines Untergrundkämpfers, der mit dem urbanen Leben nicht vertraut war, misstrauisch gegen alle Welt, durch die Jahre des Kampfes innerlich verhärtet und an Grausamkeiten und Verbrechen gewöhnt.[9]

Obwohl nicht gebildet, war Kim doch schlau genug zu erkennen, dass sein Lebenslauf einer kleinen Aufbesserung bedurfte. So schlug er dem obersten sowjetischen Politoffizier vor, die antijapanischen Partisanen so darzustellen, als hätten sie eine Rolle bei der Befreiung Koreas gespielt.[10] Dies wurde ihm zwar abgeschlagen, doch die Sojwets erkannten bald, dass sie etwas für ihren Mann tun mussten. Im Oktober 1945 organisierten sie in Pjöngjang eine Massenkundgebung, bei der Hauptmann Kim als heimgekehrter Held empfangen wurde. Als Kim die von einem sowjetischen Funktionär für ihn geschriebene und von einem koreanischen Dichter übersetzte Rede verlas, buhten ihn viele in der 300 000-köpfigen Menschenmenge aus. Sie konnten nicht glauben, dass dieser junge Mann im Anzug und mit sowjetischem Orden tatsächlich Kim Il Sung, der legendäre Widerstandskämpfer, war.[11] Daraufhin führten die Sowjets eine Imagekampagne durch, die unmittelbar zu jenem sagenhaften Personenkult führte, der auch 60 Jahre später noch betrieben wird.

Die US-amerikanischen und sowjetischen Alliierten hatten ursprünglich gedacht, das Beste für Korea sei eine gemeinsame Treuhandverwaltung ähnlich der in Österreich. Doch der koreanische Widerstand gegen die geplante fünfjährige Besatzungszeit bewirkte zunehmend eine Entwicklung hin zu einer dauerhaften Teilung. Während sich die Lager der Linken und Rechten mehr und mehr polarisierten, wogte eine Welle der Gewalt durch den Süden, und Christen, Landbesitzer und andere Nichtkommunisten verließen in Scharen den Norden. Die von den gerade erst gegründeten Vereinten Nationen unterstützten Wahlen im Jahr 1948 wurden im Norden verhindert, während sie im Süden durchgeführt werden konnten und zur Bildung eines eigenständigen Staates führten, die pro-amerikanische Republik Korea, deren erster Präsident Rhee Syngman wurde. Drei Wochen später wurde im Norden die prosowjetische Demokratische Volksrepublik Korea mit Kim Il Sung an der Spitze ausgerufen.[12]

Warum aber, mag man sich fragen, unternahmen die politisch Verantwortlichen in einer solch homogenen Gesellschaft nicht mehr Anstrengungen, um das Land als Ganzes zu erhalten? Koreaner beidseits der Grenze würden darauf antworten, ihre jeweiligen Führer hätten es nicht vermocht, Amerikaner und Sowjets von dieser Teilung abzuhalten. Aber das ist nur die halbe Wahrheit. Washington und Moskau haben sie keineswegs dazu gezwungen. Vielmehr fehlte es ihnen an ausreichendem Sinn für nationale Identität, und sie wähnten sich berechtigt, die Unterstützung der jeweiligen Supermacht für ihre persönlichen und sektiererischen Zwecke einzufordern. Die Uneinigkeit war ihr Verderben. Daher ist es grotesk, wenn auf beiden Seiten die Wiedervereinigung mantraartig beschworen wird. Doch die beiden verfeindeten Regierungen verstehen nichts anderes darunter, als dass sie jeweils die alleinige Legitimität besitzen, und betrachten die andere Seite als Abtrünnige. »Vereinigung« bedeutet also in Wahrheit den Anspruch auf verlorenes Territorium.

Bevor man sich in diesem Sinne »vereinigen« kann, muss man zunächst das eigene Fundament sichern, was angesichts von Misstrauen und der Neigung zur Fraktionsbildung nur heißen kann, ein paar Köpfe rollen zu lassen. Genau darauf verstand sich Kim Il Sung sehr gut, und so war er schon bald zu einem echten Vorstoß zur Vereinigung bereit. Am 25. Juni 1950 rollten mit Stalins Billigung seine Panzer über die Grenze und erreichten nach drei Tagen Seoul, ein Tempo, das die Behauptung des Nordens, er sei zuerst angegriffen worden, nicht sehr glaubwürdig erscheinen lässt. Nach wenigen Wochen hatten Kims kommunistische Streitkräfte das gesamte Land mit Ausnahme eines Gebiets um den südöstlichen Hafen Busan befreit.[13]

Doch bei seinem Versuch der Vereinigung unterliefen Kim zwei Fehler. Erstens glaubte er – oder war von südkoreanischen Kommunisten zu dem Glauben verleitet worden –, dass die Menschen im Süden ihn willkommen heißen würden. Dem war nicht so. Das »gute Benehmen« der nordkoreanischen Soldaten – im Großen und Ganzen betranken sie sich nicht und schlugen auch keine Frauen –, konnte über das Zusammentreiben und Abschlachten von Landbesitzern und Kirchgängern nicht hinwegtäuschen. Zweitens ging Kim von der Annahme aus, die Amerikaner würden den Südkoreanern nicht zu Hilfe kommen. Doch das taten sie. Und sie waren nicht die Einzigen. Plötzlich sah sich Nordkorea nicht nur im Kampf gegen Südkorea, sondern auch gegen die Vereinigten Staaten und Großbritannien, Äthiopien, Australien, Belgien, Frankreich, Griechenland, Kanada, Kolumbien, Luxemburg, Neuseeland, die Niederlande, die Philippinen, Südafrika, Thailand und die Türkei, die, wenn auch nicht mit Soldaten, von Dänemark, Indien, Italien, Norwegen und Schweden unterstützt wurden.

Aber für eine Umkehr war es zu spät.

Als die alliierten Streitkräfte, zum ersten Mal unter der Flagge der Vereinten Nationen, einmarschierten, wurde Kims Armee zerstreut und abgedrängt. Nach dem vom UN-Befehlshaber, dem legendären US-General Douglas MacArthur, konzipierten Plan landeten die

Amerikaner in der Hafenstadt Incheon an der Westküste[14], bahnten sich den Weg bis nach Seoul hinein und übergaben die Stadt wieder der südkoreanischen Regierung.

Doch dann unterlagen der Süden und seine Unterstützer selbst einer Fehleinschätzung: Sie übersahen die Bereitschaft Mao Tse Tungs, dessen Kommunisten im Jahr zuvor die Macht in China übernommen hatten, sich in die Kämpfe einzumischen. Kaum hatten die UN-Einheiten die Grenze überschritten und waren bis zum Fluss Yalu an der chinesischen Grenze vormarschiert, fielen Maos Streitkräfte in Korea ein und stießen rasch nach Süden vor.

Als 1953 der Waffenstillstand unterzeichnet wurde, standen die beiden Seiten einander ungefähr an derselben Frontlinie gegenüber wie zu Beginn des Kriegs, nur dass Kaesong jetzt zum Norden gehörte. Doch der Blutzoll war enorm: drei Millionen getötete Zivilisten. Fast zwei Millionen tote und verwundete nordkoreanische, südkoreanische und chinesische Soldaten. Verluste der alliierten Truppen: über 33 000 Amerikaner, 1000 Briten und 4000 Angehörige anderer Nationalitäten. Außerdem hatte der Krieg Hunderttausende zu Witwen und Waisen gemacht, Millionen waren obdachlos, und die Zahl derer, die durch die entmilitarisierte Zone zwischen den beiden Armeen für immer von ihren engsten Familienangehörigen getrennt sein würden, ging ebenfalls in die Millionen.

Die Wunden des Koreakrieges heilen allmählich, doch das blutgetränkte Erbe dieser brutalsten Teilung eines Landes ist geblieben.

Kim Il Sung hätte nach dem Waffenstillstand eigentlich seines Amtes enthoben werden müssen, aber der Große Überlebenskünstler räumte seine Rivalen aus dem Weg, zog die Schrauben seines zentralistischen Machtgebäudes an und baute den Personenkult – und damit die kleine Lüge, er habe das Land aus dem von den Vereinigten Staaten entfesselten Krieg gerettet – noch weiter aus, um sich die lebenslange Macht zu sichern. Im Süden blieben die US-Truppen präsent, schützten das fragile und zunehmend repressive Regime Rhee

Syngmans und gaben damit Kims Behauptung, der Süden sei ein »Marionettenstaat«, zusätzliche Nahrung. Als 1960 Studentenproteste aufflammten, legten die Amerikaner Rhee den Rücktritt nahe. Es wurde eine parlamentarische Demokratie mit Premierminister Chang Myun an der Spitze eingeführt, doch schon neun Monate später stürzte das Militär die Regierung in einem unblutigen Putsch, ohne dass es zu Protesten kam.[15]

Der neue Staatschef Park Chung Hee war allerdings kein liberaler Demokrat. Er hatte in der Mandschurei als Offizier in der japanischen Armee gedient und war durch den Einfluss seines kommunistischen Bruders im befreiten Korea nach links geschwenkt. 1948 hatte ihn ein Militärgericht wegen der Beteiligung an einem linksradikalen Aufstand zum Tode verurteilt, das Urteil jedoch abgemildert, als Park sich zu einer antikommunistischen Position bekannte. Auch wenn nicht ganz klar ist, was zuerst erfolgte: die Revision des Urteils oder der Seitenwechsel, war die Regierung Kennedy jedenfalls alarmiert und fürchtete zunächst, die Roten hätten die Macht übernommen. Doch Park entpuppte sich als Kommunist der antikommunistischen Art, als Faschist, wenn man so will, und zwar in einer Art und Weise, die zeigt, dass derlei Etikettierungen nicht immer sinnvoll sind.

Obwohl Rhee in den fünfziger Jahren davon geschwafelt hatte, »nach Norden zu marschieren«, stellte Südkorea weder eine große militärische Bedrohung für den Norden dar, noch bestand die Gefahr, dass es Nordkoreas Anspruch, das rechtmäßige Korea zu sein, unterminierte. Mit Park änderte sich das. Als Reaktion auf die Korruptheit der Regierung Rhee und ihre Abhängigkeit von den Vereinigten Staaten machte sich Park daran, eine industrielle Grundlage zu schaffen, die dem Land zukünftig die Verteidigung auch ohne amerikanische Unterstützung sichern würde. Außerdem unternahm er den historischen Schritt, die Beziehungen zu Japan zu normalisieren. Mit dieser damals höchst unpopulären Initiative begrub er ein selbstzerstörerisches Kriegsbeil und holte Kredite ins Land. Park sorgte außerdem dafür, dass das Ansehen Koreas auch in militärischer Hinsicht stieg, indem er den US-Streitkräften in Vietnam Truppen zu Hilfe schickte, woraufhin die Vereinigten Staaten im Gegenzug jungen koreanischen Firmen lukrative Verträge verschafften.

Nirgendwo war der Kalte Krieg kälter als in Korea, wo beide Seiten von Militärs in Zivil regiert wurden. Ein vier Kilometer breites Niemandsland trennte die beiden Teile, eine entmilitarisierte Zone voller Minen und, tief unter der Erde, Nordkoreanern, die heimlich Tunnel aushoben. »In dieser ›MZ‹ (militarisierten Zone) gibt es kein ›Ent‹«, pflegte ein US-amerikanischer Kommandeur zu sagen. Kein Fahrzeug rollte über das unheimliche Ödland. Der einzige Treffpunkt in der Mitte, eine Ansammlung von Gebäuden namens Panmunjom, wo nordkoreanische und amerikanische Wachtposten einander hasserfüllt anstarrten, wurde zum Symbol des Kalten Krieges in Ostasien. Beide Regierungen verboten ihren Bürgern, über die Vereinigungsfrage zu reden, und schon das harmloseste Interesse an der jeweils anderen Seite galt als Landesverrat. In den siebziger Jahren beispielsweise konnten südkoreanische Briefmarkensammler inhaftiert werden, wenn sie in den Besitz von DVRK-Marken kamen (schade, denn es gibt einige wunderbare Exemplare. Besonders gefällt mir eine nordkoreanische Briefmarke zur Hochzeit von Prinz Charles und Lady Diana im Jahre 1981).

Wie wir noch sehen werden, hat der Süden seither Fortschritte gemacht, der Norden hingegen nicht, und deshalb werden Briefmarkensammler und die Geschichte Park das antidemokratische Vorgehen verzeihen. Als er 1979 (von seinem eigenen Geheimdienstchef) ermordet wurde, hatte Park aus Südkoreas in Lumpen gehender Bevölkerung ein Volk von Schiffsbauern und Automobilherstellern gemacht. Bei seiner Machtübernahme im Jahre 1961 betrug das Pro-Kopf-Einkommen 82 Dollar, 1997 war es auf 10 000 Dollar gestiegen. Park war kein Demokrat, dennoch zog dieses Wirtschaftswunder nach seinem Tod ein politisches Wunder nach sich. In den achtziger Jahren wurde seiner politischen Führungsgeneration die Demokratie regelrecht abgerungen, obwohl sie für sie nur »Chaos« bedeutete. 1988 trat Roh Tae Woo als Südkoreas erster demokratisch gewählter Präsident sein Amt an.

Während sich Südkorea entwickelte, unternahm Kim Il Sung weiterhin jeden erdenklichen Versuch der »Vereinigung«, jedoch vergeblich. Obwohl unwahrscheinlich ist, dass der Große Führer jemals eine Wiederauflage der Invasion von 1950 in Erwägung zog, diente das Kommando der Vereinigten Streitkräfte von USA und Südkorea stets der Abschreckung. Ein weiterer Faktor war, dass Kim weder chinesische noch sowjetische Hilfe für einen zweiten Versuch erhalten hätte. Mit dem Beginn der Entstalinisierung im Jahre 1956 in der Sowjetunion verschlechterten sich die Beziehungen zu Nordkorea. In der chinesisch-sowjetischen Auseinandersetzung versuchte Nordkorea Neutralität zu wahren, aber wegen des Verbrechens, die Kulturrevolution der sechziger Jahre ignoriert zu haben, beschimpften ihn Chinas Rote Garden als »fettes konterrevolutionäres Schwein«, das in fünf Palästen lebte. Die Roten Garden, nicht gerade berühmt für korrekte Berichterstattung, mögen übertrieben haben, was die Zahl der Paläste anging. Doch wenn man bedenkt, dass China Nordkoreas engster Verbündeter ist, erstaunt die Weite der damaligen Kluft, und die antiamerikanischen Demonstrationen von 2002 in Seoul erscheinen einem im Vergleich dazu wie eine freundliche Auseinandersetzung. Noch vor dem Erscheinen des Artikels über das »fette Schwein« in der Postille der Roten Garden wurden die Botschafter abberufen, chinesische Offiziere zogen sich aus der Waffenstillstandskommission in Panmunjom zurück, und aus Lautsprechern dröhnte angeblich antichinesische Propaganda über die Grenze.[16]

Als sich die nordkoreanischen Beziehungen zu den beiden kommunistischen Supermächten wieder verbesserten, hatte der Große Führer sein Augenmerk schon auf die Dritte Welt gerichtet, wo er den vergeblichen Versuch unternahm, Anführer der Blockfreien Bewegung zu werden. Die Abkühlung des Verhältnisses zu Moskau und Peking hatte noch einen weiteren wichtigen Effekt: die Entwicklung der *Juche*, Kims Ideologie der Selbstvertrauens, und die Intensivierung des Personenkults. Damals tilgten die Nordkoreaner die Befreiung Koreas durch die Sowjets und die chinesische Hilfe im Koreakrieg aus den Geschichtsbüchern.

Zur selben Zeit erhielten Kim Il Sungs Genossen aus dem Partisanenkampf wichtige Posten. Mit der Folge, dass das Land in militärischer Hinsicht eine aggressivere Haltung einnahm, wogegen der Große Führer nichts einzuwenden hatte. 1962, nachdem der Versuch gescheitert war, von Moskau Garantien für militärische Hilfe zu erhalten, beschloss er, den Verteidigungshaushalt auf Kosten der Wirtschaft zu erhöhen. Damit begann die Militarisierung der gesamten Gesellschaft.

Im Januar 1968 schickten seine ehemaligen Partisanen ein Sonderkommando mit dem Auftrag nach Südkorea, Präsident Park am 8. Februar, dem zwanzigsten Jahrestag der Gründung der (nord-)koreanischen Volksarmee, die Kehle durchzuschneiden.[17] Die Untergrundkämpfer, zu deren Ausbildungsprogramm auch das Öffnen von Gräbern und das Schlafen neben den verwesten Leichen gehörte, gelangten bis auf einen Steinwurf weit an das Blaue Haus des Präsidenten heran, ehe sie entdeckt wurden. Siebenundzwanzig von ihnen wurden getötet, zwei entkamen und zwei wurden festgenommen, von denen sich einer mit einer versteckten Granate in die Luft jagte. Der einzige Überlebende namens Kim Shin Jo erhielt im Gefängnis Briefe von jungen koreanischen Christinnen, heiratete eine von ihnen, als er entlassen wurde, und wurde später presbyterianischer Prediger.[18] Die nordkoreanische Propaganda behauptete, es habe sich um einen Revolutionsversuch von Südkoreanern gehandelt, und legte ein ganzes Jahr lang mit Einfällen von Kommandoeinheiten nach, die allesamt scheiterten.

Wenige Tage nach dem missglückten Überfall auf das Blaue Haus stieß die nordkoreanische Marine auf ein amerikanisches Spionageschiff, die U.S.S. Pueblo, kaperte es trotz der Proteste des Kapitäns Lloyd »Pete« Bucher, das Schiff befinde sich in internationalen Gewässern, und tötete ein Mitglied der 83-köpfigen Mannschaft. Nach diesem Vorfall demonstrierte ein Propagandafoto, das die Nordkoreaner triumphierend herausgaben, den Selbsterhaltungswillen amerikanischer Kriegsgefanger: Mehrere inhaftierte Mitglieder der Schiffscrew reckten der Kamera verstohlen den Mittelfinger entgegen. Nachdem man Bucher erklärt hatte, seine Mannschaft werde einer nach dem anderen, angefangen beim Jüngsten, exekutiert, unterzeichnete er ein Geständnis, er habe in nordkoreanischen Gewässern spioniert. Schließlich wurden die Amerikaner im Dezember desselben Jahres freigelassen. Wegen seines Geständnisses und weil er versäumt hatte, die nordkoreanischen Kaperer mit den beiden Maschinengewehren an Bord abzuwehren, empfahl ein Untersuchungsbericht der Marine, Bucher vor ein Kriegsgericht zu stellen, ein Schritt, der jedoch vom Marineministerium verhindert wurde. Das Schiff war jahrelang eine Touristenattraktion im nordkoreanischen Hafen Wonsan. Angeblich plante das nordkoreanische Regime als Friedensgeste die Rückgabe an die Vereinigten Staaten im Jahre 2002, doch machte ihm Washington mit der Bekanntmachung des nordkoreanischen Atomprogramms einen Strich durch die Rechnung.[19]

Die Killerkommandos der Partisanengeneräle erwiesen sich als Katastrophe und brachten das Land an den Rand eines Krieges mit den Vereinigten Staaten. Aber sie stellten auch eine potenzielle Bedrohung für Kim Il Sung selbst dar, so dass er Ende 1968 begann, sie aufzulösen. Er stellte die Untergrundaktivitäten gegen Südkorea ein, hielt aber an anderen Formen der Aggression – eine Mischung aus militärischen Operationen, Spionage und politischer Unterwanderung – fest. An Kim Il Sungs Geburtstag im Frühjahr 1969 schossen nordkoreanische MiG-21 eine Aufklärungsmaschine der US-Marine mit 31 Besatzungsmitgliedern ab. Im Juni 1970 versuchten drei nordkoreanische Agenten, am Tor zum Nationalfriedhof, wo Park eine Rede anlässlich des 20. Jahrestags des Kriegsausbruchs halten sollte, eine Bombe zu legen, die jedoch vorzeitig explodierte und einen von ihnen tötete. Die anderen beiden flohen, wurden aber später gefasst und umgebracht. 1974 stießen die Südkoreaner zufällig auf einen weitläufigen Tunnel unter der entmilitarisierten Zone. (Weitere wurden 1975, 1978 und 1990 entdeckt. Überläufer behaupten, es gebe noch 16 weitere.) Im selben Jahr schoss ein japanischstämmiger Nordkoreaner auf Park, verfehlte ihn jedoch. Die Leibwächter des Präsidenten feuerten zurück, wobei die First Lady und eine junge Chorsängerin tödlich verletzt wurden.

Zwischen diesem zweiten und dritten Mordversuch startete Kim, alarmiert durch die chinesisch-amerikanische Annäherung, eine Friedensoffensive, auf die Park, der nie auf eine dauerhafte Unterstützung durch die Vereinigten Staaten vertraut hatte, einging. 1972, ausgerechnet am 4. Juli, dem amerikanischen Nationalfeiertag, gaben die beiden Rivalen eine gemeinsame Erklärung heraus, in der sie Friedensbemühungen mit dem Ziel der Vereinigung versprachen, an die jedoch keiner der beiden glaubte. Im Oktober gelang Park eine weitere Art Staatsstreich, indem er die Nationalversammlung auflöste und – um sich, wie die US-Botschaft vermutete, die Macht für immer zu sichern – das Kriegsrecht ausrief.

Eine andere Möglichkeit, den Süden einzunehmen, lag in der politischen Unterwanderung, die vielleicht, wären die Nordkoreaner geschickter vorgegangen, mit der Zeit Früchte getragen hätte. Denn viele südkoreanische Intellektuelle vertraten die Ansicht, die eigene Seite verfüge wegen ihrer kriecherischen Abhängigkeit von den Vereinigten Staaten über weniger nationale Legitimität als der Norden. Ein bemerkenswerter Versuch in dieser Richtung bestand in der Gründung der Revolutionären Partei zur Wiedervereinigung durch einen südkoreanischen Kommunisten namens Kim Chong Tae, der sich von nordkoreanischen Geheimagenten dazu hatte drängen lassen. Kim Chong Tae widmete sich ein paar Jahre lang der Errichtung eines Netzwerks von Intellektuellen, wurde jedoch vom koreanischen CIA in der Zeit verstärkter Überwachung nach dem Attentat auf Park von 1974 aufgespürt und hingerichtet. Seither hat es zahlreiche Vorfälle mit Spezialkommandos und Spionen gegeben. Aber Nordkorea konnte nicht einmal während der anhaltenden Proteste im Süden in den achtziger Jahren gegen die Diktatur eines weiteren Putschpräsidenten – Chun Doo Hwan – nennenswert an Boden gewinnen, ja nicht einmal, als zahlreiche radikale Studenten insgeheim Kims *Juche*-Theorie studierten. Dies weist darauf hin, dass Nordkorea längst nicht mehr die Mittel besaß, die Wiedervereinigung per Gewalt oder Subversion herbeizuführen.

Während der Norden immer schwächer wurde, wuchs die Stärke des Südens zusehends. Der symbolische Ausdruck für Südkoreas Aufstieg war, dass es 1981 den Zuschlag für die Olympischen Sommerspiele 1988 erhielt. Die südkoreanische Hauptstadt hatte also sieben Jahre Zeit, sich auf die Spiele vorzubereiten. Da das Land fast die ganzen achtziger Jahre hindurch unter einer Tränengaswolke lag, hatte auch das Internationale Olympische Komitee genügend Zeit, seine Entscheidung zu bereuen. Doch die Massen standen fest hinter der Olympiade. Man bewältigte städtebauliche Vorhaben, die eigentlich 20 Jahre in Anspruch genommen hätten, und Chun machte seinen engsten Verbündeten und Mitputschisten, Roh Tae Woo, zum Vorsitzenden des Olympischen Organisationskomitees. Als Chun 1987 verkündete, Roh sei der Präsidentschaftskandidat seiner Partei für die Wahlen im Dezember, gingen normale Koreaner aus Furcht, Roh werde durch das von der Regierung manipulierte Wahlkollegium bevorzugt, auf die Straße und forderten eine Verfassungsänderung zu Gunsten direkter Wahlen. Die Proteste, an denen sich Hausfrauen ebenso wie Banker beteiligten, hielten drei

Wochen an und drohten die Olympischen Spiele im Jahr darauf zu gefährden. Als selbst Roh für eine direkte Volksabstimmung eintrat, willigte Chun schließlich ein.

Im selben Jahr deponierten zwei nordkoreanische Agenten, die sich als Vater und Tochter japanischer Nationalität ausgaben, in einem südkoreanischen Flugzeug eine Bombe. Sie waren im Glauben, der Befehl dazu stamme unmittelbar von Kim Jong Il, der inzwischen als der Erbe in Pjöngjang auftrat. Der Plan, so glaubten sie, bestehe darin, das Attentat als einheimischen Terrorakt erscheinen zu lassen und damit einen Vorwand für Pjöngjangs kommunistische Verbündete zu schaffen, von den Spielen fernzubleiben.[20] Doch die Agenten wurden in Bahrain gefasst, wo sie nach dem ersten Flugabschnitt von Bord gegangen waren. Der Mann schluckte eine Giftkapsel und starb, die Frau hingegen wurde am Vorabend der Präsidentenwahl nach Seoul gebracht, was einen Umschwung zu Rohs Gunsten bewirkte. Derartig bloßgestellt, verlor Pjöngjang die Unterstützung seiner Verbündeten, die beschlossen, nach Seoul zu gehen, und damit einer Reihe von Boykotts der Olympiade ein Ende bereiteten.

Die Olympischen Spiele verliefen großartig. Auch wenn davon vorwiegend die Disqualifizierung des kanadischen Sprinters Ben Johnson wegen Doping und Carl Lewis' vier Goldmedaillen in Erinnerung geblieben sind, markierten diese Spiele doch auch den Augenblick, da die Welt das eigentliche Korea anerkannte. Nach dem Zusammenbruch des Kommunismus nahmen die osteuropäischen Staaten, Russland und China innerhalb von vier Jahren diplomatische Beziehungen zu Südkorea auf.

Der Rest dürfte mittlerweile Geschichte sein.

KAPITEL DREI

Atommacht werden

Die Jahreszeiten in Seoul sind ein Erlebnis. Die Stadt hat sich über den breiten Fluss hinweg bis um die bewaldeten Hügel herum ausgebreitet, die einst außerhalb ihrer Mauern lagen. Ein Klima, ähnlich demjenigen im Nordosten der Vereinigten Staaten, färbt im Herbst die Hügel bunt. Ich wohne an einem der steileren Hänge. Wenn ich morgens die Augen aufschlage, fällt mein Blick auf das Stadtzentrum, das nur 15 Gehminuten entfernt ist. Vom nach Osten ausgerichteten Fenster des Badezimmers aus kann ich den Präsidentensitz, das Blaue Haus, sehen. Hier oben auf diesen Gipfeln über unserem Viertel war es, wo Kim Shin Jo, der 1968 mit seinem Kommando gekommen war, um Präsident Park zu töten, einen ersten Blick auf die Hauptstadt des Feindes warf. Der frappierende Kontrast zwischen der Realität und den Bildern eines kriegszerstörten Seoul, die die nordkoreanische Propaganda verbreitet hatte, verunsicherte ihn und bewirkte schließlich – wie er später berichtete –, dass er sich einer südkoreanischen Truppe ergab. Hätte er getan, wozu er ausgebildet war, hätte er Selbstmord begangen, als die feindlichen Soldaten ihn einkreisten.[1]

Seither sind in den belebtesten Straßen der Stadt junge Rekruten postiert, die ein Auge auf die Passanten haben. Diese Vorsichtsmaßnahme regt die Phantasie an. Manchmal, wenn ich vor dem Frühstück meinen Hund in den Bergen spazieren führe, überlege ich, ob die alten Damen, die gerade ihre Plastikflaschen mit natürlichem Quellwasser füllen, oder die Männer, die lautstark ihre Atemübungen vollführen, um sich die Lunge zu durchlüften, nicht in Wirklichkeit bestens ausgebildete kommunistische Agenten sind. Ich bezweifle, dass mir in diesem Fall mein Hund, ein amerikanischer Cocker-Spaniel, eine große Hilfe wäre.

Ich habe mir auszumalen versucht, wie Raketen über mich hinwegzischen und im Stadtzentrum detonieren, aber es gelingt mir nicht ganz. Doch ich bin froh, dass manche Experten das sehr wohl können, denn nicht weit von hier sind eine Menge solcher Raketen stationiert.

Seoul liegt nur rund 70 Kilometer von der entmilitarisierten Zone entfernt. Das ist eine Pendlerdistanz – und entspricht in etwa der Strecke München-Augsburg oder Hamburg-Lübeck. Angesichts dieser geringen Entfernung fragt man sich, weshalb man einer solch enormen Ausbreitung der südkoreanischen Hauptstadt tatenlos zugesehen hat. Nach Tokio/Yokohama und New York City/Newark bildet Seoul zusammen mit Incheon und Songnam den weltweit drittgrößten Ballungsraum. Seine 21 Millionen Einwohner stellen für das nordkoreanische Regime das gleiche dar wie die US-Amerikaner für al-Qaida – den lebenden Widerspruch zu allem, wofür sie stehen. Natürlich könnte Kim Jong Il seine Spezialeinheiten losschicken oder die Bewohner Seouls ohne Vorwarnung mit chemischen Waffen angreifen. Aber er muss dabei die Folgen bedenken und kann nicht wie ein Terrorist unerkannt Komplotte schmieden. Er müsste befürchten, seine Pfründe zu verlieren, er hat einen Staat zu regieren und Mäuler zu stopfen. Nun, zumindest einige Münder. Und da gibt es auch noch die Statuenbauer, die Propagandakünstler und die Gefängniswärter, die beschäftigt sein wollen.

Und eine Menge Soldaten. Das kommunistische Regime hat seine Legitimation immer mit der Gegnerschaft zum Süden und zu den USA begründet, deshalb muss es militärisch gut gerüstet und von Feinden bedroht sein, um sich weiterhin selbst zu rechtfertigen. Als die Vereinigten Staaten und Südkorea ihre Verteidigung aufbauten, fühlte sich Nordkorea noch mehr in die Enge getrieben. Seither droht der nordkoreanische Staat gewissermaßen der ganzen Welt mit der Faust. Man könnte sagen, dieses Land lebt in ständiger Angst vor inneren und äußeren Feinden. Deshalb hat Nordkorea trotz seiner Rückständigkeit auf sämtlichen anderen Gebieten alles unternommen, um auf militärischer Ebene international mithalten und einen Krieg führen zu können.

Auf dem Papier verfügt Nordkorea über mehr Soldaten, Panzer und Geschütze als der Süden. Die Bodentruppen bestehen aus über einer Million Soldaten und Soldatinnen und bilden damit weltweit die drittgrößte Armee.[2] In der Luftwaffe mit 1600 Flugzeugen dienen mehr als 110 000 Menschen, während die Marine über 60 000 Mann und mehr als 800 Schiffe verfügt, eine riesige Flotte. Ihrer Zahl nach sind die nordkoreanischen Streitkräfte die fünftgrößten der Welt. Zusätzlich kann das Regime auf mehr als sechs Millionen Reservisten zurückgreifen. Der Kriegsdienst kostet einen jungen Mann zehn Jahre seines Lebens, eine junge Frau sieben Jahre.[3] Zwar gibt Kim Jong Il jährlich nur 5,1 Milliarden US-Dollar – und damit weniger als die Hälfte des südkoreanischen Militärhaushalts – für die Verteidigung aus, aber diese Summe macht sage und schreibe 31,3 Prozent des nordkoreanischen Bruttoinlandsprodukts aus.[4] Dieses kleine Land mit seinen 22 Millionen Einwohnern ist der am stärksten militarisierte Staat der Welt.

Nach Angaben des amerikanischen Geheimdienstes sind 70 Prozent der Bodentruppen von Kim Jong Il nicht mehr als 160 Kilometer von der entmilitarisierten Zone entfernt stationiert. Diese vorgelagerten Streitkräfte sollen über 2000 Panzer und 8000 Artilleriegeschütze verfügen, deren Großteil in etwa 4000 unterirdischen Einrichtungen verborgen ist. Zudem stehen 12 000 Waffensysteme mit und ohne Eigenantrieb sowie 500 Langstreckenraketen bereit.

Würde diese furchterregende Streitmacht in Gang gesetzt, hätte der Süden kaum genug Vorwarnzeit, um sich zu schützen. Und wenn Seoul einen Gegenschlag führen wollte, würde dies wohl von der wahrscheinlich schrecklichsten Waffe in Kims Armee vereitelt, den Sondereinheiten. Diese etwa 90 000 bestens ausgebildeten Kämpfer – eines der weltweit größten Kontingente ihrer Art – würden durch die Tunnel unter der entmilitarisierten Zone, in U-Booten und auf kleinen Küstenkuttern schnell und heimlich in den Süden vorstoßen, um dort, bekleidet mit südkoreanischen Uniformen, hinter der Front schwerste Verwüstungen anzurichten.

Natürlich bedeutet die Truppenstärke allein noch keine Bedrohung. Es wird oft – und zu Recht – gefragt, ob die nordkoreanischen Kommunisten nicht hauptsächlich deshalb so viel Wert auf militärische Stärke legen statt auf die Steigerung der Produktivkraft, weil sie die Massen ruhig und das Regime an der Macht halten wollen. Die Streitkräfte tragen zwar Uniform, aber könnte Kim Jong Il sie tatsächlich gegen den Süden in die Schlacht schicken? Schließlich ist die Wirtschaft so marode, dass kaum genug Benzin für das Training der Piloten vorhanden ist. In den letzten zehn Jahren hat der Norden unter einem derart katastrophalen Mangel an Nahrungsmitteln gelitten, dass man sich vorstellen könnte, Südkorea bräuchte nur Imbisswagen entlang der entmilitarisierten Zone aufzustellen und jedem Nordkoreaner kostenlos einen Big Mac anzubieten, wenn er dafür sein Gewehr abgibt, und der ganze Spuk wäre schnell vorüber.

Nachdem ich sieben Jahre in Seoul gelebt hatte, war ich 1989 während meiner ersten Reise nach Nordkorea ehrlich gesagt erstaunt und auch etwas wütend darüber, dass uns ein solch kaputtes Land in Angst und Schrecken versetzen konnte. Die »Soldaten«, die ich sah, waren hauptsächlich Bau- und Landarbeiter in Uniform. Verglichen mit der Fahrt nach Panmunjom vom Süden aus, die einen an eine Eröffnungsszene aus einem Spielberg-Film denken lässt, war die Fahrt dorthin von Norden her ein beschaulicher Ausflug aufs Land. Nördlich von Seoul unterquert man schwere »Panzerfallen« aus Beton, die im Ernstfall gesprengt würden, um die Straße zu blockieren. Weitere Blockaden dieser Art – so genannte »Drachenzähne« – ragen aus den Feldern und sollen dafür sorgen, dass eindringende nordkoreanische Panzer einen sehr weiten Umweg fahren müssen – über eine wacklige Brücke direkt hinein ins »Kriegerland« der 2. amerikanischen Infanteriedivision, das von schwerem Kriegsgerät nur so strotzt. Und man sieht geschmeidige Südkoreaner und muskelbepackte Amerikaner, die ihre Trainingsläufe absolvieren. Es liegt auf der Hand, wer siegen würde. Werden sie also jemals angreifen? Auch wenn Nordkorea gerne blufft, kennen wir die Antwort nicht, also rechnen wir mit dem schlimmsten Fall, solange wir nicht vom Gegenteil überzeugt sind.

Vermutlich sieht Nordkoreas Strategie folgendermaßen aus: ein massiver Überraschungsschlag über die entmilitarisierte Zone hinweg, der sich auf südkoreanische und amerikanische Militäreinrichtungen konzentriert, während Sondereinheiten eine mobile zweite Front im Süden eröffnen und US-Stützpunkte auf den japanischen Hauptinseln und Okinawa angreifen. Das Ziel wäre, die Halbinsel schnell zu überrennen und massive Zerstörungen zu hinterlassen, bevor der Süden mobilisieren und die USA Verstärkung schicken könnten. Nordkorea würde darauf setzen, dass die Vereinigten Staaten nicht willens wären, für die Rückeroberung der Halbinsel weitere Verluste in Kauf zu nehmen. Diese Strategie trägt angeblich den Titel: »Besetzung Südkoreas bis hinunter nach Busan innerhalb von drei Tagen« und wurde 1991 nach dem Golfkrieg unter Kim Jong Ils Leitung aktualisiert.[5]

Dagegen stehen südkoreanische Bodentruppen von 560 000 Mann, die über 2250 Panzer, 4850 Feldartillerie-Geschütze, 2300 gepanzerte Fahrzeuge, 150 Mehrfachraketenwerfer, 30 Raketen und 580 Hubschrauber verfügen.[6] Marine und Marineinfanterie zählen 67 000 Mann, 200 Schiffe und 60 Flugzeuge. Die Luftwaffe verfügt über 63 000 Mann und 780 Flugzeuge. Alle jungen Männer müssen sich einer zweijährigen Wehrpflicht unterziehen und danach acht Jahre lang für Reserveübungen und -aufgaben bereit stehen. Die Zahl der Reservisten beläuft sich auf rund drei Millionen.

Die südkoreanischen Streitkräfte sind auf ungewöhnliche Weise an die Struktur des US-Militärapparats gebunden. Im Kriegsfalle würden sie praktisch dem Kommando eines amerikanischen Generals unterstehen. In Korea sind etwas mehr als 37 000 US-Soldaten stationiert, wovon 27 500 auf die Armee, 8300 auf die Luftwaffe und rund 350 auf die Marine und die Marineinfanterie entfallen. Zusätzlich stehen 47 000 Mann in Japan bereit. Die Amerikaner stellen ihre Präsenz sehr deutlich heraus – amerikanische Grenztruppen stehen den Nordkoreanern in Panmunjon gegenüber, und auch das Vorfeld des traditionellen Invasionskorridors nördlich von Seoul wird von Amerikanern abgesichert. Diese Streitkräfte, die man lange als »Stolperdraht« bezeichnete, weil sie – sollte sich der Juni 1950 noch einmal wiederholen – das Eingreifen der USA garantieren, sollen im Jahre 2006 verlegt werden. Jahrzehntelang befand sich der Hauptstützpunkt der US-Truppen auf einem Gelände von der Größe mehrerer Golfplätze mitten in Seoul. Die US-Luftwaffe verfügt über mehr als 200 Flugzeuge. Außerdem gibt es in Südkorea ungefähr 4000 Betriebe, die dem US-Militär zuliefern, und 11 500, die von ihm abhängig sind.

Neben den Verteidigungsaufgaben leistet das US-Militär also einen wichtigen Beitrag zur Wirtschaft des Landes. Abgesehen vom Konsum der Amerikaner vor Ort ist das amerikanische Verteidigungsministerium einer der größten Arbeitgeber in Südkorea.

Die vereinten amerikanisch-südkoreanischen Streitkräfte sind dem Norden offensichtlich technologisch überlegen und haben auch die finanziellen Mittel, sich zu modernisieren. Aus diesem Grund setzt Pjöngjang seit langem auf seine eigenen, anders gearteten Möglichkeiten: Sondereinheiten, Raketen und Massenvernichtungswaffen. Diese stellen die größte Bedrohung für den Frieden in Ostasien dar.

Die nuklearen, biologischen und chemischen Waffen der nordkoreanischen Armee wurden nach dem Koreakrieg entwickelt und bilden nunmehr das Kernstück ihrer Streitmacht.[7] Nordkorea besitzt vermutlich etwa 5000 Tonnen Nervengift, Kampfgas und andere chemische Kampfstoffe. Und es ist wahrscheinlich in der Lage, bakteriologische Waffen aus den Erregern von Anthrax, Pocken, Pest und Cholera herzustellen. In der oben dargelegten Kriegsstrategie ist auch vorgesehen, chemische Angriffe gegen Militärstützpunkte zu führen.

Nach amerikanischen Schätzungen hat Nordkorea Ende der achtziger und Anfang der neunziger Jahre rund 13 Kilogramm waffenfähiges Plutonium aus seinem Reaktor gewonnen, was für drei Atombomben der Zerstörungskraft der Hiroshima-Bombe ausreichen würde. Obgleich die Analyse dieser geheimen Entwicklung mit vielen Mutmaßungen behaftet ist, bestand das Ziel höchstwahrscheinlich darin, bis zum Jahr 2000 über zehn bis 20 solcher Bomben zu verfügen, es wurde jedoch aufgrund eines Abkommens mit Washington 1994 nicht realisiert. Gemäß der so genannten Rahmenvereinbarung fror der Norden sein Atomprogramm ein und die USA riefen ein internationales Gremium namens Korea Energy Development Organization (Organisation für die Entwicklung der Energiewirtschaft in Korea, KEDO) ins Leben, dessen Aufgabe es war, zwei Leichtwasser-Reaktoren zu bauen und bis zu deren Fertigstellung jährlich kostenlos 500 000 Tonnen Öl zu liefern. Südkorea, Japan und die EU beteiligten sich an dem Projekt, wobei die beiden ersten den Großteil der Kosten von 4,6 Milliarden Dollar übernahmen. Im Oktober 2002 wurde jedoch bekannt, dass Pjöngjang ein Geheimprogramm zur Anreicherung von Uran verfolgte, womit das Abkommen gescheitert war. Die USA stellten die Öllieferungen ein, woraufhin Pjöngjang seine Zustimmung zum Atomwaffensperrvertrag zurückzog und die internationalen Inspektoren des Landes verwies, die entsprechend der Rahmenvereinbarung die Verwendung der verbrauchten Brennstäbe überwachen sollten. Der Norden ließ seinen Reaktor wieder anfahren, entfernte die Siegel von den Brennstäben und drohte damit, das Plutonium herauszufiltern. Nach US-Schätzungen reichte die Menge, um weitere fünf oder sechs Bomben zu bauen. Als Nordkorea jedoch 2003 verkündete, dies sei nunmehr geschehen, zogen die USA und Südkorea durchaus in Betracht, dass es sich um einen Bluff handelte.

Die nordkoreanische Nodong-Rakete besitzt eine Reichweite von 1300 Kilometern und kann somit jedes Ziel in Südkorea erreichen, aber auch Teile Japans und die dortigen US-Stützpunkte. Taepodong 1 (Reichweite 2000 km) und Taepodong 2 (5000 km), an deren Bau zur Zeit gearbeitet wird, könnten ganz Japan abdecken und vielleicht auch schon bald die Westküste der Vereinigten Staaten. Bei einem höchst provokativen Test im Jahre 1998 wurde eine Taepodong 1 über Japan abgefeuert. Experten meinen, dass die Nodong- und Taepodong-Raketen mit Atomsprengköpfen bestückt werden können, auch wenn bislang – zur Zeit der Niederschrift dieses Buchs – ein solcher Sprengkopf noch nicht entwickelt worden ist. Also müsste eine Atombombe von einem Flugzeug aus abgeworfen oder auf unkonventionelle Weise ans Ziel befördert werden, zum Beispiel mit einem Frachtschiff.

Als wäre dies noch nicht genug, ist Pjöngjang zudem zu einem Großlieferanten für Waffen geworden. Mehr als ein Jahrzehnt stellte seine Raketentechnologie eine der Haupteinnahmequellen für Devisen dar. Amerikanischen Schätzungen zufolge hat Nordkorea im Jahre 2001 durch den Verkauf von Raketen an acht Länder 560 Millionen US-Dollar eingenommen. Die Befürchtung, dass Kim Jong Il atomare, biologische oder chemische Waffen an Terroristen liefern oder anderen Schurkenstaaten dabei helfen könnte, Atommacht zu werden, hat Nordkorea zusammen mit dem Irak und Iran einen Platz auf Präsident George W. Bushs »Achse des Bösen« eingetragen.

Es verrät etwas über die menschliche Natur, dass – abgesehen von einigen Profis, deren Arbeit es ist, solche Dinge zu beobachten – dieses Problem die meisten Südkoreaner kalt zu lassen scheint. Sogar die Ansicht, das Atomprogramm des Nordens sei gar keine so schlechte Sache, denn im Falle der Wiedervereinigung würde Seoul es erben, ist weitverbreitet. Ein trügerisches Gefühl des Friedens scheint vorzuherrschen.

Trotz der geographischen Nähe liegt Nordkorea für die Südkoreaner weit entfernt. Bisher durften sie nie in ihr Nachbarland fahren und dort einkaufen. Im Unterschied zu Ausländern ist es südkoreanischen Staatsangehörigen nicht erlaubt, an Touren nach Panmunjom teilzunehmen, weil man Zwischenfälle befürchtet. Lange war es in Südkorea verboten, nordkoreanische Zeitungen zu lesen oder Fernsehprogramme zu empfangen. Obwohl inzwischen erlaubt, hat kein Südkoreaner mehr ein Interesse daran, weil das Angebot als absolut geisttötend und schlecht empfunden wird. Auch wenn Washington von Zeit zu Zeit den Eindruck verbreitet, Südkorea stehe am Rand des Abgrunds, sind seine Bewohner viel mehr mit anderen Dingen beschäftigt als mit Nordkorea und seinen Atomwaffen. Zu den Themen, die weit stärker im Vordergrund stehen, gehören die Macht der Konzerne, die Fünf-Tage-Woche, der Aktienmarkt, Trunkenheit am Steuer, die hochschnellende Scheidungsrate, die explodierenden Preise für Häuser, der zunehmende Konsum von Herrenkosmetikartikeln und die Frage, weshalb europäisches Bier so viel besser schmeckt als die einheimischen Sorten. Und ist es richtig, dass Privatuniversitäten die Kinder reicher Gönner aufnehmen?

Nordkorea rangiert auf der Themenliste nicht sehr weit oben. Es ist ein langweiliges, obsoletes Ärgernis, das im Leben der meisten Südkoreaner keine Rolle mehr spielt. Sie halten Kim Jong Il für einen Maulhelden, der ganz Korea in Verruf bringt.

Bei den Menschen, die sich noch mit Nordkorea beschäftigen, ist ein in einem freien Land weit verbreitetes Phänomen zu beobachten, das dann auftritt, wenn ein Stillstand zu lange anhält und nichts dagegen unternommen wird: Die Bürger projizieren ihre Anständigkeit auf die gegnerische Seite und machen die eigene Regierung für die Probleme verantwortlich. Angesichts der Art und Weise, wie die südkoreanischen Diktatoren die Unterdrückung der Demokratie immer wieder mit der Bedrohung durch Nordkorea rechtfertigten, fiel es Demokraten schwer, der Propaganda zu glauben, die Nordkoreaner seien gefährlich und schrecklich. Die Übertreibungen der südkoreanischen Propaganda – zum Beispiel wurde in den 1960er Jahren in den Schulen gelehrt, die Nordkoreaner trügen Hörner auf dem Kopf – förderten bei manchen Intellektuellen zunächst romantische Vorstellungen über eine Wiedervereinigung. Die anhaltende Verweigerungshaltung Nordkoreas gegenüber der vom früheren südkoreanischen Präsidenten Kim Dae Jung begonnenen Annäherungspolitik hat solche Träume jedoch weitgehend wieder zunichte gemacht.

Viele Konservative wiederum kritisieren diese Annäherungspolitik, weil sie einen falschen Frieden vortäusche. Und in der Tat muss sich die Regierung vorwerfen lassen, dass sie in den vergangenen Jahren Überläufern und Sicherheitsexperten, die auf die Bedrohung durch den Norden hinweisen wollten, einen Maulkorb angelegt hat aus Furcht, Kim Jong Il würde sonst den Annäherungsprozess abbrechen.

Doch all diesen Dingen liegt noch ein weiterer Aspekt zugrunde, mit dem sich die Südkoreaner auseinandersetzen müssen: die Kehrseite ihres Bündnisses mit den USA. Zwar hat die Präsenz der Amerikaner den Norden abgeschreckt, gleichzeitig aber Kim Il Sung zu der trügerischen Vorstellung verführt, er sei Südkorea überlegen: Seht nur, diese Schlappschwänze in Seoul kriechen den Amerikanern unter den Rock, während ich für alle Koreaner neue Geschichte schreibe. Seine Philosophie des Selbstvertrauens zielt direkt auf den wunden Punkt der koreanischen Seele. Er präsentierte sich als ein Führer, der es mit der einen Supermacht – den USA – aufnahm, während zwei andere Supermächte – China und die Sowjetunion – darum stritten, wer von ihnen ihm Hilfe leisten durfte. Für ein Volk, das sich in seiner Geschichte ständig drangsaliert fühlte, musste eine solche Haltung beiderseits der Demarkationslinie einen starken Reiz ausüben, und vor allem deshalb durfte bis zu dem Tag, an dem Südkorea demokratisch wurde, Kim Il Sungs Gesicht in Südkorea nicht gezeigt werden.

Im 21. Jahrhundert jedoch kann von dem, was Nordkorea anzubieten hat, nichts mehr die Südkoreaner verlocken. Ihre Devise lautet inzwischen nur noch, mit den Nordkoreanern vorsichtig umzugehen, jede Provokation zu vermeiden und sie durch wirtschaftlichen Austausch sanft in die moderne Welt hinüberzuführen. Deshalb verzichtet man auch darauf, dem Norden die eigene militärische Überlegenheit vorzuhalten. Es ist durchaus möglich, dass sich der Norden nach wie vor der Illusion hingibt, er könne Südkorea überrennen, sobald die Amerikaner abgezogen sind.

Andererseits kritisieren auch die Südkoreaner mit Hingabe die Anwesenheit der US-Truppen in ihrem Land. Seit Mitte der achtziger Jahre ist der Antiamerikanismus sehr deutlich ausgeprägt. Er schwelt im Denken des Durchschnittskoreaners und flackert gelegentlich bei kleinen Vorfällen auf, um danach wieder abzuflauen. Einer dieser Vorfälle ereignete sich Ende 2002: In den Straßen von Seoul rissen Menschen die amerikanische Flagge in Stücke, um gegen den Freispruch zweier GIs durch ein US-Militärgericht zu protestieren; die beiden waren der fahrlässigen Tötung angeklagt worden, weil sie mit ihrem Fahrzeug zwei Mädchen überfahren hatten, was eindeutig ein Unfall war. Diese Protestbewegung, teilweise angestachelt durch Falschinformationen im Internet, riss auch ganz gewöhnliche, unpolitische Koreaner, die ansonsten die amerikanischen Werte teilen, in eine Woge der Erregtheit, und sogar Nonnen hefteten sich bedenkenlos Abzeichen mit der Aufschrift »Fucking USA« – so heißt auch ein antiamerikanischer Song – an. Junge Leute verhöhnten die amerikanische Auffassung von Gerechtigkeit, wie sie durch die Geschworenen zum Ausdruck gekommen sei, »die mit euch unter einer Decke stecken«. Kein Wunder also, so dachten bald die Leute auf der Straße, dass die beiden Soldaten freigesprochen wurden – es waren ja Freunde der Richter. Auf Cartoons, die in Umlauf kamen, war Osama bin Laden vor einem Gericht, bestehend aus lauter bärtigen Männern, zu sehen. Dies alles geschah im Vorfeld der Präsidentschaftswahlen vom Dezember 2002. Ein deutlicher Hinweis darauf, welche Kreise die Ressentiments gegen die Amerikaner bereits gezogen hatten, war, dass der konservative Kandidat Lee Hoi Chang eine Petition zur Neufassung des Status of Forces Agreement unterzeichnete, dem rechtlichen Abkommen, das die Stationierung der US-Truppen regelt, und sich mit den Eltern der beiden Mädchen fotografieren ließ. (Sein liberaler Gegner Roh Moo Hyun, der die Wahl schließlich gewann und von den antiamerikanischen Aktivisten stärker unterstützt wurde, lehnte dies mit der Begründung ab, es sei »unangebracht«.)

Als in amerikanischen Blättern darüber nachgedacht wurde, ob man nicht die Truppen abziehen solle, wenn sie denn nicht erwünscht seien, fanden die Aktivisten darin einen neuen Vorwurf gegen die Amerikaner: sie seien unfähig, ihren Antiamerikanismus zu verstehen. Eigentlich wollen wir – so die Aktivisten – damit ja ausdrücken, dass eine überwältigende Mehrheit der Koreaner die Beziehungen zu den USA und die Präsenz der Truppen gutheißt. Ihnen missfällt einfach die amerikanische »Haltung«. Die Amerikaner sollten nicht auf die Koreaner herabsehen.

Man muss wirklich Verständnis für die Einstellung der Südkoreaner haben. Ihre Führung hat in dieser Sache Fehler begangen. Rhee Syngman und Park Chung Hee hatten gepredigt, die Amerikaner stünden in ihrem Land, um sie zu beschützen (d. h. im eigenen Interesse Südkoreas). Als die USA 1980 nicht verhinderten, dass General Chun Doo Hwan die Macht übernahm, änderte sich jedoch diese ziemlich verkürzte Sichtweise. Viele Koreaner nahmen fälschlicherweise an, der Diktator, der brutale Spezialeinheiten auf demonstrierende Studenten hetzte, sei mit Unterstützung der USA ans Ruder gekommen, eine Vermutung, der Chun selbst Nahrung gab. In den achtziger Jahren kamen zahlreiche Intellektuelle zu der Überzeugung, die US-Truppen stünden ausschließlich deshalb in Korea, um amerikanische Interessen zu wahren. Anders gesagt: Die US-Truppen haben einen riesigen Stützpunkt in Seoul, weil sie das so wollen, und wir armen Koreaner können nichts dagegen tun. Diese Auffassung fand in der Bevölkerung viel Anklang, weil es der politischen Führung an Mut mangelt, klar Position zu beziehen und darzulegen, dass beide Länder übereinstimmende nationale Interessen haben und die US-Truppen in Korea beiden gleichermaßen dienen. Die politische Führung sieht die antiamerikanischen Ausbrüche zwar für das an, was sie sind – Gefühlsäußerungen –, hält es aber im Hinblick auf ihr politisches Fortkommen für klüger, den Kopf einzuziehen und den Sturm über sich hinwegfegen zu lassen.

Aufschlussreich ist allerdings, wodurch die Woge der Erregung 2002 wieder abflachte. Eines Abends Anfang Januar 2003 erhielt ein Beamter im Finanz- und Wirtschaftsministerium einen Anruf von der Ratingagentur Moody's in New York. Moody's plane eine Sitzung, so hieß es, auf der die Risikogewichtung für Investitionen in Korea diskutiert und das Land wahrscheinlich herabgestuft würde. Drei Faktoren hätten negativen Einfluss auf die Auslandsinvestitionen: die atomare Bedrohung durch Nordkorea, der Antiamerikanismus und die Tatsache, dass der designierte Präsident Roh Moo Hyun in den US-Medien als arbeitnehmerfreundlich und antiamerikanisch dargestellt wurde. Der Beamte bat die Firma, sich erst einmal vor Ort mit Rohs Übergangsteam auszutauschen, bevor sie eine Bewertung vornahm. Dann rief er das Blaue Haus an, das seinerseits wiederum Roh und den für Wirtschaftsfragen Zuständigen in dem Übergangsteam riet, tätig zu werden. Woraufhin Roh beschloss, den USA einen Besuch abzustatten – seinen ersten überhaupt – und sich innerhalb weniger Tage mit dem Kommandeur der US-Truppen in Korea traf, bei einer gemeinsamen Sitzung der amerikanischen und europäischen Handelskammern in Seoul sprach, CNN und der *New York Times* Interviews gab und die Aktivisten öffentlich dazu aufrief, die Proteste gegen die USA einzustellen, was sie auch taten.[8]

Natürlich frustriert es die südkoreanische Regierung, dass sie, was die atomare Bedrohung durch Nordkorea angeht, nur wenig zur Lösung dieses Sicherheitsproblems beitragen kann. Zum einen sind nur die Amerikaner stark genug, um sich diesem Problem zu stellen, zum anderen weigern sich die Nordkoreaner schlichtweg, darüber mit Südkorea Gespräche zu führen, und bestehen darauf, einzig und allein mit den Amerikanern zu verhandeln.

Geht es um die Frage, welche Absichten Nordkorea verfolgt, sind alle Augen auf Kim Jong Il gerichtet. Er ist es, der den Finger auf dem Knopf hat. Er ist der mit ganzer Machtfülle ausgestattete Vorsitzende des Nationalen Verteidigungskomitees und der Oberste Befehlshaber. Zwar fehlt es ihm an revolutionären Lorbeeren und militärischer Erfahrung, und er könnte nicht einmal dann kapitulieren, wenn sein Leben davon abhinge, hat dies aber wettgemacht, indem er sich die Loyalität der militärischen Führungskaste sicherte und dafür sorgte, dass sie weiterhin ungestört ihre Privilegien genießen kann.

Dieses Kunststück verdankt Jong Il zunächst seinem Vater, der ihn zum Marschall ernannte. Seit dem Tode Kim Il Sungs hat der Geliebte Führer eine noch nicht dagewesene Zahl von Leuten zu Generälen ernannt. Während der Hungersnöte Ende der neunziger Jahre erhielt die Armee Vorzugsbehandlung – man konnte ja nicht wissen, wofür man die Militärdienst Leistenden noch brauchen würde. Er betreibt eine Politik, bei der das Militär an erster Stelle steht und die Partei erst danach kommt, was besonders in Pjöngjang deutlich wird. Ein Besucher, der Anfang 2003 das Land bereiste, berichtete mir, dass in der Sonntagspredigt in einer der beiden protestantischen Kirchen, die es in Nordkorea gibt (und die ebenso wie die einzige katholische Kirche im Land Propagandainstrumente sind), diese Politik als gottgefällig gepriesen wurde. Die Armee ist die größte gesellschaftliche Institution im Land, ein kleiner Staat im Staat. Sie besitzt eigene Bergwerke, Fabriken und Handelsfirmen in der offiziell so bezeichneten Zweiten Ökonomie. Ohne die Armee wäre Kim Jong Il schon längst wegen Unfähigkeit gefeuert worden.

KAPITEL VIER

Geliebter Sohn

Nach der Gründung Nordkoreas im Jahre 1946 ist Kim Jong Il der zweite Präsident des Landes. Obwohl es lange Zeit in Anspruch nahm, ihn für den Posten aufzubauen, obwohl er mit zunehmendem Alter seines Vaters das politische Tagesgeschäft in die Hand nahm und nach dessen Tod Staatschef wurde, trotz der zahllosen Biografien über ihn und trotz der Kolumnen, die jeden Tag in den nordkoreanischen Medien erscheinen, bleibt er in gewisser Weise ein Rätsel.

Wenn Nordkorea nachrichtendienstlich gesehen ein schwarzes Loch ist, stellt der unsichtbare Teil Kim Jong Ils – seine Gedanken, Motive und Absichten – das Herz dieser Finsternis dar.

Könnte dieser Mann den Knopf zur Zündung einer Atombombe drücken, auf den er momentan den Finger gelegt hat? Wird die Welt doch noch den Einsatz von Atomwaffen erleben, bevor sie in Pflugscharen verwandelt werden, und werden es dann nordkoreanische sein? Wer nur ist dieser Mann, bei dem man sich wünscht, dass er niemals mit dem linken Bein aufsteht? Wir wissen es nicht.

Wissenslücken verleiten meist zu Spekulationen, die über ihre Quelle genauso viel aussagen wie über ihren Gegenstand. So stellten die südkoreanischen Geheimdienste Kim Jong Il lange Zeit als gefährlichen Irren dar. Er galt aber auch als Playboy und der Welt fleißigster Konsument der teuren Cognacmarke Hennessy Paradis. Er sei ein Choleriker, hieß es, umgebe sich mit hübschen Mädchen, besitze eine umfangreiche Sammlung von westlichen Filmen und wahrscheinlich auch Pornos und stecke hinter den Kommandoangriffen auf südkoreanische Ziele. Doch als er im Juni 2000 unerwartet auf der Rollbahn des Flughafens Sunan in Pjöngjang stand, um den südkoreanischen Präsidenten Kim Dae Jung zu seinem historischen Besuch im Norden zu begrüßen, waren alle Südkoreaner zutiefst gerührt. Es war ein denkwürdiger Tag. An jenem Morgen unterzog ich mich einer Operation zur Erweiterung der Nasenwege. Mit zwei tamponartigen, blutgetränkten Stöpseln in der Nase sah ich im Fernsehen, wie sich die beiden Staatschefs begegneten. Die Frauen im herbeibeorderten nordkoreanischen Publikum winkten und hüpften vor Aufregung von einem Bein aufs andere, wenn auch eher, damit sie einen Blick auf Kim Jong Elvis erhaschen konnten, als wegen der Erhabenheit des Augenblicks. Kim Dae Jung schritt watschelnd wie Charlie Chaplin einher, die Folge eines Autounfalls – ein Attentatsversuch des Diktators Park Chung Hee, wie er glaubte. Als Kim Jong Il aus Rücksichtnahme gegenüber seinem älteren Kollegen den Schritt verlangsamte, waren die südkoreanischen Zuschauer ganz ergriffen, und sie dachten daran, dass jene Beschreibung als übellauniger Playboy auch ebenso gut auf die Hälfte ihrer eigenen Freunde zutraf. Von nun an nannten sie ihn höflich »Vorsitzender Kim«. Damalige Umfragen ergaben, dass die Zahl derjenigen, die mit einer nordkoreanischen Invasion rechneten, von 40 auf 10 Prozent gesunken war.

Eine derartig rasch sich wandelnde Wahrnehmung unterstrich zwar den Wunsch der Südkoreaner nach Versöhnung und einem Ende der Angst, ist aber kaum nützlich, will man sich ein Bild von dem Mann machen. Auch nordkoreanische Quellen helfen nicht weiter. Dort werden die Massen mit Propaganda regelrecht überschüttet. So haben die Menschen zum Beispiel keine Ahnung davon, dass Vorsitzender Kim sich intensiv damit beschäftigt, wie man *Pelmeni* kocht.[1] Er führt weder Gespräche am Kaminfeuer, noch gewährt er nordkoreanischen Spitzenjournalisten Interviews. Und wenn er sich mit einheimischen Zeitungsleuten abgibt, dann ist dies eher eine fürsorgliche, väterliche Belehrung von Gleichgesinnten, als dass Fragen beantwortet würden wie »Was bedeutet das Wort ›demokratisch‹ in ›Demokratische Volksrepublik Korea‹, dem offiziellen Namen unseres Landes?«

Apropos: Da alle Welt glaubt, das Pentagon habe den »eingebetteten« Reporter 2003 im Irakkrieg erfunden, überrascht es vielleicht, dass Nordkorea dieses demokratische Element schon seit langem kennt. Viele Jahre lang begleiteten Journalisten der Zeitung *Rodong Shinmun* und anderer führender Organe den Großen Führer Kim Il Sung, wenn er durch das Land reiste und seine berühmten »Anleitungen vor Ort« durchführte, ohne die Nordkorea wahrscheinlich ein entwickelteres Land wäre. Viele ihrer Berichte sind in einer 1983 erschienenen nordkoreanischen Schrift mit dem Titel *»The Great Teacher of Journalists: Kim Jong-il« (Der Große Lehrer der Journalisten – Kim Jong Il)* zu finden – lange Zeit ein Bestseller bei dem halben Dutzend Westreportern, die pro Jahr ein Visum bekamen (später allerdings in den Niederlanden veröffentlicht und zeitweise bei amazon.com für jeden erhältlich). Es gehört zu jenen Werken, die man an jeder beliebigen Stelle aufschlagen kann, um sofort auf tiefe Wahrheiten zu stoßen. Schauen wir einmal nach.

Im Jahre 1963, so heißt es in dem Buch, hatte der Große Führer Kim Il Sung einmal vor, den Paekdu, einen Berg an der chinesischen Grenze, zu besteigen, um eine »Anleitung vor Ort« abzuhalten.[2] Die eingebetteten Journalisten standen bereit. Doch als sie aufbrechen wollten, liefen sie dem 21-jährigen Kim Jong Il in die Arme.[3]

»Habt ihr schon gefrühstückt?«, fragte er besorgt. Die Küche habe Reis und Beilagen vorbereitet, erwiderten sie, da jedoch die Suppe nicht fertig sei, hätten sie noch nichts essen können. Deshalb hätten sie mit dem Frühstück bis zur Rückkehr vom Paekdu warten wollen. Da der junge Kim Jong Il ihre Enttäuschung spürte, meinte er mit einem freundlichen Lächeln: »Heute ist ein besonderer Tag, denn der Große Führer wird den Paekdu besteigen. Deshalb müsst ihr gut vorbereitet sein, um Informationen darüber zu sammeln. Wenn ihr jetzt gleich losgeht, versäumt ihr vielleicht eine Mahlzeit. Ich kann nicht zulassen, dass ihr ohne Frühstück loszieht. Ihr habt keine Zeit zu verlieren. Deshalb solltet ihr in den Speisesaal gehen und das zu euch nehmen, was da ist.«

Dieser einfache Ratschlag bedeutete einen Verstoß gegen die Kantinenbürokratie. Aber er verblüffte auch die Reporter, denn als Koreaner waren sie sich nicht sicher, ob es tatsächlich möglich war, eine Mahlzeit ohne Suppe einzunehmen. Doch dann tat Kim Jong Il etwas Unglaubliches. Er begleitete sie in den Speisesaal und schlug vor, sich gemeinsam über das Essen herzumachen.

»Genossen Journalisten, machen wir keine großen Umstände. Also, kommt und setzt euch«, sagte er, »nahm sie bei der Hand und führte sie zu ihrem Platz am Tisch«, wie das Buch berichtet.

Es ist wohl überflüssig zu erwähnen, dass die Nachrichten an diesem Tag positiv ausfielen.

Eine mögliche Erklärung für Kim Jong Ils jugendlich-frischen Umgang mit der schreibenden Zunft liegt darin, dass er ihren tagtäglichen Kampf nachempfinden kann.

»Ich habe selbst eine Menge geschrieben«, wird er zitiert, »und aus eigener Erfahrung weiß ich, dass das Schreiben eine höchst schwierige Angelegenheit ist. Deshalb kann man alle, die Artikel bearbeiten, in Auftrag geben und schreiben, als Helden bezeichnen.« Folglich hat er verdiente Redakteure mit Preisen wie Journalist des Volkes, Verdienter Journalist, Held der Arbeit und der höchsten Ehrung, dem Kim-Il-Sung-Preis, ausgezeichnet. (Man fragt sich, ob irgendjemand daran gedacht hat, die eingebetteten Reporter im Irak auf ähnliche Weise zu ehren. Nein, alles, was sie bekamen, war kostenlose Verpflegung aus der Gulaschkanone).

Trotz der vielen Zeit, die er mit einheimischen Journalisten verbracht hat, stellt sich Kim Jong Il nie der Auslandspresse. Das einzige Interview, das er je einem US-amerikanischen Reporter gab, war ein sechsstündiges Gespräch im Jahre 2000 mit Moon Myong Ja vom *U.S.-Asian News Service*, der seinen Sitz in Washington hat. Im selben Jahr nahm er auch an einem Mittagessen mit südkoreanischen Verlegern teil.[4] Die großen Jungs mächtiger Zeitungen wie *New York Times* und *Washington Post* würden sich gegenseitig die Augen auskratzen, um das »erste Interview mit einem westlichen Journalisten« ankündigen zu können. (Ich persönlich finde, dass diese Zeitungen viel zu beherrschend sind, und sähe es lieber, wenn ein Boulevardblatt wie der *National Enquirer* die Gelegenheit bekäme, einen Beitrag über Nordkorea zu bringen.) Was das Fernsehen betrifft, so hat CNN über Nordkorea berichtet und wäre ein Kandidat für Kim Jong Ils erstes Interview. Als jemand, der es liebt, die Welt zu überraschen, mag er allerdings einmal ein anderes TV-Debüt in Erwägung gezogen haben. Am Ende seines Besuches in Nordkorea im Jahre 1992 dankte Wesley Pruden, der Herausgeber der *Washington Times*, in der VIP-Lounge des Flughafens den ihn begleitenden Parteifunktionären und sagte, ihr Land erinnere ihn an eine »amerikanische Fernsehsendung mit dem Titel ›Mister Rogers' Neighborhood‹«. Die Funktionäre notierten sich das. (Bestimmt fanden sie auch heraus, dass die letzte Sendung im Jahre 2001 lief und Fred Rogers 2003 starb.)

Obwohl Kim Jong Il jahrzehntelang das zweitwichtigste Thema in Nordkorea war, hörten die Massen seine Stimme 1992 zum ersten Mal, als er am Tag der Streitkräfte zu ihnen die Worte sprach: »Ruhm dem heldenhaften Militär des Volkes!« Dies zerstreute meinen Verdacht, seine Scheu beruhe auf einer stimmlichen Schwäche (vielleicht klang er ja, als habe er Helium inhaliert oder Ähnliches). Doch abgesehen davon enthüllte seine aus einem Satz bestehende Erklärung nicht mehr über ihn, als wenn er verkündet hätte: »Ich erkläre die Olympischen Spiele für eröffnet«, ein Satz, von dem er wahrscheinlich träumt.

Bei jedem Versuch, die Person Kim Jong Il näher zu ergründen, muss man mit dem Offensichtlichen beginnen: dass sein Charakter wie auch seine Politik nur aus der lebenslänglichen überwältigenden Präsenz seines Vaters Kim Il Sung zu erklären sind. Dies und die Tatsache, dass er von ausgesprochen kleiner Statur ist – gerade mal 1,57 Meter – und einen jungenhaften Haarschnitt trägt, lässt mich immer an einen Song von The Who denken:

I'm a substitute for another guy
I look pretty tall but my heels are high
Simple things seem so complicated
I look pretty young, but I'm just backdated – Yeah.

Im Juli 1968 wanderte der Geliebte Sung-Ersatz mit alten Kameraden seines Vaters aus dem Untergrundkampf auf den Paekdu.

»Wenn ich den dichten Wald durchquert habe und der Paekdu vor mir aufragt, habe ich das Gefühl, durch das Tor meines Hauses gegangen zu sein und im Vorgarten zu stehen«, erzählte er ihnen.[5] Als Junge, so fuhr er fort, habe er einmal seine Mutter Kim Jong Suk gefragt, woher er stamme.

»Deine Heimat ist der Paekdu, der höchste Berg Koreas«, erwiderte sie. »Auf dem Paekdu liegt der Chon-See, und es gibt dort viele Bäume. Dein Vater hat dort die japanische Armee geschlagen. Geh zum Paekdu, wenn du älter bist.« Es war sehr nett von ihr, dem kleinen Jungen so etwas zu sagen: Der stille See im Krater des Berges steht mit dem Gründungsmythos des Landes in Zusammenhang. Sie wollte also zum Ausdruck bringen, dass er etwas Besonderes sei.

Mit dieser Anekdote – ob wahr oder falsch – begründet die nordkoreanische Geschichtsschreibung die Behauptung, Kim Jong Il habe auf dem Paekdu in einem geheimen Lager der Widerstandskämpfer am 16. Februar 1942 das Licht der Welt erblickt. In einem Interview mit der linksgerichteten südkoreanischen Tageszeitung *Hankyoreh Shinmun*, das diese Geschichte zu bestätigen scheint, sagte Lee Min, eine Genossin seiner Mutter, Kim Jong Suk und andere Kämpferinnen hätten sich im Sommer 1941 in das geheime Lager auf dem Paekdu geschlichen, und Kim Jong Il sei dort geboren. Lee zufolge erfuhr Kim Il Sung, der damals im Militärlager Wjatskoje bei Chabarowsk in der ehemaligen Sowjetunion stationiert war, aus dem Radio von der Geburt seines ersten Kindes. Die Mutter sei mit ihrem Kind erst im Jahr darauf nach Wjatskoje zurückgekehrt, erklärte Lee.[6] Doch ein paar Wochen nach diesem Interview leugnete sie bei einem Treffen mit dem Schriftsteller Peter Hyun, Kim Jong Ils Geburtsort überhaupt erwähnt zu haben. Hyun deutete diese Zurückhaltung so, dass das vorherige *Hankyoreh*-Interview vielleicht Unwahrheiten enthalten habe, die sie nicht wiederholen wollte.[7] Die meisten ausländischen Quellen gehen allerdings davon aus, dass Kim Jong Il in Wirklichkeit im Militärlager Wjatskoje zur Welt kam.

Doch so oder so, der Paekdu gibt eben eine bessere Story ab. Die Hagiografie-Brigade hat ihre Sache fabelhaft gemacht.

> Die Hütte im Lager und die großen Bäume darum waren schneebedeckt ... Alle Kämpfer im Lager übermittelten ihrem Führer die Nachricht von der Geburt eines Kindes. Wie durch stille Übereinkunft sammelten sie sich um die Flagge, die in der Morgensonne flatterte, feierten die Geburt Kim Jong Ils und schworen, für die baldige Befreiung ihres Vaterlandes zu kämpfen.[8]

Wie gesagt kann es durchaus sein, dass diese Geschichte nur ein Schwindel ist, doch das beunruhigt das Gewissen des Propagandisten nicht sonderlich. Für Marxisten-Leninisten tragen auch Erfindungen im Dienst einer höheren Sache – ihrer politischen Macht – zur Mehrung der Wahrheit bei.

Ebenfalls fraglich ist das Geburtsdatum. Einige Kenner behaupten, der Geliebte Sung-Ersatz sei 1941 geboren, habe aber sein Geburtsjahr so geändert, dass es besser mit dem seines Vaters harmonierte (der 1912 geboren wurde)[9]: Möglicherweise habe Kim Jong Il daran gedacht, zum Beispiel seinen fünfzigsten Geburtstag und den achtzigsten seines Vaters im Abstand von wenigen Wochen mit einem besonders großen Fest zu feiern. Doch ich frage mich, ob das nicht eine Fehldeutung ist. Kim Jong Il war sehr darauf bedacht, seinem Vater nicht die Schau zu stehlen, und so wollte er vielleicht vermeiden, einen bedeutenden Geburtstag, etwa seinen vierzigsten, zu zelebrieren, während sein Vater nur das weniger bedeutsame Alter von 71 Jahren feierte. Wer weiß? Ich sollte aber vielleicht darauf hinweisen, dass zu jener Zeit die Manipulation von Dokumenten für Koreaner weniger kriminell war als für Amerikaner. So ist zum Beispiel Kim Dae Jung, der ehemalige südkoreanische Präsident und Friedensnobelpreisträger von 2000, fast zwei Jahre älter als offiziell angegeben. Er nannte ein falsches Geburtsdatum, um dem japanischen Militärdienst zu entgehen.

Ebenso üblich ist es für Koreaner, den Namen zu ändern, um das Schicksal zu beeinflussen. Nach den chinesischen Schriftzeichen für *Jong* und *Il* heißt Kim Jong Il »der Erste unter den Rechtschaffenen«. Aber *Il* kann auch »Sonne« bedeuten wie in Kim Il Sung. Jong Il entschied sich um 1980 für diese letztere Variante, so dass er nun »Rechtschaffene Sonne« heißt. Nach dem Tod seiner Mutter erhielt auch das »Jong« in ihrem Namen eine andere Bedeutung. Es hieß nunmehr nicht mehr »Tugend«, sondern »Rechtschaffenheit«.[10] Auf diese Weise versuchte Kim Jong Il, das Glück seiner Eltern auf sich zu lenken.

Jong Il schlug offenbar seiner Mutter nach. Kim Jong Suk war eine kleine Frau mit hübschen langen Wimpern und sonnengebräunter Haut.[11] »Sie war schnell, großzügig und besaß viele Talente«, erinnert sich Lee Min. Im Lager lebten Männer und Frauen getrennt, und die beiden Freundinnen wohnten drei Jahre lang zusammen. »Sie war eine gute Köchin, gut in Handarbeiten, eine gute Tänzerin,

Schauspielerin, Sängerin und etliches mehr.« Interessanterweise war »Kim Il Sung ein begabter Theaterregisseur und Dramatiker und Kim Jong Suk eine talentierte Ballettregisseurin, und sie tanzte auch selbst oft.«

In seinen Memoiren schilderte Kim Il Sung seine Gattin als äußerst aufopferungsbereite, hingebungsvolle Genossin und besonnene Frau, deren Tapferkeit vor dem Feind ihm mehr als einmal das Leben gerettet habe.[12] Einmal im Winter berichtete man ihm, sie habe seine Kleider gewaschen und trage sie nun selbst, damit sie trockneten. Daraufhin rief er sie zu sich, um ihr eine Rüge zu erteilen. »Mir traten die Tränen in die Augen, als ich sah, wie blass ihr Gesicht von der Kälte war«, schrieb er. »Ich dachte, dass sie für mich getan hatte, was meine Mutter ihr ganzes Leben nicht zu tun gewagt hatte, und wusste nicht, was ich zu ihr sagen sollte.« Sie schnitt sich auch das Haar ab, um damit seine Schuhe auszufüttern. Trotz solcher Vorkommnisse herrschte in ihrer Beziehung eine gewisse Formalität. Der Große Führer erklärte, sie habe ihn stets mit »General« oder später mit »Genosse Premier« angesprochen.

Offensichtlich hatte Jong Suk nicht genügend Milch, um das Geliebte Baby zu nähren, und bat daher eine andere junge Mutter, Yi Jae Dok, ihn zu stillen.[13] Außerdem heißt es, Jong Suk habe wegen ihrer Pflichten als Widerstandskämpferin ihren Sohn häufig in die Obhut anderer Mütter im Lager gegeben.

Auch nach seiner Rückkehr nach Korea behielt Jong Il seinen russischen Spitznamen »Jura« bei. Er hatte noch einen jüngeren Bruder, Man Il, der »Schura« gerufen wurde, und eine Schwester namens Kyung Hee. In ihrem Interview mit Peter Hyun erinnert sich Lee Min an den kleinen Jungen Jong Il:

> Kim Jong Il war ein freundliches, lebhaftes Kind. Er hatte die tiefschwarzen Augen seiner Mutter und eine dunkle Hautfarbe. Ein niedlicher Junge. Nach dem Kindergarten gab es nie-

manden, der auf ihn hätte aufpassen können, und so nahm ihn Kim Jong Suk in unser Ausbildungslager mit. Mit einem Holzgewehr in der Hand marschierte Kim Jong Il beim Training neben den Kämpfern her. 1945 kam die Befreiung und [mein chinesischer Ehemann und ich] brachen im September des selben Jahres in die Mandschurei auf. Ich weiß noch, dass Jong Suk ein wenig länger im Lager blieb und es erst im November verließ. Zu diesem Zeitpunkt hatte sie bereits ihren zweiten Sohn bekommen. Er war etwa zwei Jahre jünger als Jong Il.

Chen und ich statteten Kim Il Sung noch einen Besuch ab, bevor wir abreisten. Sie kamen heraus und umarmten uns. Kim Jong Il bestand darauf, mit uns zu gehen, und seine Mutter musste ihm erst ein paar Klapse geben.

Kim Jong Il spielte mit einem Holzgewehr. Wenn er mit … anderen Kindern spielte, wollte er unbedingt das Kommando führen … Als ich ihn fragte, ob er mit einem Holzgewehr die Japaner töten könne, erwiderte er selbstbewusst, ja, das könne er. Ich erklärte ihm, dass er ein richtiges Gewehr brauche, um einen Japaner zu töten, woraufhin er seine Mutter um ein richtiges Gewehr bat. Aber Kim Jong Suk sagte: »Nein, du kannst Papas Gewehr nicht bekommen. Du musst mit deinem Holzgewehr dem Feind eins abnehmen. Nur so kannst du General werden wie dein Vater.« Kim Jong Suk war ziemlich streng zu Jong Il, aber ich habe nie gesehen, dass sie ihn schlug.[14]

Manchmal nahmen die Soldaten Jura mit zum Fluss Amur, um ihm die Schiffe und Zugvögel zu zeigen.[15] Sein Vater schrieb, Jura habe »einen ungewöhnlichen Start ins Leben gehabt. Da er unter Widerstandskämpfern geboren wurde, wuchs er in Kleidern auf, die vom Geruch des Schießpulvers durchdrungen waren, aß Armeerationen und hörte die militärischen Kommandorufe … Er war frühreif, wahrscheinlich weil er unter dem Einfluss der Untergrundkämpfer groß wurde. Ihre edlen Gefühle und Emotionen gaben seinem Geist reiche Nahrung, und ihr Mut, der sich hoch emporschwang wie der Gipfel des Paekdu, war ein zusätzliches Vorbild für seine Mannhaftigkeit.« (Die Memoiren hat ein Ghostwriter verfasst, falls Sie jetzt denken sollten, der Große Führer sei an dieser Stelle ins Schwärmen geraten.)

1947, als Jong Il fünf Jahre alt war und die Familie in der offiziellen Residenz des Ministerpräsidenten in Pjöngjang wohnte, fiel der dreijährige Schura in den Gartenteich und ertrank. Einigen Berichten zufolge hatten die beiden dort zusammen gespielt, und ein nordkoreanischer Überläufer meinte, Jong Il habe ihn hineingestoßen und gelacht, als sein Bruder um sein Leben kämpfte und schließlich unterging. Allerdings enthüllt der Mann nicht, wie er zu dieser explosiven Information gekommen ist.[16] So sehr man auch geneigt sein mag, eine direkte Verbindung zwischen diesem Unfall und Kim Jong Il, dem gehörnten Führer mit dem Pferdefuß, herzustellen, die Wahrheit ist, dass wir nicht im Geringsten wissen, was damals geschah, geschweige denn, wie er es erlebte, ob er Schuld daran trug, sich schuldig fühlte oder ob ihm das Gefühl gegeben wurde, schuldig zu sein. Dennoch kann man davon ausgehen, dass diese Familientragödie zu seinen frühesten Erinnerungen gehört.

Im September 1949 – der siebenjährige Kim Jong Il besuchte inzwischen den Kindergarten der Grundschule Namsan in Pjöngjang – starb seine Mutter an den Folgen einer Bauchhöhlenschwangerschaft. Während Schuras Tod in der nordkoreanischen Hagiografie übergangen wird (möglicherweise wagte kein Propagandist, jemanden mit der Bitte um Informationen darüber in Verlegenheit zu bringen), wird der Tod von Kim Jong Ils Mutter bis zum Letzten ausgeschlachtet, um mit diesem sentimentalen Thema die Emotionen zu wecken angesichts des traurigen Schicksals, das der Führer erleiden musste. Angeblich wurde Kim Jong Suks Sarg im Gebäude des Zentralkomitees aufgebahrt, und als Vater und Sohn ihr die letzte Ehre erwiesen, befahl Kim Il Sung, die goldene Armbanduhr herbeizubringen, die er ihr einst zum Hochzeitstag geschenkt hatte, und sie mit ihr zu bestatten.

> Eine Kämpferin band der Verstorbenen die Uhr ums Handgelenk. Als Kim Jong Il dies sah, legte er das Gesicht auf die Brust der Mutter und weinte. Die Kämpferinnen hoben den Jungen hoch, um ihn von der Mutter zu entfernen, woraufhin der Vater und Führer mit belegter Stimme sagte: »Lasst ihn in Ruhe. Morgen wird er keine Mutter mehr haben, in deren Armen er weinen kann.«[17]

Der hier zitierten Biografie von Kim Jong Il zufolge musste eine Verwandte ihn festhalten, als der Leichenwagen losfuhr.

Über das, was zu dieser Zeit mit Jong Il und seiner Schwester geschah, gehen die Berichte auseinander. Man nimmt an, dass sich nach dem Tod seiner Mutter zunächst Kim Il Sungs Adjutant Lee Ul Sol und dann Kim Ok Sun, eine Genossin aus dem Partisanenkampf und Frau des ehemaligen Stabschefs von Kim Il Sung, Choe Kwang, um sie kümmerte. Dass Kim Il Sung seine Kinder zu Beginn des Koreakriegs im Juni 1950 nicht evakuierte, lässt auf seine optimistische Haltung schließen. (Als sich das Blatt gegen Nordkorea wendete, wurden die Geschwister in das chinesische Jilin gebracht.)

Die oben erwähnte Biografie beschreibt auch die Kriegserfahrungen des achtjährigen Jungen – eine Passage, die mit ziemlicher Gewissheit apokryph, jedoch wert ist, ausführlich zitiert zu werden, weil sie illustriert, wie in Nordkorea Hass gelehrt wird.

> Immer wenn feindliche Flugzeuge auftauchten, lief der junge geliebte Führer auf den Hügel vor seinem Haus und blickte empört auf die schreckliche Szenerie der Stadt, die bombardiert wurde.

Er war Augenzeuge des Bombenteppichs, der auf Pjöngjang niederprasselte und mit dem die abscheulichen amerikanischen imperialistischen Mörder heimtückisch und aufs Geratewohl Fabriken, Schulen, Theater und Häuser zerstörten, womit sie ihren wahren Charakter als Bestien offenbarten. Jedes Mal, wenn er sah, wie ganze Straßenzüge zu Aschehaufen zusammenfielen und das Blut unschuldiger Menschen vergossen wurde, schwor er, vor Empörung am ganzen Leibe zitternd:

»Ihr Feinde, ich werde dies rächen und euch tausendmal für das Blut, das von unserem Volk vergossen wurde, bezahlen lassen!«

Eines Tages hatte er Gelegenheit, mit eigenen Augen einen amerikanischen imperialistischen Banditen zu beobachten, der die geliebte Stadt niedergebrannt und dem koreanischen Volk auf grausame Weise den Tod gebracht hatte. Ein Pilot des feindlichen Flugzeugs, das von der Luftabwehr der Volksarmee über Pjöngjang abgeschossen worden war, landete mit seinem Fallschirm in einer Schlucht unweit seines Hauses. Der geliebte Führer wollte sich dieses Scheusal von einem Menschen näher ansehen, der mit einem Fallschirm ausgestiegen war, um sein Leben zu retten, nachdem er zahllose Koreaner herzlos ermordet hatte.

So lief er an der Spitze anderer Schulkinder zum Ort des Geschehens. Als er dort eintraf, hatten die Soldaten der Volksarmee den feindlichen Flieger gerade festgenommen. Der Kerl rollte die tief liegenden, listigen Augen und zitterte vor Angst. Er sah aus wie ein Wolf, den man in die Enge getrieben hatte.

Dies war das erste Mal, dass der geliebte Führer Auge in Auge einem US-Imperialisten gegenüberstand, dem geschworenen Feind des koreanischen Volkes seit über hundert Jahren, der erneut über es hergefallen war, um es zu versklaven. Als die Schulkinder den Schurken sahen, hoben sie Steine auf und nä-

> herten sich ihm drohend, unfähig, ihre wachsende Empörung zu zügeln.
>
> In diesem Moment trat der geliebte Führer, der den feindlichen Flieger mit durchdringendem Blick wütend anstarrte, vor die anderen Kinder. »Seht euch den Kerl an, was für eine Angst er hat und was für eine erbärmliche Figur er abgibt. Egal wie viele Banden solcher Scheusale uns noch angreifen, wir brauchen sie nicht zu fürchten. Wir sollten die Wölfe gnadenlos mit einem Stock erschlagen.[18]

Interessanterweise behauptet der Autor im selben Buch, Vater und Sohn seien nur knapp dem Tode entronnen, als US-amerikanische Militärmaschinen eine Straße bombardierten, von der die beiden kurz zuvor mit ihrem Auto abgebogen waren. Auch wenn man davon ausgehen kann, dass solche Angaben verfälscht sind, bietet dieser Vorfall doch einen gewissen Einblick in die Akzeptanz, die die Nordkoreaner gegenüber elitärer Roheit walten lassen. Ein Wachtposten, der an einer Gabelung der Hauptstraße stand, winkte den Wagen in die Richtung, wo die Straße kurz darauf bombardiert wurde, aber Kim Il Sung wollte die weniger befahrene Strecke nehmen.[19] »General, die Straße ist sehr holprig«, sagte der namenlose Beinaheheld der koreanischen Geschichte. »Und es sind dort keine Posten aufgestellt.« Kim Il Sung aber bestand auf seinem Wunsch, und der Wächter stand da und wusste nicht recht, was er tun sollte. In diesem Moment griff Kim Jong Il, der damals acht oder neun Jahre alt gewesen sein muss, ein. »Warum stehen Sie so da? Hat der General nicht gesagt, dass der Wagen dort langfahren soll? Lassen Sie den Wagen so fahren, wie der General es gewünscht hat.« Bleibt zu fragen, ob die nordkoreanischen Leser an dieser Stelle von den Führungsqualitäten des Geliebten Führers und seiner Loyalität zum Großen Führer beeindruckt sind oder ob sie, zwischen den Zeilen lesend, denken, er sei ein vorlautes Gör gewesen.

Den Berichten zufolge war er das auch.

Alle Biografien koreanischer Berühmtheiten männlichen Geschlechts enthalten die selben zentralen Themen: ehrenwerte Vorfahren, deren Taten in irgendeiner Weise auf die Geburt des Helden vorausdeuten, eine lange leidende Mutter und ein abwesender Vater, der für eine edle Sache kämpft. Ebenfalls günstig, wenn auch nicht entscheidend, ist eine gewisse Begabung, Lehrer mit jugendlicher Klugheit in Verlegenheit zu bringen. Letztere besaß Jong Il in Hülle und Fülle. Schon im Kindergarten, so behaupten seine Hofberichterstatter, verwirrte er die Betreuer mit seinen Fragen: Warum sind manche Blumen rot und andere gelb? Warum ist der Mond manchmal rund? Wie atmen Fische?[20] Kein Wunder, dass er sich nicht von amerikanischen Reportern interviewen lassen will. Dann würden sie ihn mit ebensolch klugen Fragen löchern, wie er sie selbst gestellt hat: Färben Sie sich die Haare? Wie ist Ihrer Meinung nach das Ansehen Nordkoreas im Ausland? Glauben Sie, dass Diplomaten durch Drogenverkauf Geld beschaffen sollten?

Offenbar war Kim Jong Il ein ausgelassener, frecher Junge – wie die meisten Kinder aus der Eliteschicht in beiden Koreas, in der die Eltern zwar Gehorsam verlangen, ihrem Nachwuchs aber nicht beibringen, Respekt gegenüber Menschen zu üben, die auf der sozialen Stufenleiter weiter unten stehen. Ich habe in Pjöngjang jemanden aus dieser Eliteschicht kennen gelernt, und er erzählte mir, er habe einmal seinen Professor an der Universität geschlagen. Der junge Mann sprach in einer Weise darüber, die andere in den Gulag gebracht hätte. Man kann also sicher davon ausgehen, dass es für die Betreuer und Lehrer damals nicht ganz einfach war, dem Sohn Kim Il Sungs zu sagen, was er zu tun hatte. Andererseits dürfte es dieser Mangel an Disziplinierung Kim Jong Il schwer gemacht haben, Selbstbeherrschung zu üben, wie spätere Berichte über seine Ausbrüche bestätigen.

Zweifellos wurde er von einer Schule zur anderen geschickt. 1952 trat er in die Revolutionäre Schule Man Gyong Dae in Pjöngjang ein. Im Jahr darauf wechselte er in eine andere und wurde schließlich als Fünftklässler in der Grundschule Nr.4 von Pjöngjang aufgenommen.

Angeblich glänzte Kim Jong Il in der Man-Gyong-Dae-Schule unter anderem in Mathematik. Als die Schüler dort zum ersten Mal dreistellige Zahlen addieren sollten, bat die Lehrerin sie, im Kopf zu rechnen. Erraten Sie, wer der Einzige mit der richtigen Antwort war? »Alle Kinder sahen mit freudigen und bewundernden Blicken zum geliebten Führer auf und dachten, was für ein hervorragendes mathematisches Talent er besaß.«[21] Da war es nur natürlich, dass der Erwachsene zum Herrn über die nordkoreanische Wirtschaft ernannt wurde.

In einem Bericht gibt die Lehrerin des Geliebten Führers ihrem Nachfolger Ratschläge, wie man sich dem frühreifen Kind vorsichtig nähert. Die Lehrerin wird nicht namentlich genannt und es fehlt jeder Hinweis, wie der Biograf, der sie zitiert, an das Material kam. Vielleicht handelt es sich um reine Erfindung, doch als offizielles Porträt des jungen Jong Il ist es nahezu unwiderstehlich.

1. Der Lehrer sollte ohne Verzug und mit großer Akribie die Werke, insbesondere die neuesten, von General Kim Il Sung, die Berichte des Oberkommandos, Schriften über die Situation im In- und Ausland etc. lesen.
   Diese Themen beschäftigen Kim Jong Il am meisten, und er stellt dazu laufend Fragen. Er besitzt ein beträchtliches Wissen darüber, deshalb sollte der Lehrer niemals seine Fragen beantworten, ohne vorher etwas darüber gelesen, gehört und sich intensiv kundig gemacht zu haben.
   Ohne ausgiebige Vorbereitung könnte der Lehrer in die unangenehme Situation geraten, seine Fragen nicht beantworten zu können.
2. Kim Jong Il verabscheut jeden, der sein Versprechen nicht hält.

Wenn daher der Lehrer vergisst, was er versprochen hat, oder sich nicht daran hält, wird er seine Autorität als Lehrer verlieren.

3. Kim Jong Il vergeudet keine wertvolle Zeit. Der tägliche Stundenplan sollte also peinlich genau durchdacht sein, so dass keine Zeit ungenutzt bleibt, und man sollte darauf achten, dass er ihn strikt einhält. Sein Temperament ist wie der Strom eines rasch dahinschießenden Flusses, und so kennt er keinen Stillstand und keine Stagnation und schreitet stets voran.
4. Kim Jong Il hat einen so starken Charakter, dass er alles Angefangene zu Ende führt. Hat er einmal etwas begonnen, gibt er nie auf halbem Wege auf, so schwierig es auch sein mag. Selbst ohne die Hilfe des Lehrers wird er es mit allen Mitteln zu Ende bringen.
5. Kim Jong Il hat einen außerordentlichen Wissensdurst. Wenn der Lehrer eine Frage stellt, wird er sich hineinvertiefen und sie um jeden Preis lösen. Und er wird sich, damit nicht zufrieden, noch ausführlicher damit beschäftigen.
   Daher muss der Lehrer die Antwort auf die Frage kennen und darüber hinaus ein gründliches Wissen davon besitzen, wie die Frage (oder die Lösung) abzuleiten ist.
6. Kim Jong Il möchte keine besonderen Vergünstigungen, ja er verabscheut sie sogar. Daher muss der Lehrer in dieser Hinsicht vorsichtig sein. Sonst verlangt der Junge sicher, dass der Lehrer ihm gegenüber mehr Strenge walten lassen soll. Deshalb sollte der Lehrer ihn genauso wie die anderen Schüler behandeln und strikte Anforderungen stellen.
   Bei der Kontrolle der Hausaufgaben zum Beispiel oder bei der Benotung von Prüfungen sollte der Lehrer streng vorgehen und nur die Resultate beurteilen. Manchmal ist es sogar notwendig, sie noch strenger als die der anderen zu bewerten.
7. Kim Jong Il hasst es furchtbar, wenn er hinter anderen zurückbleibt. In diesem Licht betrachtet ist es sehr hilfreich, wenn der

Lehrer sein Rivale wird und auf diese Weise seine Denkfähigkeit stetig fördert.

8. Kim Jong Il besitzt einen ungewöhnlichen Arbeitseifer. Wenn man ihm viele Aufgaben überträgt, freut er sich sehr, und wenn er wenige oder gar keine bekommt, wird er schweigsam und niedergeschlagen.
Dies muss stets berücksichtigt werden.
9. Kim Jong Il ist psychisch weiter entwickelt als andere Schüler, sehr vernünftig und großmütig und besitzt ein enormes Denkvermögen. So wird er sich bei zu langatmigen oder wiederholten Erklärungen im Unterricht langweilen.
Dies muss bei der Vorbereitung des Lehrplans berücksichtigt werden.
10. Kim Jong Il ist stets sauber und ordentlich und hat außergewöhnlich gute Manieren.
Der Lehrer muss sehr darauf achten, seine guten Eigenschaften zu fördern und weiterzuentwickeln, und alle Schüler dazu anhalten, seinem Beispiel zu folgen.
11. Die Lieblingsgerichte Kim Jong Ils sind: im Winter dicke Bohnensuppe; im Frühjahr gewürzte Salatchrysantheme oder anderes Frühlingsgemüse; im Sommer kalte Gurkensuppe oder Reiseintopf; im Herbst Reis mit Chinakohlblättern umwickelt oder einfacher Bohnenquark.
Er isst gern in Gemeinschaft anderer Schüler.
12. Der Lehrer sollte stets die Augen Kim Jong Ils beobachten. Wenn er den Lehrer direkt anblickt, kann dieser davon ausgehen, dass er richtig spricht oder handelt. Wenn Kim Jong Il jedoch den Blick auf etwas anderes richtet oder sich vom Lehrer abwendet, sollte dieser wissen, dass er etwas Falsches sagt oder tut, und sich sofort korrigieren. Mit anderen Worten: Es ist angebracht, die Augen von Kim Jong Il im Blick zu haben, denn sie sagen, ob etwas richtig oder falsch ist.[22]

Beim genaueren Durchlesen fragt man sich, ob die Lehrerin hier ihrem Nachfolger zuflüstert: Vergiss alles Normale, aber achte genau auf alles Sonderbare.

In seinem Interview mit Moon Myong Ja betonte Kim Jong Il, dass »ein Führer mit dem Volk zusammenarbeiten muss«.[23] Dieses »mit dem Volk zusammenarbeiten« ist ein elementarer Bestandteil des nordkoreanischen Erziehungswesens, und Jong Il hat seinen Teil davon abbekommen. 1958 besichtigte er als Schüler des Gymnasiums Namsan mehrere Baustellen und Fabriken, darunter die Gummi-, die Stärkemehl- und die Textilfabrik von Pjöngjang und die Eisenwerke von Hwanghae. Im Mai und Juni desselben Jahres arbeitete er gemeinsam mit anderen Mitgliedern der Demokratischen Jugendliga in einer Baufirma und stellte Betonteile für Fertighäuser her.

1960 machte er das Abitur.

Im September 1960 schrieb er sich an der Kim-Il-Sung-Universität ein, der besten Hochschule des Landes, um Volkswirtschaft zu studieren. Dort hob er angeblich eine Studentenbewegung aus der Taufe, die sich der Aufgabe widmete, pro Jahr 10 000 Wörter von Kim Il Sung zu lesen.[24] Berichten zufolge hatte er für jedes Fach einen eigenen Tutor, den seine Cousine Kim Shin Sook, betraut mit der Organisation seiner Hochschulausbildung, ausgesucht hatte.[25]

Im folgenden Jahr arbeitete Kim Jong Il mit Studienkollegen in Pjöngjang beim Straßenbau. Zu seinem Lehrplan gehörte außerdem ein Praktikum in der Textilmaschinenfabrik der Hauptstadt. Auch dort war seine Begabung unübersehbar. In einem Kapitel mit dem Titel »Eine junge Maschinenarbeiterin gerät in Aufregung« aus der Biografie *Kim Jong Il: The People's Leader* findet sich ein vielsagender Bericht darüber, wie er eine »junge und lebhafte« Arbeiterin lehrt, ihre »Maschine [richtig] zu ölen«.[26] Da sie vor ihm fertig war, ging er zu ihr, um ihre geschmierte und polierte Drehbank zu bewundern, und versuchte den Griff des Schraubstocks zu drehen. (Noch mehr Spaß macht diese Passage, wenn Sie sie laut lesen.)

»Wie schwer der geht! Was ist los damit?«, fragte er das Mädchen.

»Das war schon immer so«, lautete ihre Antwort.

»Das kann nicht sein. Wenn er geschmiert ist, kann er nicht so schwer gehen. Wann ist er zuletzt geschmiert worden?«

»Der Griff des Schraubstocks hat keinen Schmiernippel«, erwiderte das Mädchen bestimmt.

»Keinen Schmiernippel? Wie viele Schmiernippel hat denn diese Maschine insgesamt?«

»Einundzwanzig.«

[Hierbei schaut Kim Jong Il näher hin und kratzt etwas Schmutz weg, wobei ein kleines Loch zum Vorschein kommt.]

Das Mädchen errötete vor Scham über ihre Unkenntnis der Grundlagen [der Maschinentechnik] und die Zahl der Schmiernippel an ihrer eigenen Maschine, die sie so sorgfältig behandelte wie ihren eigenen Körper.

Als er ihre Verlegenheit bemerkte, meinte er: »Ein Glück, dass wir den Schmiernippel gefunden haben, bevor es zu spät ist.« Dann schmierte er den Schraubstock eigenhändig ab und forderte daraufhin das Mädchen auf, den Griff auszuprobieren.

Er ließ sich so leicht bewegen, dass er sich wie von selbst zu drehen schien.

Das junge Mädchen klatschte in die Hände vor Begeisterung, als hätte sie ein Geheimnis entdeckt.

Und damit, darauf möchte ich wetten, begann seine lebenslange Suche nach Schmiernippeln.

Im Sommer 1962 brach der Geliebte Schmierer in die Provinzen Changsong und Sakju am Fluss Yalu im Norden des Landes auf, um dort die Industrieproduktion und die Lebensbedingungen zu untersuchen. Angeblich diente seine Studie später Kim Il Sung als Grundlage für Maßnahmen zur Förderung der Wirtschaft in dieser Region. Und Jong Il selbst soll aus dem Material seine Diplomarbeit über »Position und Rolle des Landes beim Aufbau des Sozialismus« entwickelt haben.

Im Mai 1964 machte er den Universitätsabschluss.

KAPITEL FÜNF

Geliebter Nachfolger

Nach herkömmlicher Auffassung war Kim Il Sung mit 30 Jahren, als sein erstes Kind zur Welt kam, bereits alt. Jungen wurden gewöhnlich im Alter zwischen 10 und 20 verheiratet und meist mit älteren Mädchen. Wäre er kein Untergrundkämpfer ohne festen Wohnsitz gewesen, hätte er in diesem Alter wahrscheinlich bereits vier oder fünf Kinder gehabt und noch weitere erwartet. Es ist nicht zu weit hergeholt, wenn man annimmt, dass der Große Führer schon früh amouröse Interessen pflegte.

Tatsächlich wird in dem Buch eines ehemaligen sowjetisch-koreanischen Kommunisten behauptet, Jong Ils Mutter Kim Jong Suk sei nicht die erste Frau des Großen Führers gewesen. Diese Auszeichnung gebühre vielmehr Han Seong Hee, die Vorsitzende der Partisaninnen-Abteilung war.[1] Sie soll 1940 von den Japanern gefangen genommen und eingesperrt worden sein. Ein Grund, weshalb ihre Geschichte im Dunkeln liegt, mag darin bestehen, dass sie zweimal ihren Namen änderte. Gegenüber den japanischen Vernehmungsbeamten behauptete sie, sie heiße Kim Hye Sun. Ein Onkel von ihr erwirkte ihre Freilassung unter der Bedingung, dass sie keine Kontakte mehr zu den Revolutionären unterhielt. Als Korea von der japanischen Herrschaft befreit wurde, trug sie den Namen Han Yong Suk, war erneut verheiratet und hatte vier Kinder. Offenbar forschte Kim Il Sung ihr nach, aber es ist nicht bekannt, ob sich die beiden wiedersahen. In der Partei stieg sie bis zur Bezirkssekretärin auf, wurde aber später ausgeschlossen, angeblich weil sie ihr Missfallen über die gerüchteweise bekannt gewordene Absicht des Großen Führers geäußert hatte, nach dem Tod von Kim Jong Ils Mutter eine Parteisekretärin zu heiraten. Mitte der fünfziger Jahre wurde sie zu Fabrikarbeit zwangsverpflichtet. Ihr weiteres Schicksal ist unbekannt.

Kim Jong Il weiß womöglich bis heute nichts über diese angebliche Beziehung. Kaum vorstellbar, dass ihm jemand die Gerüchte hinterbracht hat.

Denn so weit sich der Geliebte Führer wohl überhaupt erinnern kann, war die Hauptbeziehung seines Vaters diejenige mit einer Frau namens Kim Song Ae. Man nimmt an, dass die beiden 1951 geheiratet haben, als Kim Jong Il neun war, möglicherweise waren sie jedoch bereits vor Jong Suks Tod ein Paar.[2] Überhaupt ist nur sehr wenig über Kim Song Ae bekannt, aber sie soll Mitarbeiterin der Wachmannschaft in seiner Residenz gewesen sein.[3] Die Hochzeit wurde 1963 öffentlich bekannt gegeben, und 1965 stieg Song Ae zur stellvertretenden Vorsitzenden der Demokratischen Frauengewerkschaft auf. Später wurde sie ins Zentralkomitee der Arbeiterpartei und in den Ständigen Ausschuss der Obersten Volksversammlung berufen, dem nordkoreanischen Parlament. Ihr erstes Kind, ein Junge namens Kim Pyong Il, wurde 1954 geboren. Ihm folgten ein weiterer Junge – Yong Il – und ein Mädchen namens Kyung Jin.

Nach dem Krieg wuchs Kim Jong Il in dieser Patchwork-Familie zum Jugendlichen heran. Es heißt, er habe sich gegen die Wiederverheiratung seines Vaters gewehrt, was nur natürlich wäre. Aus der Zurückstufung seiner Stiefmutter nach Kim Il Sungs Tod 1994 zu schließen, konnten die Spannungen zwischen ihr und Jong Il nie gelöst werden.

Diese Familienverhältnisse erschweren die Antwort auf die Frage, weshalb gerade Kim Jong Il zum Thronfolger des Diktators bestimmt wurde. Sicher gab es niemanden in der Familie, der ihn unterstützte, und vieles deutete darauf hin, dass sein Halbbruder Pyong Il zum neuen »ersten Sohn« erkoren würde, während Jong Il sich mit der Rolle eines Billy Carter oder Roger Clinton im Hintergrund bescheiden müsste, den man auf Fotos als den Burschen in der »hintersten Reihe, zweiter von links, der mit den komischen Haaren« identifiziert hätte. Solche Spekulationen kursierten in den neunziger Jahren tatsächlich – zumeist im Ausland, wo sie keine Rolle spielten –, weil man von dem verbindlich auftretenden, Englisch sprechenden Pyong Il beeindruckt war, der als Diplomat tätig ist (gegenwärtig als Botschafter in Polen), seinem Vater aufs Haar gleicht – die Geschwulst ausgenommen – und angeblich beim Militär beliebt ist, weil er tatsächlich gedient hat.

Aber man darf nicht vergessen, dass Kim Il Sung und seine Kohorten Kommunisten waren, und Kommunisten sind keineswegs Verfechter der Erbfolge. Für sie ist diese vielmehr »ursprünglich eine Hervorbringung von Sklavenhaltergesellschaften …, die später von den Feudalherren übernommen wurde, um ihre diktatorische Herrschaft fortleben zu lassen«. Zumindest steht es so im *Wörterbuch der politischen Terminologie*, erschienen 1970 in Pjöngjang.[4]

Was also hat den Geisteswandel bewirkt?

Dafür gibt es zwei Theorien, aber keine von ihnen geht auf die naheliegende Vermutung ein, dass Kim Il Sung seine feudal-konfuzianische Prägung nicht abschütteln konnte und deshalb darauf versessen war, eine Dynastie zu gründen. Während die einen meinen, diese Idee stamme von seinen alten Kampfgenossen aus dem Untergrund, behaupten andere, Kim Jong Il selbst habe diese alten Kampfgenossen seines Vaters entsprechend manipuliert und ein sehr geschicktes, langfristig angelegtes Machtspiel betrieben.

Laut der ersten These könnte die Idee, Kim Jong Il als Nachfolger einzusetzen, irgendwann in den sechziger Jahren am Roten Platz in Moskau entstanden sein, als sich Stalins ehemaliger Außenminister

Wjatscheslaw Molotow und der Diplomat Lim Chun Chu, einer von Kim Il Sungs alten Kampfgenossen, zufällig über den Weg liefen. Molotow war seinerzeit bereits aus der kommunistischen Partei ausgeschlossen, weil er den sowjetischen Staatschef Nikita Chruschtschow kritisiert hatte. Er riet Lim, der an einer Geschichte der Widerstandsbewegung schrieb, die Koreaner sollten die sowjetischen Erfahrungen in ihre Überlegungen einbeziehen, und überzeugte ihn davon, dass der Nachfolger loyal zum Führer stehen muss, andernfalls drohe die Revolution zu scheitern und die Partei unterzugehen. Dieser Episode sollten wir deshalb Gewicht beimessen, weil Kim Il Sung sie in seinen Memoiren in dem Abschnitt über seine Nachfolgerschaft selbst zitiert.[5] Kim Il Sungs Ansicht nach war die Sowjetunion deshalb so rasch zu einer Weltmacht aufgestiegen, weil Lenin einen guten Nachfolger gewählt hatte. Doch seit Chruschtschow an die Macht gekommen war und Stalin als Schurken hingestellt hatte, seien »die Dinge in die falsche Richtung gelaufen«. Von einem solchen Gedanken war es nur ein kleiner Schritt zurück in die koreanische Tradititon, einen Prinzen zu präsentieren.

Damals war Pyong Il erst Anfang zwanzig. Darüber hinaus hatte seine Mutter nicht im Untergrund gekämpft. Im Gegensatz dazu hatte Kim Jong Il eine lupenreine Herkunft, soweit es die Generation der Untergrundkämpfer betraf. Aber war er für diese Aufgabe auch geeignet?

Jong Il war bekannt für seine Wildheit und Aufsässigkeit, ein verstocktes Gör. Doch wir dürfen nicht vergessen, dass die entscheidende Qualität Loyalität gegenüber dem Großen Führer hieß. Nach seinem Universitätsstudium hatte Kim Jong Il in der Abteilung für Organisation und Führung des Zentralkomitees gearbeitet. 1967 kam es in der Partei zu einer Säuberung, bei der man sich der »wankelmütigen Elemente, die durch äußere Splittergruppen und Opportunismus beeinflusst wurden«, entledigte.[6] Um seine Loyalität zu unterstreichen, wurde Kim Jong Il später das Verdienst zugesprochen, die Verschwörung aufgedeckt zu haben, die zu der besagten Säuberung Anlass gegeben hatte. Möglich ist auch, dass sein Onkel Yong Ju, der der Abteilung vorstand und ebenfalls Ambitionen auf die Nachfolgerschaft hegte, die Säuberungen dazu benutzte, sich selbst in ein günstiges Licht zu rücken.

Zu dieser Zeit zeigte Kim Jong Il große Begeisterung für die Filmindustrie. Er riskierte damit zwar, für verrückt gehalten zu werden, aber tatsächlich demonstrierte er auch hier seine Loyalität. Eine seiner damaligen Reden trug den Titel: »Produzieren wir mehr revolutionäre Filme über die sozialistische Realität!«, eine weitere: »Für einen neuen Aufschwung in der Filmproduktion«.

Was immer Jong Il als Mann von Ende zwanzig auch tat, die alten Kampfgenossen Kim Il Sungs waren beeindruckt. Möglicherweise hat sich der Große Führer von ihnen überzeugen lassen, dass Jong Il der Geeignete war. Der offiziellen Version zufolge wies Kim Il Sung diesen Gedanken zunächst völlig von sich.[7] Irgendwann Ende der sechziger Jahre jedoch war es beschlossene Sache. Und in der Neuausgabe des politischen Wörterbuchs von 1972 war plötzlich keine Rede mehr davon, dass die Erbfolge des Teufels sei.

Doch obwohl Jong Il nun auserkoren war, sollte es noch Jahre dauern, bis seine Nachfolgerschaft auch offiziell verkündet wurde.

Von Kim Jong Il ist nicht bekannt, dass er in seinem Machtstreben besonders blutrünstig vorgegangen wäre, aber zwei unbestätigte Vorfälle, über die sein Neffe Lee Han Yong berichtete, lassen auf eine gewisse Skrupellosigkeit schließen[8] (Lee floh 1982 nach Südkorea und wurde 1997 von unbekannten Attentätern ermordet). Anfang der siebziger Jahre soll ein Parteifunktionär, um sich einzuschmeicheln, vorgeschlagen haben, Kim Jong Il offiziell zum Nachfolger auszurufen. Als Reaktion darauf ließ Jong Il ihn offenbar erschießen. Aufgrund welchen Verbrechens? Weil er Kim Il Sung in Frage gestellt hatte. Anders gesagt, es war einzig und allein Kim Il Sungs Vorrecht, derlei anzukündigen. Jong Il wollte nicht, dass seine Entourage

Gerede dieser Art verbreitete, geschweige denn, dass dadurch der Eindruck entstand, er forciere seinen Aufstieg.

Aus weiteren Quellen lässt sich dieser Vorfall zwar nicht bestätigen, aber was Lee berichtet, gibt Anlass zu der Vermutung, dass Kim Jong Il die Klugheit besaß zu erkennen, dass seine Position nicht völlig gesichert war. Während dieser Zeit musste er sich anstrengen, um von seinem Vater dauerhaft Unterstützung zu bekommen. Hätte er in den rund 20 Jahren, bevor er an die Macht kam, einen gravierenden Fehler begangen oder sogar durchblicken lassen, dass er das Land in eine andere Richtung als sein Vater führen wollte, wäre er nicht zum Zug gekommen.

Bei dem zweiten Vorfall einige Jahre später ging es um geheime Partys, die Jong Il für seine engen Vertrauten veranstaltete. Diese Schwäche für ausgelassene Feiern wollte er mehr als alles andere vor seinem asketisch eingestellten Vater verborgen halten. Doch einer von Jong Ils Partykumpeln namens Lee Myong Jae kam angeblich eines Nachts sturzbetrunken nach Hause und brabbelte im Schlaf. Daraufhin schrieb seine Frau einen Brief an Kim Il Sung, in dem sie ihn bat, ihrem Mann eine Rüge zu erteilen, dass er so viel trank. Der Brief wurde von Kim Jong Il abgefangen, der Lee zur Rede stellte. Am Ende erbat Lee von Kim Jong Il die Erlaubnis, seine Frau eigenhändig exekutieren zu dürfen. Die Bitte wurde gewährt.

Nach Ansicht des nordkoreanischen Universitätsdozenten Hwang Jang Yop, der die Staatsphilosophie des *Juche* entwickelt hatte und später nach Südkorea überlief, manipulierte Kim Jong Il seinen Vater von Anfang an. »Er war eifersüchtig und gerissen«, schreibt Hwang. »Ich konnte sehen, dass er nach der Macht gierte.«[9]

Das mag stimmen, aber wir dürfen nicht vergessen, dass Hwang eine starke Abneigung gegen Kim Jong Il hegt und womöglich das Maß an Manipulation überbewertet. Meinem eigenen, über die Jahre hinweg gewonnenen Eindruck nach war die treibende Kraft hinter der Erschaffung der weltweit ersten kommunistischen Dynastie das Bestreben eines Sohnes, sich der Zuneigung und Unterstützung seines Vaters zu versichern. So deute ich auch den von Hwang erwähnten Vorfall. Hwang, ehemals Dekan der Kim-Il-Sung-Universität, traf mit Kim Jong Il erstmals im Januar 1959 zusammen, als sie beide den Großen Führer auf einer Reise nach Moskau begleiteten.

> Da [Kim Jong Il] wusste, dass ich Professor an der Kim-Il-Sung-Universität war, verhielt er sich mir gegenüber besonders freundlich, und ich behandelte ihn mit der Herzlichkeit, die ihm als Sohn des Führers gebührte. Er war recht klug und sehr wissbegierig und stellte mir viele Fragen über die Lehrpläne an der Universität. Oft blieb er zurück, wenn sein Vater zu offiziellen Anlässen aufbrach. Bei solchen Gelegenheiten unterhielten wir uns viel miteinander. Mein Eindruck war, dass er schon in diesem Alter ausgesprochen machthungrig war.
>
> Er gab sich große Mühe mit seinem Vater und umsorgte ihn ständig. Jeden Morgen begleitete er ihn zur Tür, wenn dieser das Haus verließ. Er half ihm sogar dabei, die Schuhe anzuziehen. Kim Il Sung war 47 und bei guter Gesundheit und benötigte keine Hilfe dieser Art, aber er fand Gefallen an den Aufmerksamkeiten seines Sohns.
>
> Wenn Kim Il Sung zurückkehrte, rief Kim Jong Il Berater, Ärzte und Krankenschwestern zu sich und verlangte einen ausführlichen Bericht. Es gab Politbüro-Mitglieder in Kim Il Sungs Entourage, aber auch sie informierten ihn. Dabei widersprach es jedem gesunden Menschenverstand, dass Kim junior die Geschäfte seines Vaters führte und solche Instruktionen erteilte.
>
> Mir kam in den Sinn, dass dieser Junge eines Tages seinen Onkel Kim Yong Ju verdrängen und die Macht ergreifen könnte. Einmal bat er mich, ihn zu einer Ausstellung russi-

scher Landwirtschaft und Technologie zu begleiten. Es war harte Arbeit, ihm alles zu übersetzen, weil er so viele technische Fragen stellte. Als ich von ihm wissen wollte, weshalb er technischen Dingen so viel Beachtung schenke, antwortete er: »Weil mein Vater an diesen Dingen sehr interessiert ist.«[10]

Kim Jong Ils strategische Karriereplanung nahm ihren Anfang 1971 bei einem Angelausflug (was ich gerne glaube, weil ich die nordkoreanische Propaganda einfach hinreißend finde). Laut einer Biografie brach »Der Sekretär«, wie er damals genannt wurde, mit einigen Mitarbeitern zum Paekdu auf.[11] Es war Herbst, und die koreanische Halbinsel erstrahlte in goldenen Farben. Einem der Begleiter fiel auf, dass Der Sekretär unablässig aufs Wasser starrte, aber nicht zu bemerken schien, wie sein Schwimmer zuckte, ein untrügliches Zeichen dafür, dass ein Fisch am Haken zappelt. Als Der Sekretär Schritte hörte, sah er auf. Nur zum Test, ob wir ihn allmählich verstehen, raten wir jetzt einmal, was er wohl gesagt hat:

A: »Ich werde Menschen fischen, nicht aber Fische.« (Beachten Sie, dass es im Koreanischen kein »f« gibt). »Dieser Fisch an meiner Leine symbolisiert meinen Vater, aber bevor ich ihn hereinhole, muss ich den Fisch erst ertränken. Deshalb halte ich den kleinen Scheißkerl unter Wasser.«
B: »Wir müssen dem revolutionären Denken des Präsidenten einen Namen geben und es als Kimilsungismus bezeichnen, auch wenn die Idee des *Juche* bereits Hunderte von Millionen Menschen auf der ganzen Welt erfasst hat.«
C: »Bring mir noch einen Brandy, James.«

Benötigen Sie Hilfe? Lesen wir weiter: »Nach mehreren Jahren des Nachdenkens«, heißt es in dem Buch, »gab Der Sekretär schließlich mit Entschiedenheit eine historische Erklärung zu unserem Zeitalter ab.« Ich zitiere:

> Wir leben in einem neuen Zeitalter, dem Zeitalter des *Juche*, das sich grundlegend von den vorangegangenen historischen Epochen unterscheidet.
>
> Unser Zeitalter, das Zeitalter des *Juche*, ist in erster Linie ein neues historisches Zeitalter, in dem die Menschenmassen zum ersten Mal in der Geschichte Herren ihres eigenen Schicksals, Herren der Welt sind.
>
> Das Zeitalter des *Juche* ist ein völlig neues Zeitalter, weil nun die Menschenmassen Geschichte schreiben und selbstständig und schöpferisch ihr eigenes Schicksal formen.
>
> Der Kimilsungismus ist ein neues, nie da gewesenes und großartiges Gedankengebäude über die Revolution, die realisiert wurde, und spiegelt die Erfordernisse des *Juche*-Zeitalters wider.

Kurz gesagt, er gab der *Juche*-Ideologie des Landes den neuen Namen »Kimilsungismus«. In seiner Umbenennungsrede definierte er das neue Denken als »ein System der Idee, Theorie und Methode des *Juche* … ein umfassendes System der *Juche*-Idee, der Theorie und Methode der Revolution und des Aufbaus, die durch diese Idee erhellt werden … [die] das wahrhafte Leitprinzip, die Theorie und die Führungsmethode für die Revolution unseres Zeitalters, des *Juche*-Zeitalters, darstellt.« Das Schlimmste an diesem dummen Geschwätz war, dass es den armen Nordkoreanern mit Nachdruck eingetrichtert wurde, die es bis heute noch in der Schule, an der Arbeitsstelle, in der Kaserne, im Gefängnis und zu Hause studieren müssen.

Zur Rechtfertigung dieses Generalangriffs auf die Gehirne seiner Landsleute meinte Kim Jong Il: »Die ganze Gesellschaft zu kimilsungisieren heißt, ihre sämtlichen Mitglieder zu Kimilsungisten zu erziehen, die gegen ihren Präsidenten eine grenzenlose Loyalität üben, die Gesellschaft vollständig in der Weise umzuwandeln, die der Kimilsungismus erfordert, und die ideologischen und materiellen Festungen des Kommunismus zu besetzen.«

Obgleich erst später öffentlich verkündet, wurde Kim Jong Il 1973 zum Sekretär des Zentralkomitees der Partei und im Jahre darauf zum Mitglied des Politkomitees des Zentralkomitees gewählt. Von da an wurde er in den Medien nurmehr als die »Mitte der Partei« bezeichnet. Parteifunktionäre schwärmten aufs Land aus, um den Menschen die frohe Botschaft zu verkünden, dass Kim Jong Il der Nachfolger sein werde. Er selbst führte die »Bewegung der Drei Revolutionen« an und initiierte verschiedene »Beschleunigungskampagnen«. In seinem Bestreben, Loyalität zu demonstrieren und seine politische Basis auszubauen, gab er dem Personenkult eine neue Form und initiierte – wie wir gesehen haben – verschwenderische Bauprojekte zu Ehren seines Vaters.

Schließlich wurde 1980 auf einem der selten einberufenen Parteitage Kim Jong Il als Nachfolger Kim Il Sungs offiziell bekannt gegeben.

Daraufhin wurde er Nummer Vier im Politbüro, Nummer Zwei im Parteisekretariat und Nummer Drei im Militärausschuss der Partei. Da war er 38.

In seinem Buch *The Guerilla Dynasty* weist der australische Wissenschaftler Adrian Buzo, der Mitte der siebziger Jahre als Diplomat in Pjöngjang tätig war, darauf hin, dass Kim Jong Ils formelle Nominierung mit der Propagierung seiner »Anleitungen vor Ort«-Touren zusammenfiel.[12] Kim Il Sung hatte solche Inspektionen jahrelang praktiziert. Das war seine Methode, die Angelegenheiten des Landes auf direktem Wege zu regeln. Den Fotos nach, die es davon gibt, scheinen diese Stegreif-Anweisungen nicht allzu schwierig gewesen zu sein. Im Grunde genommen brauchte er dazu nur irgendwelche Funktionäre, die ihm mit Notizbuch und gezücktem Bleistift bewaffnet aufmerksam zuhörten, und sobald eine Kamera auf ihn gerichtet war, deutete er auf etwas – und genau dort sollte dann die neue Fabrik oder was auch immer erbaut werden. Buzo schreibt, dass Kim Jong Il bei seinen Besuchen im Zirkus von Pjöngjang oder im Volkspalast der Kultur die gleichen Banneraufschriften bekam wie sein Vater. Mit einem Unterschied: »Während die Medien die Inspektionsfahrten seines Vaters oft in einem energischen, ja fast militärischen Tonfall beschrieben, werden im Gegensatz dazu die Besuche des jungen Kim mit milderen Ausdrücken geschildert, die sein wohlwollendes, umsichtiges Wesen unterstreichen.«

Das passt. Jahrelang sangen die Künstler, Schriftsteller und nordkoreanischen Filmleute, mit denen er seine Partys feierte, ein Lied über ihn (zur Melodie von »Beautiful Day« von U2, wenn Sie möchten):

Morgens, wenn der Himmel erglüht,
Denken wir an dein freundliches Lächeln.
In der stillen Nacht, wenn die Sterne am Firmament funkeln,
Sehnen wir uns nach deiner warmen Liebe.

Wir geloben unserem geliebten Führer,
den Willen unseres großen Präsidenten zu befolgen.
Wie stürmisch auch Regen, Wind oder Schneesturm sein mögen,
Wir geloben unsere Gefolgschaft, Generation um Generation.[13]

Und mit diesem Lied wurde Kim Jong Il, »die Mitte der Partei«, als der »Geliebte Führer« bekannt, worauf sein Bild in Millionen Amtsstuben und Wohnungen im ganzen Land neben das seines Vaters gehängt wurde.

Aber wie schon gesagt hätte der Geliebte Nachfolger einen Fehler begangen, wäre sein Bild auch noch nach seiner formellen Ernennung ohne weiteres entfernt worden und jemand anderer an seine Stelle getreten. Dies hätte vor allem sein Halbbruder Pyong Il sein können. Kim Jong Ils Stiefmutter hätte nicht viel Überzeugungskraft benötigt, um Kim Il Sung und seine engsten Vertrauten glauben zu machen, dass Jong Il die falsche Wahl sei.

Aus diesem Grund wurde die Geschichte über Jong Ils erste Liebe, die Filmschauspielerin Sung Hae Rim, zum bestgehüteten Geheimnis im Land. Das Pärchen übernachtete zwar gelegentlich in einer der Villen Kim Il Sungs, wenn dieser nicht da war, aber der Alte hatte keine Ahnung, wie weit diese Beziehung ging. Unsere relativ genauen Kenntnisse darüber verdanken wir Hae Rims Schwester Sung Hae Rang und ihren beiden Kindern, die allesamt aus Nordkorea geflohen sind.[14]

Als die Affäre begann, war Jong Il 26, Hae Rim 31 Jahre alt.[15] Sie war eine bekannte Schauspielerin, was vielleicht Jong Ils häufige Besuche bei Dreharbeiten und überhaupt sein Interesse am Filmemachen erklärt. Hae Rim führte eine unglückliche Ehe mit dem Sohn eines südkoreanischen Schriftstellers, der sich während des Koreakriegs den Nordkoreanern angeschlossen hatte. Aus der Ehe war eine Tochter hervorgegangen, die inzwischen die Pubertät erreicht hatte. Nach Abschluss eines Films mit dem Titel *Schicksal eines Freiwilligen* reichte Hae Rim die Scheidung ein, gab die Schauspielerei auf und traf sich heimlich mit Kim Jong Il zum Tête-à-Tête. Teilweise ließ sie sich deshalb auf diese Beziehung ein, um die Stellung ihres Vaters zu sichern. Ihre Mutter arbeitete als Journalistin bei der Parteizeitung *Rodong Shinmun*, ihrem aus Südkorea stammenden Vater traute man jedoch nicht so recht über den Weg, weil er früher Grundeigentum besessen hatte. Hae Rim hegte, wie ihre Schwester schreibt, echte Gefühle für Kim Jong Il. Dass er ohne seine leibliche Mutter hatte aufwachsen müssen, bestärkte noch ihre Zuneigung.

Niemand weiß, ob sie tatsächlich geheiratet haben, aber in den siebziger und achtziger Jahren lebten sie zusammen. Um die Beziehung abgesehen von einigen wenigen Vertrauten vor aller Welt geheim zu halten, errichtete Kim Jong Il um sie eine Mauer des Schweigens. 1976 bat er Hae Rims Schwester, die verwitwete Hae

Rang, zusammen mit ihren beiden Kindern und ihrer Mutter zu ihnen zu ziehen, um den Sohn der beiden zu betreuen, von dessen Existenz ebenfalls niemand wusste. Der Junge namens Kim Jong Nam war damals bereits fünf Jahre alt und musste zu Hause unterrichtet werden, sollte die Identität des Vaters nicht auffliegen.[16] Mutter, Tante und Sohn lebten verschwenderisch in abgelegenen Villen, für das Kind wurde absurd viel Geld ausgegeben. Jong Nam verfügte über ein gigantisches, 990 Quadratmeter großes Spielzimmer, das jedes Jahr mit neuem Spielzeug ausgestattet wurde, das die »Einkaufsteams« von Sektion zwei, Abteilung neun von Kim Jong Ils persönlichem Sicherheitsstab aus dem Ausland beschafften.

»Um sämtliche Spielsachen auch nur einmal in die Hand zu nehmen«, schrieb Jong Nams Cousin Lee Han Yong, »würde man einen vollen Tag benötigen.«

Einmal kam es zu einer Szene wie in einem Film: Als Jong Nam, damals vier Jahre alt, in einem Krankenhaus behandelt wurde, trafen dort eines Tages die Stiefmutter des Geliebten Führers, Kim Song Ae, und sein Halbbruder Pyong Il zu einer offiziellen Besichtigung ein. Da schnallte sich die Großmutter Jong Nam schnell auf den Rücken, hüpfte aus dem Fenster und versteckte sich hinter Bäumen, bis der offizielle Besuch wieder abgereist war.

Kim Jong Il bemerkte, dass Jong Nam mit zunehmendem Alter unter der Isolation litt, und erlaubte deshalb Mutter, Tante und Sohn, einige Zeit auf Anwesen in Genf und Moskau zu verbringen. Jong Nam erbte die künstlerische Ader seines Vaters und wurde trotz des ständigen Versteckspiels zu einem Menschen von optimistischem und humorvollem Wesen.[17] Doch auch er bekam Probleme. Als Jugendlicher zog er sich – so will es die Ironie der Geschichte – wegen einer nicht genehmen Freundin den Zorn seines Vaters zu. Der Geliebte Führer war so wütend, dass er seinem Sohn damit drohte, ihn ins Kohlenbergwerk zu stecken. Im Jahre 2001 sorgte Jong Nam für Aufsehen, als ihm in Japan vor aller Augen die Einreise verweigert wurde, weil er einen gefälschten dominikanischen Pass vorgelegt hatte, der auf den chinesischen Namen Pan Xiong ausgestellt war. Laut Zeitungsberichten wollte er mit seinem Sohn das Disneyland in Tokio besuchen.

Jong Nams Mutter Sung Hae Rim starb 2002 in Moskau.

Die Beziehung mit Sung Hae Rim scheint Kim Jong Ils »verhängnisvoller Fehler« gewesen zu sein, die Schwäche, die ihn ins Unglück hätte stürzen können. Aber es gelang ihm zu verhindern, dass sie sein politisches Leben ruinierte, selbst als ihm Anfang der siebziger Jahre Kim Il Sung erklärte, es sei Zeit für ihn zu heiraten, und ihm – da er von Sung Hae Rim ja nichts ahnte – zu diesem Zweck die Tochter eines Armeeoffiziers aussuchte. Folgsam heiratete Jong Il sie und führte ein doppeltes Familienleben mit Sung Hae Rim und seiner offiziellen Frau Kim Young Sook, die ihm eine Tochter namens Kim Sol Song und möglicherweise noch ein weiteres Kind gebar.

Neben diesen beiden Beziehungen soll Kim Jong Il noch einige Affären gehabt haben. Überläufer verbreiteten das Gerücht, Kim Jong Il habe mit einer Schauspielerin geschlafen, weil sie ihn an seine Mutter erinnerte. Andere behaupteten, er habe aus dem gleichen Grund sexuelle Beziehungen mit einer ehemaligen Klassenkameradin unterhalten, selbst als diese geheiratet habe.[18] Angeblich hat er mit einer weiteren Geliebten namens Hong Il Chon eine Tochter, die Kim Hye Kyong heißt.

Bekannt ist, dass er sich Anfang der achtziger Jahre mit Ko Young Hee einließ, einer in Japan geborenen Koreanerin, die er kennen lernte, als sie in einer staatlichen Tanzgruppe arbeitete. Man weiß nicht, ob er sich formell von Young Sook scheiden ließ, um sie zu heiraten, aber Young Hee gebar ihm zwei Jungen, Jong Chul und Jong Oon, und inzwischen wird vermutet, dass Ko Young Hee auch seine jetzige Ehefrau ist. In den aktuellen Propagandaverlautbarungen wird sie als »verehrte Mutter« bezeichnet, woraus man schließen könnte, dass einer ihrer beiden Söhne als zukünftiger Präsident aufgebaut werden soll. Politbeobachter meinen, dass es der heute Mitte 20 alte Jong Chul sein könnte, aber es gibt einen Bericht, wonach der jüngere der beiden Söhne der Liebling seines Vaters ist.[19]

Eine der Ironien in Kim Jong Ils öffentlichem Auftritt als offizieller Nachfolger Anfang der achtziger Jahre ist, dass er damals bereits eine immer stärker werdende Machtposition in Nordkorea innehatte. Sein Vater spielte zunehmend nur noch eine symbolische Rolle. Möglich, dass bereits seit 1976 sämtliche staatlichen Dokumente, die Kim Il Sung vorgelegt bekam, zuerst von Kim Jong Il begutachtet worden waren.[20]

Kim Jong Il war nicht anwesend, als sich der frühere US-Präsident Jimmy Carter im Juni 1994 mit Kim Il Sung traf, doch hatte er nachweislich bei diesem Treffen die Hand im Spiel. Zum Beispiel sagte Kim Il Sung bei einer Unterredung, die auf einem Schiff stattfand, er würde die Bitte Carters um Rückgabe der sterblichen Überreste von US-Soldaten, die im Koreakrieg gefallen waren, überdenken. Als Kim Jong Il dies hörte, bat er seine Stiefmutter, die sich ebenfalls an Bord befand, in die Kabine zu gehen und Kim Il Sung dazu zu bewegen, der Bitte Carters zu entsprechen.[21]

Kim Il Sung starb im Juli 1994 an einem Herzanfall, in der Bergregion Myohyang nahe dem Atommeiler Yongbyun. Unbestätigten Berichten zufolge sei der Herzanfall durch einen Streit mit Kim Jong Il ausgelöst worden. Anderen Berichten zufolge stürzte ein Hubschrauber mit einem Ärzteteam ab, woraufhin zumindest einer der Piloten erschossen wurde. Wie auch immer die Wahrheit ausgesehen haben mag, der Tod des Vaters scheint Kim Jong Il und seine Schwester Kyung Hee schwer getroffen zu haben. Im Fernsehen war Kyung Hee völlig aufgelöst vor Kummer unter den Trauergästen zu sehen. »In dieser Zeit zog sich Kim Jong Il oft lange in sein Zimmer zurück«, berichtete ein ehemaliger Chefkoch. Seine Frau Ko Young Hee habe ihn mit einer Pistole in der Hand gefunden.[22]

Es sagt etwas über Kim Jong Ils heimlichtuerischen politischen

Stil, dass es nach dem Tod seines Vaters im Ausland ernsthafte Zweifel gab, ob er in der Lage wäre, sich an der Macht zu halten. Kim Il Sung war gestorben, nachdem er kurz zuvor noch Jimmy Carter versprochen hatte, die abgebrochenen Gespräche mit den USA über das Atomprogramm wieder aufzunehmen und mit Südkorea ein Gipfeltreffen zu vereinbaren. Doch Kim Young Sam, der südkoreanische Präsident, lehnte ein solches Spitzengespräch ab, um nicht Kim Jong Ils Machtposition zu festigen. Wie sich später herausstellte, gab es jedoch keinen Zweifel, wer die Macht in Nordkorea innehatte, auch wenn die Nachfolge erst drei Jahre später formell vollzogen wurde, was im Ausland den Eindruck erweckte, als sei das Land führungslos.

Die Heimlichtuerei war alles andere als eine Verrücktheit, sondern diente dazu, Schwäche in Stärke zu verwandeln. In dieser Zeit litt das ganze Land zunehmend unter dem Mangel an Nahrungsmitteln. Indem Kim Jong Il den Anschein erweckte, er halte eine dreijährige Trauerzeit ein, verhinderte er, dass er direkt für die Hungersnot verantwortlich gemacht werden konnte, und demonstrierte zugleich seine Ergebenheit gegenüber seinem Vater in einer Weise, die der koreanischen Tradition entsprach. »Wie kann ich dem Führer nachfolgen, wenn er noch lebt?«, sagte er auf dem 50. Gründungstag der koreanischen Arbeiterpartei 1995.[23] Kim Jong Il war bereits Vorsitzender des allmächtigen Nationalen Verteidigungsrats, als er im Dezember 1997 das Amt des Generalsekretärs der Partei antrat. Den weniger wichtigen Posten des Präsidenten übernahm er hingegen nicht, sondern erklärte stattdessen seinen toten Vater zum »Präsidenten für Alle Ewigkeit«.

KAPITEL SECHS

Porträt des Künstlers

Kim Jong Il ist ein Mann der Kunst. Bevor er als Nachfolger in Erscheinung trat, widmete er offenbar viel Zeit der Produktion von Filmen und Theaterstücken.

Bei einer meiner Reisen nach Nordkorea las ich auf einem Schild an den Filmstudios in Pjöngjang, wie oft der Geliebte Führer hier seine Anleitungen vor Ort erteilt hatte. Man sagte mir, es gebe sieben solcher Studios im Land. Einmal unterstellt, diese unglaubwürdige Zahl entspräche tatsächlich der Wahrheit und er habe alle diese Studios gleich häufig besucht, müsste er nach meiner Berechnung in seiner Blütezeit in den sechziger und siebziger Jahren alle zwei Tage auf dem einen oder anderen Set erschienen sein (wahrscheinlicher aber ist, dass die Studios in Pjöngjang die Schaltzentrale waren und er nur hier auftauchte). Das ist wahre Leidenschaft.

Ein ausländischer Beobachter hat am Beispiel von Kims Vergangenheit in der Filmproduktion – er wurde beileibe nicht zum Ronald Reagan Nordkoreas – zu zeigen versucht, dass Jong Il ein Spinner ist, der nicht zwischen Kunst und Wirklichkeit unterscheiden kann. Dabei übersieht dieser Autor jedoch die Bedeutung der Künste für die Propaganda. So wie Kim Jong Il die *Juche* in den Kimilsungismus überführte, bestand sein Beitrag zu den Künsten darin, die kreativen Kräfte des Landes seiner eigenen Sache dienstbar zu machen: der Verehrung des Vaters.

Zu den Filmen und Musicals der siebziger Jahre, für die Kim Jong Il das Libretto geschrieben oder an denen er in anderer Weise mitgewirkt haben soll, gehören die Revolutionsopern *The Sea of Blood (Das Blutmeer/Pibada)* – kaum zu glauben, aber dieses Stück wurde tatsächlich im Ausland aufgeführt –, *True Daughter of the Party (Eine echte Tochter der Partei)*, *Flower Girl (Blumenmädchen)* und *Fate of a Member of the Self-Defense Corps (Schicksal eines Mitglieds des Selbstverteidigungskorps)*.

Zwei Bücher, die auch im Westen erhältlich sind, beleuchten seine künstlerischen Überlegungen: *Kim Jong-il On the Art of the Cinema (Kim Jong Il über die Filmkunst)* und *Kim Jong-il On the Art of Opera (Kim Jong Il über die Kunst der Oper)*. Sie beruhen offenbar auf Reden, die er im April 1973 beziehungsweise vom 4. bis 6. September 1974 gehalten hat. Ich möchte aus diesen unsterblichen Werken gern ausführlich zitieren, nicht weil sie lesenswert sind, sondern weil es nicht schaden kann, einmal einen Eindruck von der Pflichtlektüre eines nordkoreanischen Bürgers zu bekommen.

> Aus *Über die Kunst der Oper:*
>
> Die *Juche* in der Kunst der Oper zu verankern, bedeutet, alle Probleme, die bei der Schaffung einer Oper entstehen, so zu lösen, dass sie den Interessen der Revolution im eigenen Land und des eigenen Volkes gerecht wird und der spezifischen Situation im eigenen Land und den Gefühlen der eigenen Nation entspricht.[1]

Um zu untersuchen, was dies in der Praxis bedeutet, möchte ich *The Sea of Blood* heranziehen. Es handelt sich in jeder Hinsicht um eine Revolutionsoper. Der Titel bezieht sich auf die Mandschurei während der japanischen Besetzung. Sie »schildert die historische Situation der dreißiger Jahre zutreffend, denn die Darstellung des Familienlebens der Heldin ist nicht auf die Familienangelegenheiten beschränkt, sondern umfasst ein weites politisches Feld, die Wirtschaft, das Militär und die Kultur, während sie gleichzeitig den wahren Charakter der damaligen Gesellschaft zeigt.«[2] Die Lieder in *The Sea of Blood* enthalten keine Wörter chinesischen Ursprungs oder andere »verwirrende Begriffe«, von denen Kim Jong Il abrät. (Im Koreanischen gibt es meist außer dem rein koreanischen Wort noch eine koreanisierte Version des entsprechenden chinesischen Schriftzeichens. In Südkorea werden beide Arten meist nebeneinander verwendet, während die Nordkoreaner keine chinesischen Schriftzeichen lernen. Abgesehen von ideologischen Begriffen ist dies der wichtigste Aspekt, in dem sich die Sprachen beider Teile der Halbinsel unterscheiden).

Genug von der Oper. Ich ziehe *Über die Filmkunst* ohnehin vor, nicht nur, weil ich noch nie in der Oper war, sondern weil in diesem Band jedes Kapitel mit einem Zitat von Kim Il Sung beginnt. Hier das Zitat, mit dem das Kapitel »Begleitung des kreativen Prozesses« eingeleitet wird:

> Wenn Parteilinie und -politik stimmen und für ihre Umsetzung die geeigneten Mittel eingesetzt und die richtigen Maßnahmen ergriffen werden, hängt die erfolgreiche Umsetzung der revolutionären Aufgaben ganz davon ab, welche Arbeitsmethoden und -techniken die unmittelbar für die Umsetzung verantwortlichen Funktionäre anwenden, und davon, wie sie die breiten Massen in diesem Werk mobilisieren.[3]

Diesen Satz musste ich viermal lesen, um ihn zu begreifen. Ich denke, er bedeutet: »Wenn man eine gute Idee für einen Film hat, wird er durchfallen, sollte der Regisseur versagen, und die Leute werden das Video nicht kaufen.«

Ein weiteres Zitat von Kim Il Sung, diesmal für das Kapitel »Kunst und kreative Anstrengung«:

> Ihr Filmemacher müsst euch selbst gründlich revolutionieren und hingebungsvoll für die Partei und die Revolution kämpfen, für den Sieg von Sozialismus und Kommunismus. So erweist ihr euch der Achtung der Partei und des Vertrauens, das sie in euch setzt, würdig.[4]

In den Büchern kommt Kim Jong Il auch zu den Grundlagen des künstlerischen Bemühens. Man betrachte zum Beispiel diese Aussage über Filmmusik:

> Die Filmmusik sollte eine klare emotionale Charakterisierung des ideologischen Gehalts der Produktion und der Gedanken und Gefühle der Figuren vermitteln. Eine Musik, die dies tut, wird sehr charakteristisch und ihr emotionaler Ton unvergleichlich sein.[5]

Dann weist er darauf hin, dass es den Liedern in Filmen über die Arbeiterklasse an Echtheit mangle, wenn die Melodie »kriegerisch« ist. Ihnen »gelingt es nicht, dem Film einen frischen und charakteristischen Ton zu verleihen«. Es ist besser, »militärische, poetische, erhabene und heitere« Melodien nebeneinander zu verwenden, um den Figuren und der Entwicklung der Handlung gerecht zu werden.

Aber es geht noch weiter.

»Im Leben lässt uns ein Lied nie unberührt«, schreibt er. »Ein Lied übt einen so großen ideologischen und emotionalen Einfluss auf die Menschen aus, dass es ihr Herz bewegt und sie im Kampf um den Aufbau eines neuen Lebens inspiriert.«[6] Um gute Stücke zu produzieren, so Kim Jong Il, braucht man zunächst gute Texte, die »poetisch und zugleich reich an ideologischem Gehalt« sind. Er rät den Liedtextern, ein Gleichgewicht zu suchen zwischen gegenwärtigem Glück und Erinnerungen an den vergangenen Kampf. Wenn die Lieder zu viel Freude und Glück beinhalten, besteht die Gefahr, dass sie durch »Hedonismus verunstaltet« sind.

»Auch wenn sie von diesem Leben singen, sollten die Texte doch gewährleisten, dass die Menschen ihre frühere elende Lage nicht vergessen und sie auf diese Weise mit dem brennenden Wunsch und dem begeisterten Einsatz beseelen, mit forschem Schritt in eine hellere Zukunft zu gelangen.« Und er fügt hinzu: »Auch wenn die Texte von der Freude an der Natur handeln, sollten sie die Vorteile des sozialistischen Systems und das vortreffliche Leben unseres Volkes widerspiegeln und seinen revolutionären Geist betonen.«

Man kann davon ausgehen, dass er diese Themen gründlich durchdacht hat. Das Ziel ist natürlich nicht Kunst, sondern die Gefühle für die Sache der Revolution einzuspannen. Die kommunistische Revolution Nordkoreas ist ein Ausdruck der Wut über die koloniale Unterdrückung, aber die Unsicherheit, die sie überwinden wollte, kommt in jeder Wendung zum Ausdruck. Zum Beispiel in dieser Passage über die Zusammensetzung des Orchesters:

> Was die Verbindung von koreanischen und westlichen Musikinstrumenten betrifft, so denken wir, dass der Hauptakzent auf den Ersteren liegen und die Letzteren der koreanischen Musik untergeordnet werden sollten. Auf diese Weise wird das Spezifische unserer Holzblasinstrumente betont, um den einzigartigen Klangcharakter unserer einheimischen Instrumente wirklich hörbar zu machen, und die verschiedenen Arten von Instrumenten werden in der richtigen Weise miteinander kombiniert. Wenn bei der Zusammensetzung eines Orchesters das Prinzip der *Juche* nicht beachtet wird und verschiedene Instrumente gleichberechtigt nebeneinander stehen, entsteht ein verworrener Klang, der es unmöglich macht, den einzigartigen nationalen Klangcharakter unserer Musik zu bewahren.[7]

Beim Lesen solcher Zeilen bekommt man einen Eindruck von den Themen, mit denen die nordkoreanische Filmindustrie damals konfrontiert war. Vermutlich ging ihnen eine heftige Auseinandersetzung zwischen zwei Lagern voraus – denen, nach deren Meinung das Nationale am besten mit spezifisch koreanischen Instrumenten zum Ausdruck käme, und denen, die meinten, Nordkorea müsse seine Fortschrittlichkeit dadurch beweisen, dass die Musiker einen Frack trügen und Geige spielten.

Ich vermute, in der Maskenbildnerabteilung hat es eine ähnliche Debatte gegeben. Man lese folgende Passage:

»Die Maskenbildnerei ist eine edle Kunst, da sie die äußere Erscheinung des Schauspielers und die Figur miteinander vereint und ein neues Menschenbild schafft«, schreibt Kim. »Wenn Maskenbildner bei der Entwicklung einer Figur nur an deren Eigenschaften denken und den wesentlichen Zügen des Schauspielers keine Beachtung schenken, dienen sie dem Schauspieler nicht, und die Maske wird auf eine nur oberflächliche Darstellung reduziert.«[8]

Wenn Sie wie ich der Ansicht sind, unsere Gesellschaft lege zu viel Gewicht auf das Privatleben Prominenter, werden sie einige von Kims Gedankensplittern bestimmt erfrischend finden, zum Beispiel diesen: »Der Schauspieler ist ein Künstler, der durch seine Darstellung einer Figur dazu beiträgt, die Erkenntnisse der Menschen über das Leben und ihre Lage zu vertiefen und sie in revolutionärer Weise umzuerziehen.«[9]

Andere Bemerkungen klingen noch nebulöser.

»Was in Kunst und Literatur zählt, ist, wie jeweils das Leben gesehen und geschildert wird«, schreibt er. »Wenn die Kunst ein sinnvolles Leben zeigen soll, muss sie dieses Leben im Kampf kommunistischer Menschen eines neuen Typs suchen und ihn in seiner ganzen Tiefe darstellen.« Dieser Gedanke veranlasst ihn regelrecht zum Schwärmen:

Niemand ist so aufrichtig und hegt eine so glühende Liebe zum Leben wie ein Kommunist. Kommunisten sind Revolutionäre, die, wo immer sie gerade sind, wissen, wie man neues Leben schafft. Ihre Gefühle sind tiefer und menschlicher als die anderer. Deshalb ist das Leben, wo immer sich kommunistische Menschen des neuen Typs entwickeln, stets kraftvoll und pulsierend, überbordend vor revolutionärem Optimismus, vielfältig und reich.[10]

Doch selbst wenn das stimmt, ist es nicht leicht für einen Künstler, diese überragende kommunistische Vitalität einzufangen. Einige Autoren, so Kim, schreiben »ausschließlich – und zur Langeweile des Publikums – über militärische Schlachten, wenn sie den Kampf der Revolutionäre darstellen wollen. Das aber ist ein Fehler. Revolutionäre gehören nicht zu den Menschen, die ihren Kampf und ihr Leben als zwei getrennte Dinge betrachten. Für Revolutionäre, die sich der Revolution und dem Aufbau des Landes verschrieben haben und die fest an den Kommunismus glauben, sind Leben und Kampf immer ein und dasselbe.«

Um dies zu unterstreichen, zitiert er den Befehlshaber Nummer Eins: »Wie der große Führer Genosse Kim Il Sung gesagt hat, beginnt das Leben eines Revolutionärs mit Kampf und endet mit Kampf. Für Revolutionäre besteht das Leben aus ihrem Kampf und der Kampf ist ihr Leben.« Ich vermute, dass für den modernen Revolutionär der Hauptkampf darin besteht, sich jeden Tag mit solchem Zeug herumzuschlagen.

In einem Kapitel des Buches *Über die Filmkunst* mit der Überschrift »Die Eigenschaften der Breitwand sollten effektiv genutzt werden« gewinnt Kim Jong Ils Denken einiges an Tiefe, so dass man sich fragt, ob dies nicht ein Ghostwriter geschrieben hat:

Die größere Leinwandfläche beim Breitwandfilm birgt ein unendliches Potenzial für eine umfassende Wiedergabe des Lebens und bietet die Möglichkeit, Gegenstände in klarerer Form und Perspektive darzustellen, so dass das Leben so erscheint, wie die Menschen es in Wirklichkeit wahrnehmen ... Einige versuchen, die Vorteile der Breitwand zu nutzen, indem sie nur große Bilder von Gegenständen zeigen und in einen einzigen Ausschnitt unzählige Dinge hineinstopfen. Damit aber denken sie nur an die Größe und Form der Leinwand und ignorieren den Inhalt, der gezeigt werden soll ... Welche Formen in der Kunst auch gewählt werden, der Inhalt darf nicht so zurechtgestutzt werden, dass er in einen bestimmten Rahmen passt. Das Leben liefert den Inhalt der Kunst, und der Inhalt verlangt eine passende Form ... Wenn die Form eines Werks als gut empfunden wird, dann deshalb, weil sie zum Inhalt passt und dieser in hervorragender und klarer Weise zum Ausdruck gebracht wird, und nicht weil die Form selbst, unabhängig vom Inhalt, einen gewissen Reiz hat. Ein literarisches Werk gilt nicht wegen seines Umfangs als Meisterwerk, sondern wegen seines Inhalts; bei der Arbeit mit der Kamera ist es ebenfalls nicht die physische Größe, sondern die Darstellung des Inhalts, die breit und umfassend sein sollte.[11]

Nachdem Kim Jong Il ein paar Jahre lang versucht hatte, der Filmindustrie die Richtung zu weisen, muss ihn der mangelnde Fortschritt wohl frustriert haben, denn um das Jahr 1977 befahl er die Entführung eines südkoreanischen Spitzenregisseurs und seiner Frau, einer Schauspielerin. Diese Stars des Südens sollten ihren nördlichen Brüdern und Schwestern beibringen, wie man wirklich gute Filme macht.

Shin Sang Ok war mit dem Diktator Park Chung Hee in Streit geraten.[12] Die südkoreanische Regierung hatte ihn als Dissident gebrandmarkt, weil er sich über Zensur und Bestechung beschwert hatte, und seine Filmgesellschaft geschlossen. Bei dieser Nachricht mag Kim Jong Il der Gedanke gekommen sein, er sei vielleicht zum Überlaufen zu überreden. Ursprünglich verfolgte Kim Jong Il jedoch die Strategie, Choi Eun Hee, eine führende Schauspielerin und Shins Exfrau, zu entführen und Shin damit zu ködern. Nach 23 Jahren Ehe hatten sie sich kurz zuvor scheiden lassen, standen einander aber sowohl privat wie beruflich nach wie vor nahe. Nach einem raffinierten Plan wurde Choi Anfang 1978 von Geschäftspartnern aus der Filmbranche nach Hongkong eingeladen, wo sie entführt wurde. Von der Repulse Bay trat sie eine achttägige Schiffsreise zum nordkoreanischen Hafen Nampo an.

Dort spielte sich eine Szene ab, die zweifellos eines Tages in einem Film auftauchen wird, weil sie zeigt, wie sehr Nordkorea in moralischer Hinsicht auf einem anderen Stern lebt: Kim Jong Il höchstpersönlich stand am Kai, um den entführten Star an der Schiffsbrücke zu empfangen.

»Danke, dass Sie gekommen sind, Madame Choi. Ich bin Kim Jong Il«, sagte er, als sei sie aufgrund einer Anzeige zum Vorsprechen erschienen. Dann geleitete er sie zu seiner Limousine und versuchte während der Fahrt, ungezwungen mit ihr zu plaudern. Als sie in Pjöngjang eintrafen, wies er sie auf die Sehenswürdigkeiten hin. »Kim war glücklich wie ein General, der triumphierend in die Hauptstadt einzieht«, erinnerte sie sich später.

Choi wurde in einem luxuriösen Haus untergebracht, das, wie sie später erfuhr, zu Kims Privatvillen gehörte. Bevor Kim sich verabschiedete, bat einer seiner Assistenten sie, ihm ihren südkoreanischen Pass und ihren Personalausweis auszuhändigen. An jenem Abend weinte sie sich beim Gedanken an ihre Kinder in den Schlaf.

Kim Jong Il war ein galanter Entführer. Am Morgen ließ er Choi Blumen bringen. Außerdem schickte er ihr einen Arzt, der von da an jeden Tag kam und sie betreute. Eins der Telefone in der Villa war direkt mit Kim Jong Il verbunden. Er lud sie zu kleinen Abendgesellschaften ein, besorgte ihr hübsche traditionelle *Hanbok*-Kleider und erzählte ihr, er habe Fotos, auf denen sie die koreanische Tracht trug, Kim Il Sung gezeigt. Angeblich bemerkte der Große Führer dazu, sie sehe schön aus, und danach verlangte Jong Il von ihr, diese Kleidung bei allen Gesellschaften zu tragen. Von da an hatte sie Angst, dass sie Kim Il Sung als Spielzeug geschenkt werden sollte.

Bei einem der Feste stellte Kim Jong Il sie einer gewissen Chong Kyong Hui vor. Die Frau sei, so erklärte man ihr, Vertreterin der Organisation, die für Spionage und Terrorismus gegen Südkorea verantwortlich ist. Die Terroristenchefin musterte die bezaubernde Choi mit kaltem, neidischem Blick. »Arbeiten wir für die Revolution«, sagte sie, und Kim Jong Il gluckste, als würde er die Ironie dieser Worte goutieren.

Jeden Freitag wurde Choi zu einer Gesellschaft in Pjöngjang eingeladen, um sich Filme anzusehen. Die Gäste tanzten zum Foxtrott oder zur Diskomusik einer Liveband, spielten Blackjack oder Mahjong, hörten bis zum Morgengrauen südkoreanische Lieder oder sangen selbst welche. Kim Jong Il beteiligte sich jedoch nicht an diesen Vergnügungen, sondern sah nur zu. Häufig unterbrach er die Band und ließ sie ein anderes Stück spielen, und manchmal stand er auf, um zu dirigieren. Zu den Stammgästen gehörten seine Schwester Kyung Hee, ihr Mann Chang Song Taek, Geheimdienstmitarbeiter, der Vertreter der Arbeiterpartei Kim Yong Soon und der Außenminister Ho Dam. Einmal wurde Choi von Kim Jong Il gebeten, ein Lied der südkoreanischen Sängerin Patti Kim zu singen. Während ihres Vortrags musste sie jedoch plötzlich an ihren Exmann Shin Sang Ok denken, und Tränen liefen ihr über das Gesicht. Die Gäste verstummten, nur einer, der meinte, sie habe den Text vergessen, soufflierte ihr und demonstrierte damit Kenntnisse der feindlichen Kultur, die einen normalen Nordkoreaner hinter Gitter gebracht hätten. Choi beendete ihre Vorstellung unter großem Beifall.

Bei diesen Partys, so berichtet Choi, mussten sämtliche Gäste bei ihrer Ankunft ein Glas Cognac auf Ex trinken. (Obwohl Kim Jong Il mittlerweile den eigenen Alkoholkonsum eingeschränkt hat, ist dies offenbar immer noch seine Methode, die Stimmung aufzulockern). Dass Kim Jong Il seine Gäste zum Trinken zwang, lässt auf einen tyrannischen, grobschlächtigen Charakter schließen, und bei Trinkgelagen, an denen ausschließlich Männer beteiligt waren, sollen die konsumierten Mengen enorm gewesen sein. Einmal erklärte ein Gast Choi, wie man den Alkohol unbemerkt ausspucken könne. Wie stolz Kim Jong Il darauf war, dass Choi bei ihm im Norden weilte, und wie sehr er sich darum bemühte, sie auf seine Seite zu ziehen, lässt sich daran ablesen, dass er sie sogar in sein eigenes Haus einlud, um mit seiner Familie seinen Geburtstag zu feiern.

Doch schließlich fragte sie ihn, ob er sie nicht wieder nach Seoul schicken könne. Darauf schwieg er eine Weile und bat sie um Geduld.

»Das Problem wird bald gelöst sein«, meinte er etwas geheimniskrämerisch.

Obwohl entführt, war Choi für Kim ein Gast und eine hervorragende Schauspielerin. In dieser Eigenschaft stand es ihr frei, ihm gegenüber ihre Meinung zur nordkoreanischen Kunst zu äußern. Nachdem sie zum Beispiel *Sea of Blood* gesehen hatte, erklärte sie ihm, sie halte Musik und Kostüme für unpassend. Außerdem meinte sie, es gebe neben der Revolution bestimmt noch andere Themen, die die Leute anregen könnten. Etwa die Liebe. Die Geschichte wäre besser, wenn die Liebe darin eine Rolle spielte.

»Wenn Regisseur Shin hier ist, können wir darüber nachdenken«, erwiderte er. Shin sei kürzlich zu einem Besuch gekommen und beabsichtige zurückzukehren, fügte Kim hinzu. Choi war perplex. Erst später erfuhr sie, dass dieser »Besuch« und die »Absicht zurückzukehren«, nicht ganz der Wahrheit entsprachen. In Wirklichkeit saß Shin in einem nordkoreanischen Gefängnis.

Zur Zeit von Chois Verschwinden aus Hongkong steckte Shin in finanziellen und beruflichen Schwierigkeiten und beschloss daher, die Einwanderung in die Vereinigten Staaten zu beantragen. Auf dem Weg dorthin machte er in Hongkong Station. Dort bat er zwar einen Geschäftspartner, Chois Verschwinden zu melden, stellte aber zugleich eigene Nachforschungen an – typisch für das auch heute noch mangelnde Vertrauen der Südkoreaner in ihre Polizei. Dann flog er weiter in die USA und zog Kim Hong Wook, einen ehemaligen südkoreanischen CIA-Chef, zu Rate, der im Exil lebte, nachdem er gegen Park Chung Hee opponiert hatte. Nach der Ankunft in den USA reichte Shin seinen Antrag auf Daueraufenthalt ein und brach dann wieder nach Hongkong auf. Inzwischen waren die koreanische Polizei und die Medien davon überzeugt, dass Shin wegen seiner finanziellen Schwierigkeiten hinter dem Verschwinden Chois steckte. Nachdem Mitarbeiter des koreanischen Konsulats in Hongkong ihn dazu hatten bringen wollen, seinen Pass abzugeben, suchte er Schutz durch die Polizei von Hongkong.

Nichts von den Verbindungen seines Geschäftspartners zu nordkoreanischen Geheimagenten ahnend, ging Shin in dieselbe Falle wie Choi und wurde entführt.

Shin und Choi wurden an verschiedenen Orten festgehalten und keiner von beiden wusste, dass der andere noch lebte und sich in Nordkorea befand. Während Choi immer wieder in Tränen der Verzweiflung ausbrach, träumte Shin von der Freiheit. Fünf Monate nach seiner Entführung floh Shin per Auto aus dem Gästehaus, in dem er unter Arrest stand. Nach langer Fahrt steuerte er den Wagen in einen Straßengraben und versteckte sich daraufhin in einem Bahnhof zwischen Sprengstoffkisten, um bei nächstbester Gelegenheit heimlich auf einen Güterzug zu klettern. Am nächsten Morgen wurde er gefasst. Es folgte ein merkwürdiges, fast komisches Verhör, bei dem die Vernehmungsbeamten jeweils eine Antwort aufschrieben, dann den Raum verließen und dann erst die nächste

Frage stellten. Shin vermutete, dass sie telefonisch direkt mit Kim Jong Il verbunden waren und der Geliebte Führer auf diese Weise ein Fernverhör durchführte. Hätte Shin gelogen und behauptet, er habe nur eine Spritztour unternehmen wollen, wäre er vielleicht wieder in das Gästehaus zurückgebracht worden. Doch er erzählte ihnen, er habe versucht, nach Hongkong zu gelangen, weil er es nicht länger ertrage, in Nordkorea zu leben. So wurde er ins Gefängnis gesteckt, wo er über drei Monate in Einzelhaft blieb. Nach einem weiteren gescheiterten Fluchtversuch wurde er offiziell verurteilt und in ein Lager für politische Gefangene gebracht. Erst im Februar 1983, nach fast vier Jahren Sträflingsarbeit, ließ man ihn frei.

Ohne von alledem etwas zu ahnen lebte Choi verhältnismäßig komfortabel, obwohl sie seit etwa drei Jahren keinen Kontakt mehr zu Kim Jong Il hatte. Doch dann lud Kim sie unerwartet wieder zu seinen Partys ein. Bei einem Abendessen im März 1983, bei dem Choi anwesend war, tauchte plötzlich Shin in Begleitung mehrerer Funktionäre auf. Die beiden starrten einander an, bis Kim Jong Il schließlich meinte: »Also, nur zu, umarmt euch. Warum steht ihr da so herum?« Als sie sich sich in die Arme fielen, applaudierten die Gäste.

»Gut, genug jetzt, kommt her zu mir«, befahl ihnen Kim. Als der Geliebte Führer verkündete, Shin werde sein Berater in Sachen Film, klatschten die Gäste erneut.

»Wir wollen eure Hochzeit am 15. April feiern, dem Geburtstag des Großen Führers«, fuhr er fort, schlug also ihre erneute Eheschließung vor. Der Geliebte Führer war so glücklich, dass er die Anweisungen seines Arztes missachtete und einige Gläser trank.

»Herr Shin, bitte verzeihen Sie die Umstände«, meinte er dann, legte Shins Hand auf sein Knie und drückte sie. »Es tut mir Leid, dass ich Ihnen so viel Kummer verursacht habe. Aber niemand hat Madame Choi angefasst. Ich gebe sie Ihnen genauso zurück, wie sie vorher war. Herr Shin, wir Kommunisten sind keusch. Nicht wahr,

Genossen?« Die lärmende Menge pflichtete ihm lautstark bei, und der Cognac floss. Die Party dauerte bis drei Uhr morgens.

Das Surreale der ganzen Situation kann gar nicht genug betont werden. Choi meint, sie habe immer noch Schwierigkeiten, Kim Jong Ils Denken zu verstehen. Shin hingegen, der die Grausamkeiten des Gefängnislebens kennen gelernt, aber auch die Menschlichkeit der Nordkoreaner selbst an diesem Ort erlebt hatte, fand eine einfache Erklärung für ihre Entführung im Wertesystem der kommunistischen Elite Nordkoreas. »Die Revolution rechtfertigt alles«, sagte er. »Sie meinen, jeder, der in einem kapitalistischen Land lebe, sei zufrieden, wenn er nur genügend Geld habe. Kim Jong Il baute eine neue luxuriöse Villa für uns, und zum Zeitpunkt unserer Flucht war ein neues Filmstudio à la Hollywood nahezu fertig gestellt. Er glaubte, mit all der materiellen Unterstützung, die er uns gewährte, müssten wir doch glücklich sein.«[13]

Eine weitere Schwachstelle des nordkoreanischen Präsidenten sei die Tatsache, dass er nichts von Freiheit verstehe. So schwer es sein mag, dies nachzuvollziehen, damit steht er nicht allein da. Politische Freiheit und die Rechte des Einzelnen sind in vielen Teilen der Welt relativ neue Errungenschaften. Selbst in Südkorea ist Freiheit ein Novum. Hier können sich Leute um die Vierzig noch daran erinnern, dass die Polizei ihnen auf offener Straße die langen Haare abschneiden ließ, dass man wegen Kritik an der Regierung im Gefängnis landen konnte, dass Artikel über Korea in der ausländischen Presse eingeschwärzt wurden und die Inhaber der Macht selbstverständlich das Recht für sich in Anspruch nahmen, diese nach Gutdünken zu gebrauchen. Dabei beriefen sie sich allerdings auf höhere, vertraute Werte wie das »nationale Interesse« und die »Stabilität« und meinten, Freiheit sei gleichbedeutend mit Chaos.

In Nordkorea lernte Choi eine Chinesin kennen, die in Macao entführt worden war, und sie erfuhr von einer Französin, die einem Agenten in die Falle gegangen war. Kim Hyun Hee, Angehörige eines Kommandos, das 1987 ein südkoreanisches Flugzeug in die Luft sprengte, erzählte bei ihrer Gefangennahme in Seoul, Nordkoreaner hätten ihre Japanischlehrerin an der Keumsung-Militärhochschule an einem Strand in Japan entführt, während sie mit ihren Kindern spielte.[14]

Vielleicht war Kim Jong Il der Meinung, Menschen zu entführen sei nichts Verwerfliches, und glaubte, Choi und Shin würden ebenfalls zu dieser Einsicht kommen. Letzteres war ganz offensichtlich, denn sie erhielten von ihm ein Jahresbudget von zwei Millionen Dollar, Pässe und Reisefreiheit sowie die Erlaubnis, ihren Familien zu schreiben. In einem Gespräch, das das südkoreanische Paar heimlich mitschnitt, erklärte er ihnen sogar lang und breit, warum er sie entführt habe – um die nordkoreanische Filmindustrie weiterzuentwickeln.

Während ihres achtjährigen Aufenthalts in Nordkorea dachten sie unablässig an Flucht. Schließlich entwischten sie bei einer Europareise im Jahre 1986 ihren Leibwächtern und ersuchten in der US-Botschaft um Asyl. In einer konspirativen Wohnung in Wien überreichte ein amerikanischer Beamter Choi Eun Hee eine rosafarbene Rose mit den Worten: »Willkommen im Westen.«

Sie brach in Tränen aus.

KAPITEL SIEBEN

Ist Kim Jong Il das Böse?

Als man Kim Jong Il berichtete, er sei durch das gesamtkoreanische Gipfeltreffen im Jahr 2000 in Südkorea gleichsam zu einem Star geworden, meinte er: »Nachdem sie mich im Fernsehen gesehen hatten, ist ihnen wohl klar geworden, dass ich nicht jemand bin, dem Hörner auf dem Kopf wachsen.«[1]

Was die Frage aufwirft: Trägt er womöglich doch Hörner? Oder anders gesagt: Ist Kim Jong Il das Böse?

Die Frage ist deshalb wichtig, weil ihre Beantwortung uns hilft, seine Handlungen vorauszuberechnen und richtig mit ihm umzugehen. Aber wie soll man das Böse definieren? Folgt man der allgemein kursierenden, subjektiven Auffassung, wie sie zuweilen die Schlagzeilen der Boulevardpresse verbreiten, so ist Kim Jong Il als Staatsführer gewiss eine Verkörperung des Bösen. Er versklavt sein Volk und bedroht seine Nachbarn mit Atomwaffen. Welcher Beweise bedarf es noch mehr? Aber wir sollten mit dieser Etikettierung vorsichtig umgehen, denn sie verleitet dazu, Kim Jong Il zu dämonisieren und unser Gewissen zu beschwichtigen. Und könnte selbst zivilisierte Menschen wie Sie und mich, lieber Leser, dazu bringen, uns im Freudentaumel gegenseitig zu beglückwünschen, wenn unsere Soldaten nordkoreanische Städte bombardieren. So abstoßend sein Regime der modernen Welt auch erscheinen mag – wir sollten nicht davon ausgehen, dass der Führer eines undemokratischen

Staates zwangsläufig die Verkörperung des Bösen ist, jedenfalls nicht mehr als jeder europäische Herrscher in vordemokratischer Zeit.

Wir müssen den Menschen Kim Jong Il genauer unter die Lupe nehmen. Doch wie wir gesehen haben, gibt es nicht genügend Tatsachen in Form persönlicher Aufzeichnungen und Erinnerungen seiner Vertrauten, die Aufschluss erlauben würden, was in ihm vorgeht, wie sein Gewissen beschaffen ist, wie sich dieses auf sein Gefühlsleben und sein Handeln auswirkt und welche Überzeugungen ihn leiten. Und wäre er tatsächlich von Grund auf böse, würde sogar sein eigener Therapeut – so er einen haben sollte – eine ganze Weile brauchen, um das herauszufinden, denn das Böse verbirgt sich hinter Lügen und Verschleierungen. Selbst diejenigen, die Kim Jong Il am nächsten stehen und den genauesten Einblick haben, könnten ihn mit gleicher Berechtigung für einen tollen Burschen halten. Ist er vielleicht böse in dem Sinn, dass er ein blutrünstiger Mensch ist, ein Lügner mit einem Herz aus Stein, der andere beherrschen und unterdrücken will? Hat er über die Jahrzehnte hinweg seine Macht dazu verwendet, monströsen Neigungen freien Lauf zu lassen? Oder wurde er in seine heutige Stellung hineingeboren wie ein Prinz in das Amt des Königs? Und um bei diesem Bild zu bleiben: Ist er vielleicht ein Herrscher von anständiger Gesinnung in einem Königreich der Brutalität, der sich mit aller Kraft bemüht, das Richtige zu tun? Oder ein aufgeklärter Fürst im Reich der Finsternis? Oder sogar ein freiheitlicher Demokrat in kommunistischer Verkleidung? Oder ein aufbrausender, gewalttätiger Despot, so wie Saddam Husseins ältester Sohn Uday, der verbannt wurde, weil er einen Leibwächter seines Vaters zu Tode geprügelt hatte? Ist Kim Jong Il etwa ein Dämon und »vom Teufel besessen«?

Und falls er nicht im eigentlichen Sinne böse ist, ist er dann vielleicht verrückt?

Jerrold M. Post, der für die CIA politisch-psychologische Persönlichkeitsprofile erstellt hat, hält den Geliebten Führer für geisteskrank. Alle Hinweise, so Post, ließen darauf schließen, dass Kim die »entscheidenden Merkmale der gefährlichsten Persönlichkeitsstörung aufweist, des bösartigen Narzissmus.«[2] Seine überbehütete Kindheit habe aus ihm eine verschrobene, in extremem Maße selbstbezogene Person gemacht, mit einem grandiosen Selbstbild und einer entsprechend ausgeprägten Unfähigkeit, sich in andere einzufühlen und die Vereinigten Staaten, Südkorea oder Japan zu verstehen. Dies werde an seiner Gleichgültigkeit gegenüber dem Leiden seines Volkes deutlich, an seinem verschwenderischen Lebensstil, an dem erniedrigenden Umgang mit seinem inneren Zirkel, den er auf diese Weise kontrollieren will, an seiner paranoiden Überzeugung, er sei von Feinden umzingelt, und an seiner Entschlossenheit, diese angeblichen Feinde zu eliminieren. Laut Post könnte eine solch fatale Mischung zu politischen Fehleinschätzungen führen. Anders gesagt, diesem Irren wäre es zuzutrauen, dass er auf den atomaren Knopf drückt.

Doch ich frage mich, ob Posts Analyse nicht einer kulturellen Fehlinterpretation unterliegt. Nehmen wir zum Beispiel die Sache mit der »Erniedrigung«. Wenn Untergebene sich Kim Jong Il nähern, verneigen sie sich tief und verharren in dieser Stellung, bis er ihnen bedeutet, sich aufzurichten. Sie sprechen ihn auch stets nur in der dritten Person an, als »Geliebter Führer« oder als »Unser Oberster Befehlshaber«.[3] Werden sie dadurch erniedrigt? Wären sie Amerikaner, würde die Antwort ja lauten. Aber genau das entspricht – ob es uns nun gefällt oder nicht – der üblichen Praxis in der autoritären politischen Kultur beidseits der entmilitarisierten Zone. Auch in Südkorea haben sich Untergebene zu verneigen und zu scharwenzeln, sei es gegenüber Präsidenten, Konzernchefs oder Gangsterbossen (zumindest ist es in den Fernsehkrimis so). Ein Minister der Regierung in Seoul stolperte sogar einmal über die eigenen Füße, als er sich, mit geneigtem Kopf rückwärts trippelnd, von Präsident Kim Young Sam (1993–1998) verabschiedete.

Einmal lud Kim Jong Il den ehemaligen Dekan der Kim-Il-Sung-Universität und Sekretär der Arbeiterpartei, Hwang Jang Yop, zu einer Party ein. »Ich möchte wirklich mal sehen, wie Sekretär Hwang sich betrinkt«, kündigte Jong Il an.

> Nach diesen Worten wollten mir alle Leute mit Gewalt Alkohol einflößen. Ich presste die Lippen zusammen, so dass sich die Flüssigkeit über meine Kleider ergoss. Nachdem die anderen von mir abgelassen hatten, versuchte [Kim Jong Ils Schwester] Kim Kyung Hee mich zum Trinken zu animieren. Um sie nicht vor den Kopf zu stoßen, trank ich einen Schluck. Da sagte Kim Jong Il: »Halt! Ich sorge dafür, dass er trinkt.« Er griff eine Flasche, die vor ihm stand, füllte mein Glas und sagte: »Du solltest alle gleich behandeln. Es ist nicht gerecht, dass du nur ihr den Wunsch erfüllst.« Mir leuchtete das ein, und so schloss ich die Augen und stürzte das Getränk hinunter. Zu meinem großen Erstaunen war es reines Wasser, mit etwas Farbe versetzt, so dass es wie Schnaps aussah. Vielleicht folgte er ja der Empfehlung seiner Ärzte, nicht zu trinken. Aber wer weiß das schon.[4]

Als Bürger der westlichen Welt würden wir uns an Hwangs Stelle »erniedrigt« fühlen. Aus koreanischer Perspektive hingegen verhielt sich Kim Jong Il wie ein richtiger Chef – er verschaffte sich öffentlich Geltung, nahm dabei aber auf Hwangs Abneigung gegen Alkohol Rücksicht.

Und wie steht es mit seinem Sicherheitswahn? Ist er ein Symptom für bösartigen Narzissmus oder Ausdruck einer wirklichen Bedrohung? Es kursieren zwar Gerüchte über Attentate auf ihn – eines soll im Jahre 2002 stattgefunden haben –, aber es lässt sich nicht sagen, wie weit sie der Wahrheit entsprechen. Argwöhnt Kim Jong Il, die CIA, die Südkoreaner oder eines Tages sogar die Chinesen könnten versuchen, ihn umzubringen? Ich glaube ja, vor allem weil er Anschläge auf Südkoreaner angeordnet hat: 1983 das Attentat auf Chun Doo Hwan (der von 1980 bis 1988 regierte) in Burma, bei dem mehrere Minister und Beamte von Chun umkamen, und 1987 den Abschuss einer koreanischen Linienmaschine, der bezwecken sollte, dass der Sowjetblock die Olympischen Spiele 1988 in Seoul boykottierte.

Lee Yeong Kook zufolge, einem früheren Leibwächter Kim Jong Ils, der nach Südkorea überlief, unterliegen die Reiserouten des Geliebten Führers der Geheimhaltung, und der Besuch wird erst dann öffentlich bekannt gegeben, wenn er wieder abgereist ist.[5] Oft instruiert Kim Jong Il seine Leibwächter persönlich, sagt Lee Yeong Kook. Bei solchen Gelegenheiten klopft er ihnen auch schon mal auf die Schulter oder reißt Witze. Einmal belehrte er sie, seine Leibwächter hätten sich, im Unterschied zu Soldaten, die sich nur ordentlich benehmen müssten, völlig untadelig zu verhalten, weil ihr Auftreten direkt auf ihn zurückfalle. »Ihr müsst meine Leibwächter lieben wie eure eigenen Söhne«, bläute er den Ausbildern ein. »Denn wenn ihr sie nicht liebt, sind sie nicht motiviert, mich gut zu beschützen.« Von den Leibwächtern wird verlangt, stets ein freundliches Gesicht zu zeigen und andere Menschen, unabhängig von ihrem Rang, höflich zu behandeln. Diese Anweisungen sagen sehr viel über die koreanische Kultur aus. Sie sollen mögliche Konflikte innerhalb der Gruppe der Leibwächter vermeiden. In der hierarchischen Kultur Koreas werden Neulinge gern schikaniert, insbesondere beim Militär. Koreaner sind ihrem Wesen nach aufbrausend und neigen dazu, jede erlittene Kränkung zu vergelten. Um also Zwischenfälle zu verhindern, die ein Loch in sein Sicherheitsnetz reißen könnten, fordert Kim Jong Il von ihnen, höflich miteinander umzugehen. Wer bei Dienstantritt krank wirkte oder missgelaunt, wurde wieder nach Hause geschickt, aus Furcht, ihm könnten Fehler unterlaufen. Mögliche Sicherheitsrisiken werden rigoros beseitigt. Im Jahre 1985 entdeckten Leibwächter einmal auf dem Meer unweit einer Villa an der Ostküste, in der sich Kim Jong Il gerade aufhielt, ein Fischerboot, das dort unerlaubt auf Fang war. Als die Fischer versuchten zu fliehen, eröffneten die Leibwächter das Feuer und erschossen zwei von ihnen. Statt sie wegen Überreaktion zu strafen, lobte Kim Jong Il sie für ihr rasches Eingreifen und zeichnete sie aus.

In dem Porträt von Kim Jong Il als bösartiger Narziss, das Post zeichnet, ist auch von der Ungerührtheit des Geliebten Führers gegenüber dem Leid anderer die Rede. Natürlich wissen wir nicht, ob er über die Opfer der Hungersnot in den neunziger Jahren Tränen vergossen hat. Man könnte versucht sein, seine harte Kindheit als Sohn eines Untergrundkämpfers, die ungestillte Sehnsucht nach seiner Mutter und ihren Tod als Gründe für eine emotionale Gestörtheit anzusehen, die es ihm unmöglich macht, Mitgefühl zu entwickeln. Doch wenn ihn das Leiden seines Volkes nicht berührt, so ist das eher auf eine bestimmte Denkweise zurückzuführen. Zum einen herrscht in Nordkorea die Auffassung, dass an den wirtschaftlichen Schwierigkeiten hauptsächlich das jahrzehntelange, von den USA verhängte Embargo schuld sei. Deshalb sind für Kim Jong Il die Hungertoten womöglich eine Folge des Kampfes gegen die Imperialisten, das heißt eines Krieges. Denkbar ist auch, dass Kim Jong Il viele dieser leidenden Menschen als »Unpersonen« betrachtet, die außerhalb seiner Interessensphäre stehen. Denn er ist zwar der Führer ganz Nordkoreas, aber sein unmittelbarer Verantwortungsbereich beschränkt sich gewissermaßen auf die wenigen tausend Familien, die die Elite bilden. Das Schicksal derer, die nicht zu dieser privilegierten Schicht zählen, erregt vielleicht gar nicht seine Anteilnahme. Tatsächlich wird ein bedeutender Prozentsatz der nordkoreanischen Bevölkerung aufgrund der sozialen Stellung oder Herkunft offiziell als »feindlich« gegenüber der kommunistischen Revolution eingestuft und entsprechend gefürchtet. Deshalb, so könnte man zusammenfassend sagen, berühren ihn Berichte über Hungertote oder über die Gefangenen im Gulag nicht sonderlich. So lässt die Macht der Kultur und der Ideologie das Gewissen abstumpfen.

Doch all das macht aus Kim Jong Il, trotz seiner Fehler, noch keinen Dämon oder Irren.

Was für eine Art von Führer ist er?

Bevor ich auf diese Frage eingehe, muss ich meine Befangenheit eingestehen. So sehr ich mich auch bemüht habe, ist es mir nicht gelungen, das Misstrauen gegenüber Menschen abzulegen, die ein politisches Amt ansteuern, das ihnen Macht über andere gibt. Nach den Sternen zu greifen ist richtig. Wer jedoch nach politischer Macht strebt, sollte erst einmal auf Herz und Nieren geprüft werden. Dieser Befangenheit erliegen Journalisten sehr leicht, und sie untermauert die natürliche Spannung, die zwischen Journalismus und Politik besteht. Sie entspringt, glaube ich, der Tatsache, dass der Missbrauch von Macht ein Element des Bösen ist. Und obgleich Macht in jeder Beziehung zwischen Menschen eine Rolle spielt – auch Journalisten haben eine Menge Macht, die sie missbrauchen können –, sind ihre schlimmsten Folgen niemals so gravierend wie dann, wenn sie in den Händen von Leuten liegt, die ein Land regieren oder Armeen befehligen.

So gesehen sollten wir Kim Jong Il nicht als Therapiepatienten, sondern vielmehr als politischen Führer ins Auge fassen. Anders gesagt, wir müssen seinen politischen Charakter bewerten. Bei Politikern ist es in gewissem Maße irrelevant, ob sie aufgeschlossen oder unnahbar, milde oder harsch sind, ob sie Zurückhaltung üben oder – und über diesen Punkt habe ich während der Clinton-Ära mit vielen Frauen und Anhängern der Republikanischen Partei gestritten – hinter jedem Weiberrock herjagen. Was für mich zählt, was für das Land zählt, ist, wie sie ihr Amt ausfüllen.

In seinem Buch *The Presidential Character: Predicting Performance in the White House* unterscheidet James David Barber die politischen Machthaber anhand von zwei Kriterien. Das erste ist die Frage, wie sehr sie pro-aktiv sind. Das bedeutet, in welchem Maße sie selbst ihre Umgebung formen, anstatt sich passiv von ihr leiten zu lassen. Bestimmen sie selbst die Politik oder überlassen sie das ihren Beratern? Das zweite Kriterium lautet: Werden sie von positiven oder negativen Veranlagungen angetrieben? Sehen sie das Leben als Last, als Abfolge von Pflichten, oder als eine Serie von Abenteuern, als Chance und Möglichkeit für Wachstum?

Dementsprechend ergeben sich, so Barber, im Großen und Ganzen vier Typen von amerikanischen Präsidenten: aktiv-positive, aktiv-negative, passiv-positive und passiv-negative. Die Aktiv-Positiven haben Ziele und verfolgen diese energisch. Ein hohes Selbstwertgefühl erlaubt ihnen, ihre Rolle zu genießen und zugleich flexibel zu bleiben, wenn die Dinge einmal nicht so gut laufen. Die Schattenseite dieses Typs könnte ihre Neigung sein, das Rationale überzubewerten und das Irrationale in der Politik nicht richtig zu erfassen. Zu den Aktiv-Positiven gehören John F. Kennedy und Franklin D. Roosevelt. Die Aktiv-Negativen hingegen neigen zu Zwanghaftigkeit und Ehrgeiz und flüchten sich gern in harte Arbeit, die ihnen jedoch nicht die erhoffte Befriedigung verschafft. Barber zählt Lyndon B. Johnson, Herbert Hoover und Woodrow Wilson zu diesem Typus. Für die Passiv-Positiven ist das Leben »ein Streben nach Zuneigung als Belohnung dafür, dass sie sich freundlich und kooperativ und nicht anmaßend verhalten«.[7] Politische Führer, die diesem Typus entsprechen, sind Barber zufolge gutwillige Menschen, die selbst Politik nicht voranbringen, sondern darauf warten, dass andere es für sie tun. Ronald Reagan ist dafür ein typisches Beispiel. Schließlich die Passiv-Negativen. Bei diesem Typus fragt man sich, weshalb er überhaupt nach einem politischen Amt strebt. Die Antwort darauf heißt – so Barber –, dass solche Leute einen Zwang dazu verspüren. Sie neigen dazu, sich über die Dinge zu erheben, um »Hüter des richtigen und angemessenen Weges zu werden, jenseits des schmutzigen Gezänks von Leuten, die ihnen nicht ebenbürtig sind«. Von den amerikanischen Präsidenten im 20. Jahrhundert gehören nach Barbers Ansicht Calvin Coolidge und Dwight D. Eisenhower in diese Kategorie.

Natürlich wäre es am besten, nur aktiv-positive Präsidenten zu wählen. Solche Führer wollen Ergebnisse erzielen. Aktiv-negative hingegen, so Barber, streben nach Macht, passiv-positive möchten geliebt werden und passiv-negative wollen ihre moralische Überlegenheit zur Schau stellen.

Überträgt man Barbers Kategoriensystem auf Diktatoren, weist vieles darauf hin, dass Kim Jong Il vor allem ein aktiver Führer ist, und das sogar in außerordentlich hohem Maße. Bei meinen beiden Besuchen in Nordkorea als Mitglied offizieller Delegationen machte unser Gastgeber, Parteisekretär Kim Yong Soon, unmissverständlich klar, dass Kim Jong Il höchstpersönlich über unsere Reise unterrichtet werden wollte. Auch einem CNN-Team erteilte er im April 1994 persönlich die Erlaubnis zur Einreise.

»Kim Jong Il kümmert sich intensiv um alles«, sagt Shin Sang Ok, der entführte südkoreanische Filmregisseur. »Zum Beispiel weiß er immer ganz genau, wer gerade ins Ausland reist.«[8]

Was die Arbeit angeht, ist Kim Jong Il eine Art Nachteule, eine Gewohnheit, die er von seinem Vater geerbt hat. Laut einem früheren Leibwächter arbeitet Kim Jong Il die ganze Nacht über in seinem Büro und begibt sich erst in der Morgendämmerung nach Hause. Offenbar ruht er täglich nur vier Stunden und ist daher bereits vor Mittag schon wieder aktiv.[9] Als sein Vater noch lebte, rief er ihn, während er den Brunch nahm, regelmäßig an, um zu erfahren, ob der Große Führer bereits auf den Beinen sei.[10] Es war zwei Uhr morgens, als er der entführten Schauspielerin Choi Eun Hee zum ersten Mal ein nordkoreanisches Filmstudio zeigte. Und auf ihren Wunsch hin, seine Schwester kennen zu lernen, hieß er sie auf der Stelle holen. Das war weit nach ein Uhr morgens.

Um sich fit zu halten, schwimmt Kim Jong Il. Außerdem reitet er, wobei er behauptet, dass er seit seinem elften Lebensjahr täglich acht Kilometer im Galopp und mit einem Tempo von 40 bis 60 Stundenkilometern zurücklegt.[11]

Kim Jong Il sucht häufiger als sein Vater den Rat von Vertrauten und fällt Entscheidungen auf der Basis von Diskussionen.[12] Wie sein Vater kann er gegenüber politischen Gegnern oder Menschen, die ihm in die Quere kommen, unbarmherzig sein, aber er ist eher bereit, kleinere Irrtümer und moralische Verfehlungen zu vergeben. Während Kim Il Sung auf strenge Überwachung von Untergebenen und Funktionären setzte, legt Kim Jong Il besonderen Wert auf organisatorisches Management. Überläufer behaupten, Kim Jong Il pflege mit den Leitern der Ministerien und Behörden formelle Beziehungen, halte hingegen mit deren Stellvertretern engeren Kontakt. Er beschäftigt sich lieber mit einzelnen Menschen als mit Gruppen. Interessanterweise hält Kim Jong Il nicht gern öffentliche Reden, ist jedoch nach allem, was man hört, bei privaten Zusammenkünften ein großer Unterhalter, sofern ihm danach der Sinn steht.

Die Quelle seiner Legitimität – sein Vater – ist zugleich sein größter Hemmschuh. Offensichtlich fehlt Jong Il sowohl das Charisma als auch die heldenhafte Aura eines Kim Il Sung. Das mag bis zu einem gewissen Maße seine Heimlichtuerei erklären, die es ihm erlaubt, seine Mängel zu verbergen und bescheiden zu erscheinen, und zugleich – das ist das Wichtigste – in seiner eigenen Führerschaft den Geist seines Vaters weiterwirken zu lassen. Seine Herrschaft steht unter dem Motto: »Der Große Führer ist stets bei uns.«

Als absoluter Herrscher muss Kim Jong Il darauf bedacht sein, dass Fehler nicht auf ihn zurückfallen. 1996, auf dem Höhepunkt der Hungersnot, wies er in Reden darauf hin, dass die Lenkung der Wirtschaft in der Verantwortung von Funktionären liege. In einem Gespräch mit koreanisch-japanischen Besuchern im Jahre 1998 jedoch machte er klar, dass die Wirtschaft unzweideutig seiner Kontrolle unterlag. Zum Beispiel erzählte er, dass im Unterschied zu den Chinesen, die im Ausland ganze Kraftwerke kauften, weil ihre Eigenerzeugnisse zu minderwertig seien, die Nordkoreaner nur bestimmte Bauteile für Kraftwerke importiert und diese mit im Inland produzierten Teilen kombiniert hätten. »Die Folge war, dass sich die Kraftwerke, die wir auf diese Weise erworben hatten, als vollkommen wertlos erwiesen«, klagte er. »Sehen Sie sich nur einmal das Heizkraftwerk in Pjöngjang an. Die technische Ausstattung stammt von den Sowjets ... Einer der Generatoren ist defekt, so dass die Einwohner von Pjöngjang vor Kälte zittern. Das finde ich unerträglich. Sollten wir also in unserem Land auf Erdöl stoßen, plane ich, sämtliche vorhandenen Heizkraftwerke abzureißen und sie durch ölbefeuerte zu ersetzen.«[13]

Vertreter des südkoreanischen Hyundai-Konzerns, die mit Kim Jong Il ausführliche Gespräche über gemeinsame Wirtschaftsprojekte führten, berichten, dass er Wirtschaftsfragen pragmatisch betrachtet. Er schlug ihnen vor, in eine geplante Freihandelszone bei der Stadt Sinuiju an der chinesischen Grenze zu investieren. Da jedoch eine Machbarkeitsstudie von Hyundai diesen Standort als kommerziell nicht lebensfähig bewertete, stimmte er dem Hyundai-Vorschlag zu, eine Freihandelszone in Kaesong nahe der entmilitarisierten Zone einzurichten. Er beklagte sich Südkoreanern gegenüber, dass seinen eigenen Wirtschaftsfachleuten jeglicher Sinn für kapitalistische Zusammenhänge fehle und sie den Vorschlägen westlicher Banker, die nach Nordkorea kämen, misstrauten, weil sie nicht verstünden, worüber die Banker eigentlich redeten. Die Südkoreaner gewannen den Eindruck, dass es sich bei Kim Jong Il um einen engagierten Staatsmann handelt, der gebildeter ist als sein Vater und dem stärker bewusst ist, dass sein Land dem Süden hinterherhinkt.

Das wahrscheinlich jüngste Zeugnis für die aktive Natur des Kim Jong Il stammt von einem Mann, der ihn im Sommer 2001 auf seiner bestens dokumentierten, vierundzwanzigtägigen Reise durch Russland begleitete.

In seinem Buch *Orient Express* bescheinigt Konstantin Pulikowski, der Sonderbeauftragte des russischen Präsidenten für den fernöstlichen Bezirk, dem nordkoreanischen Führer eine »starke Aura« und »große Energie«. Pulikowski war überrascht von den guten Kenntnissen Kim Jong Ils über Russland. Zu jedem Gebiet, durch das sie reisten, stellte der Geliebte Führer Pulikowski detaillierte Fragen, die »zweifelsfrei darauf schließen ließen, dass er praktisch alles über die jeweilige Situation wusste«.[14] Zum Beispiel erkundigte Kim Jong Il sich nach dem Grund für die Absetzung des Gouverneurs einer bestimmten Region. Einen Teil seiner Kenntnisse verdankte er einer der beiden großen Leinwände in seinem Waggon, auf denen eine elektronische Landkarte mit satellitengestützten Informationen über das jeweilige Gebiet, durch das sie gerade fuhren, zu sehen war.

(Die zweite Leinwand diente offenbar Filmvorführungen. Kim Jong Ils Interesse an Filmen ist allgemein bekannt. Der entführte südkoreanische Filmproduzent Shin Sang Ok behauptete Mitte der achtziger Jahre, Kim Jong Il besitze ein Archiv mit 15 000 Filmen. Es ist inzwischen vermutlich auf 20 000 angewachsen. Diese Zahl nennt zumindest Pulikowski im Jahre 2001 und bezieht sich dabei auf eine Äußerung des russischen Präsidenten Wladimir Putin ihm gegenüber.)

Wie bereits erwähnt, feiert Kim Jong Il gerne Partys. Überläufer berichteten, dass ihm eine »Vergnügungsbrigade« junger Unterhaltungskünstlerinnen zur Verfügung stehe, deren Personal jeden Sommer aus den weiterführenden Schulen des Landes rekrutiert werde. Um sich für diese zweifelhafte Ehre zu qualifizieren, müssten die betreffenden Mädchen Jungfrau sein. Anderen Berichte zufolge habe Kim Jong Il in den achtziger Jahren »Tänzerinnen« aus Schweden und Russland angeheuert, um Schwung in seine Partys zu bringen. Eine Anekdote will, dass er einmal fünf Tänzerinnen aufgefordert habe, sich nackt auszuziehen. Anschließend hätten Funktionäre mit ihnen tanzen müssen, doch habe Kim Jong Il sie gewarnt: »Rührt sie ja nicht an!«[15] Darüber hinaus gibt es keinerlei Anlass zu der Behauptung, der nordkoreanische Führer wäre moralisch verdorbener als ein durchschnittlicher westlicher Geschäftsmann, der nach Asien reist.

Eigentlich ließe sich aus der Rührt-sie-nicht-an-Episode sogar der Schluss ziehen, Kim Jong Il könnte ein wenig prüde sein. Einmal soll ein Diener, der für die offizielle Residenz des Geliebten Führers verantwortlich war, ihm gestanden haben, dass er in allen fünf Autos von Kim Jong Il mit Frauen geschlafen habe – woraufhin der Geliebte Führer diese Wagen verbrennen ließ.[16]

Kim Jong Ils entspanntes Auftreten, auch bei förmlichen Anlässen, ist eines seiner Markenzeichen. Bei dem vom Fernsehen übertragenen gesamtkoreanischen Gipfeltreffen im Jahre 2000 wurde klar, dass er ungezwungen plaudern und lachen kann. 2001 lud ihn Putin in Moskau zum Mittagessen in seine Privaträume im Kreml ein. Die spontane Einladung, die möglich wurde, weil gerade Kims Sonderzug aus St. Petersburg in Moskau eintraf, hat angeblich die Art der Beziehung zwischen den beiden Männern verändert. »Es war ein einfaches Essen, Hausmannskost«, schreibt Pulikowski. »Bis dahin hatte man den Eindruck gehabt, Kim gebe nicht gern seine Gefühle preis. Nach dem Moskauer Essen jedoch war er offener, vertrauensvoller und herzlicher.«

Putin soll ihn als gebildet und intelligent bezeichnet haben, als guten Kenner der internationalen Lage und einen Menschen mit Sinn für Humor. Über das Treffen meinte Kim Jong Il: »Wenn sich jemand mir gegenüber wie ein Diplomat verhält, werde auch ich zum Diplomaten. Putin jedoch war ehrlich zu mir, und so öffnete ich ihm mein Herz.«

Natürlich kommt es auch vor, dass er überaus undiplomatisch auftritt. Einmal besuchte ihn ein hochrangiger Vertreter des Iran. Nachdem er ungefähr zehn Minuten lang monologisiert hatte, erwiderte Kim Jong Il nur: »Ist das alles? Auf Wiedersehen.«[17]

Welche Erkenntnisse sollen wir aus diesen widersprüchlichen Berichten ziehen? Lassen sie darauf schließen, dass Kim seinem politischen Charakter nach positiv – oder negativ – ist? Das ist die entscheidende Frage.

Eines der Probleme aktiv-negativer Persönlichkeiten sei, so Barber, dass sie alles in die Umsetzung einer einzigen politischen Idee investieren und sich hartnäckig weigern, ihre Linie zu ändern, selbst wenn sie unter starken Druck geraten oder wenn man ihnen vernünftige Ratschläge unterbreitet. Als Beispiel zitiert Barber Lyndon B. Johnsons Entscheidung, den Vietnamkrieg auszuweiten. Kann man das, übertragen auf Kim Jong Il, mit dem sturen Festhalten am Kommunismus trotz der Hungersnot und des drohenden Zusammenbruchs vergleichen? Gewiss nicht. Ein ganzes politisches System zu ändern ist nicht eine Frage der politischen Entscheidung eines Einzelnen. So etwas ist wahrscheinlich nur durch einen Wechsel des Regimes möglich. Kims hartnäckiges Festhalten am Atomwaffenprogramm könnte jedoch Ausdruck einer negativen Persönlichkeit sein. Es hat ihn einige Mühe gekostet, der nordkoreanischen Geschichte seinen Stempel aufzudrücken. Es wird ihm bewusst sein, dass seine Chance, als der Staatschef bekannt zu werden, dessen Entfernung aus dem Amt das Ende des kommunistischen Staates und den Beginn eines wiedervereinigten Korea markiert, ziemlich hoch ist. Während sein Land vor dem Zusammenbruch steht, hofft er vielleicht die Welt soweit beeindrucken zu können, dass sie ihn nicht an die Wand drängt. Wenn der Geliebte Führer in Atomwaffen den Garant für sein Überleben sieht und wenn er eine negative Persönlichkeit ist, wird er mit Klauen und Zähnen an ihnen festhalten und nicht nachgeben, bis man ihn aus seinem Bunker herausbombardiert.

Wenn er jedoch von positivem Charakter ist, wird er nach einer anderen Art des Überlebens suchen und dabei Flexibilität an den Tag legen.

Wie können wir, um uns ein Urteil zu bilden, herausfinden, ob er zum positiven oder negativen Typus gehört? Der positive Charakter demonstriert die Fähigkeit, über sich selbst lachen zu können, er beweist Selbstachtung und zeigt Flexibilität im politischen Handeln. Wäre Kim Jong Il von negativem Charakter, dürfte man Anzeichen von Depression und Frustration erwarten, Klagen darüber, ständig in der Schusslinie zu stehen, machtlos zu sein und von den Pflichten aufgefressen zu werden. Doch wir wollen auch nicht vorschnell seine Eigenschaften diagnostizieren oder uns durch irrelevante Aspekte ablenken lassen. Zum Beispiel wurde die Tatsache, dass er das Haar toupiert und Schuhe mit hohen Absätzen trägt, als Beweis für einen Minderwertigkeitskomplex herangezogen. Aber was ist falsch daran, sich oben und unten ein paar Zentimeter größer machen zu wollen?

Meiner Einschätzung nach hatte er lange Zeit mit Negativem zu kämpfen, nachdem er seine Mutter verloren hatte und die Pubertät in einer Patchwork-Familie verbringen musste. Über seine Kindheit ist zwar nur wenig bekannt, aber zweifellos hatten der Tod des Bruders und der Mutter eine tiefe Wirkung auf den damals Siebenjährigen. Und trotz Mangel an verlässlichen Berichten über die Beziehung zur Stiefmutter darf man vermuten, dass ihr Verhältnis zueinander gespannt war. Im Alter zwischen zwanzig und dreißig, so wissen wir, konkurrierte Kim Jong Il mit seinem Onkel Kim Yong Ju, der als möglicher Nachfolger Kim Il Sungs galt; nicht klar ist jedoch, wie verbissen und emotional dieser Kampf geführt wurde. Auch litt Kim Jong Il wohl, wie schon gesagt, darunter, dass er von ziemlich kleiner Statur ist und auf Frauen nicht sonderlich anziehend wirkte. Doch keiner dieser Aspekte führt zwingend zu dem Schluss, dass er ein durch und durch niederträchtiger Mensch ist.

Wie wir gesehen haben, soll Kim Jong Il ein ziemlich wildes Kind gewesen sein, und wahrscheinlich war er gegenüber seinen Lehrern aufsässig und frech. Zwar könnte man ein solches Verhalten auf eine tiefe Verletzung zurückführen, doch rührt es möglicherweise daher, dass er als Angehöriger der Elite aufwuchs. Von frühester Jugend an muss Jong Il als Sohn des Großen Führers an die unterwürfigen Ehrerbietungen seiner Entourage gewöhnt gewesen sein. Wahrscheinlich lernte er bereits sehr früh, sich in einer Umgebung sicher zu fühlen, die für alle anderen sehr gefährlich war. Er muss gewusst haben, dass mitten in der Nacht Menschen verschwanden oder dass es nur eines Fingerschnipsens seines Vaters bedurfte, damit jemand wegen eines einzigen kleinen Fehlers verstoßen wurde. Jong Il wuchs in dem Bewusstsein auf, dass die bestimmende Richtschnur für Richtig und Falsch in Nordkorea die Loyalität zu seinem Vater war. Dies war das Gesetz, nach dem die Nordkoreaner zu leben hatten, und so kümmerte ihn das Schicksal derjenigen nicht, die es gebrochen hatten.

Soviel wir wissen, ist Kim Jong Il launisch. »Ist er glücklich, kann er einen wirklich sehr gut behandeln. Aber wenn er wütend ist, bringt er manchmal sämtliche Fenster im Haus zum Klirren«, berichtete 2003 seine ehemalige Schwägerin Sung Hae Rang in der Zeitschrift *Time*.[18] »Seine Persönlichkeit ist von Extremen bestimmt, die in seinem Kopf aufeinander prallen.« Wenn er das Interesse an einem Menschen verliere oder wenn er sich gegen ihn wende, sei dessen Karriere und sogar sein Leben in Gefahr, sagte sie. Ein Überläufer erzählte, einmal habe ein Untergebener gefragt, wie lange Kim Il Sung wohl noch leben würde, woraufhin Kim Jong Il den Mann exekutieren ließ.[19]

So wie Familienmitglieder untereinander ihre Gefühle offener zeigen, besteht für den »vom Sohn zum Vater des Volkes gewordenen« Kim Jong Il keine Notwendigkeit, sich innerhalb seiner ausgedehnten Familie von Beratern und Funktionären irgendwelche Zurückhaltung aufzuerlegen. »Wenn jemand aus seiner Entourage ihn falsch informiert oder einen Fehler begeht, wirft er mit Gegenständen nach ihm, auch wenn es ein hochrangiger Funktionär ist«, erzählte sein ehemaliger japanischer Koch der japanischen Tageszeitung *Sankei Shimbun*, nachdem er ein Buch über seine Erlebnisse veröffentlicht hatte.[20] Am besten benimmt sich Kim Jong Il Besuchern gegenüber, aber selbst dann fällt es ihm zuweilen schwer, sich im Zaum zu halten. Vertreter des südkoreanischen Daewoo-Konzerns berichteten, Kim Jong Il haben den Konzerngründer Kim Woo Joong wegen Meinungsverschiedenheiten wütend attackiert, als die beiden Anfang der neunziger Jahre mit Kim Il Sung beim Essen zusammensaßen. Angeblich musste der Vater eingreifen und seinen Geliebten Sohn zur Besonnenheit ermahnen. »Von den südkoreanischen Geschäftsleuten ist Kim Woo Joong der schlimmste«, meinte Jong Il 1998 gegenüber koreanisch-japanischen Gästen. »[Das] ist ein ganz durchtriebener Teufel. Er hat buchstäblich zwei Gesichter«.[21]

Wutanfälle auszuleben kann ein strategisches Mittel sein. In der autoritären koreanischen Managementkultur ist ein Zornausbruch eine Methode zu zeigen, wer der Boss ist, und nicht ein Anzeichen für Kontrollverlust. Dies beginnt sich in Südkorea allmählich zu ändern, da diejenigen, die über Macht verfügen, immer mehr für die Unterstützung derjenigen tun müssen, die sie einst allein durch Lob gewinnen konnten: Politiker benötigen die Stimmen der Wähler, Manager brauchen die Kooperation ihrer Arbeiter, und selbst die Präsidialbürokratie im Blauen Haus in Seoul muss sich seit kurzem einer neuen Leistungsbewertung unterziehen, in die auch die Beurteilung durch die Mitarbeiter einfließt. Doch nach koreanischen Maßstäben ist der Norden altmodisch geblieben, so dass dort immer noch autoritäre Strukturen vorherrschen.

Ein irritierender Wesenzug Kim Jong Ils ist, dass er schnell zu vergessen scheint, was er gesagt hat, und dass ihm daher die Folgen seiner Worte nicht immer präsent sind. Als er zum Beispiel erfuhr, dass sein ältester Sohn Jong Nam eine Freundin hatte, befahl er im Zorn, keine Lebensmittel mehr in das Haus, in dem Jong Nam mit seiner Mutter und seiner Tante lebte, zu liefern. Zwei Monate später jedoch erteilte er ihnen telefonisch eine Rüge, weil sie die regelmäßige Bestellung für die Lieferung von Lebensmitteln nicht aufgegeben hätten.[22]

Jong Il, damals noch »Jura«, wie sein russischer Spitzname lautete. (undatiert)

Kim Jong Il auf dem Weg zur Macht. (ohne Angaben)

Geliebter Nachfolger. Im Vordergrund Kim Il Sung. (ohne Angaben)

Der junge Führer und Bonvivant. (ohne Angaben)

Frühes Propagandafoto: Kim Il Sung, der »Große Führer« (rechts), und sein Nachfolger. Die Körpersprache zeigt den Unterschied zwischen beiden.
(ohne Angaben)

Kommunistische Dynastie: Die Fotos des Staatsgründers (links) und des Geliebten Nachfolgers überragen die Nationalflagge.
(ohne Angaben)

Familienfoto: Neben Kim Jong Il sein Sohn Kim Jong Nam. Stehend dahinter die Schwägerin Sung Hae Rang und ihre beiden Kinder. (ohne Angaben)

Kim Jong Il und die beiden 1978 von ihm gekidnappten südkoreanischen Filmemacher, der Regisseur Shin Sang Ok und seine ehemalige Ehefrau, die Schauspielerin Choi Eun Hee; 1986 gelang Eun Hee während einer Europareise die Flucht. (ohne Angaben)

Südkoreanische Soldaten an der Grenze der sog. entmilitarisierten Zone – in Wahrheit schwerst militarisiert –, neben der indisch-pakistanischen die angespannteste Grenze der Welt.
(ohne Angaben)

Kim Jong Il und ranghohe Militärs bei einer Parade.
(ohne Angaben)

Pjöngjang bei Nacht:
Der Energiemangel macht sich sogar in der Hauptstadt bemerkbar.
(ohne Angaben)

Das historische Gipfeltreffen im Jahr 2000 in Pjöngjang: Der südkoreanische Präsident Kim Dae Jung erhielt für diese diplomatische Initiative den Friedensnobelpreis. Später stellte sich heraus, dass Südkorea hunderte Millionen US-Dollar für das Zustandekommen bezahlt hatte.

Offizieller Staatsbesuch der damaligen US-Außenministerin Madeleine Albright (2000). Albright war die ranghöchste Person, die bis dahin Nordkorea besucht hatte.

Besuch der Tochter des südkoreanischen Präsidenten, Park Chung Hee, in Pjöngjang 2002, bevor bekannt wurde, dass Nordkorea weiterhin an einem Atomprogramm arbeitete.

Blick auf Pjöngjang, vom Juche-Turm über den Fluss Daedong. Im Zentrum der Kim-Il-Sung-Platz.
(ohne Angaben)

Luftbild (undatiertes Spionagefoto) der nuklearen Aufbereitungsanlage bei Yongbyun.

Untererernährte Kinder.
(ohne Angaben)

So genannte Freie Zone: Die Stadt Sinuiju nahe der chinesischen Grenze – neuerdings ohne Grenzsicherung, um den Handel zwischen den beiden Staaten zu beleben.
(ohne Angaben)

Nordkoreanische Touristen vor der Statue Kim Il Sungs in Pjöngjang.
(ohne Angaben)

Vielleicht war ihm einfach entfallen, was er zuvor im Eifer des Gefechts von sich gegeben hatte. In anderen Fällen kann eine solche Vergesslichkeit ernste Folgen haben. Als ihm bei einem Aufenthalt in der nordkoreanischen Stadt Wonsan im Jahre 1996 eine Gruppe von zehnjährigen Jungen auf der Straße auffiel, äußerte er sich empört über deren strubbliges Haar. Seine Begleiter missdeuteten das als einen Befehl, und so erging im ganzen Land die Order, kleinen Jungen die Köpfe zu scheren. Zwei Jahre später kam ein Funktionär während einer Diskussion auf seine damalige »Anleitung« zu sprechen. Doch er erinnerte sich nicht mehr daran, so etwas je gesagt zu haben.[23]

Kim Jong Il kann auch eine freundlichere, sanftere Seite an den Tag legen. Seine Schwägerin porträtierte ihn als engagierten Familienmenschen – auch wenn es sich in seinem Falle gleich um drei Familien handelt. Sie schilderte, wie er mit dem kleinen Jong Nam auf dem Rücken geduldig hin und her spazierte, bis dieser einschlief.[24] Ein anderes Mal, so seine Schwägerin, kehrte er völlig aufgelöst von einem Jagdausflug zurück. Er hatte ein trächtiges Reh geschossen, und als er dies bemerkte, ließ er das Tier in eine Klinik bringen, wo das Kitz in einen Inkubator kam. Ihrer Ansicht nach hat er echtes Interesse an anderen Menschen. »Er fragt einen gerne aus, will wissen, was man denkt und meint«, erzählte sie der Zeitschrift *Time*. »Wenn er will, fühlen sich die Leute stets wohl bei ihm, dafür hat er wirklich ein Talent.«

Zuweilen gelingt ihm dies mit humorigen Bemerkungen, insbesondere über sich selbst, was ein Zeichen für eine positive politische Persönlichkeit ist. Der oben erwähnte Kommentar über seine Hörner beziehungsweise das Fehlen derselben beweist, dass er ebenso gelassen wie genau verfolgt, wie er von der Außenwelt wahrgenommen wird. Als er im Jahre 2000 mit der damaligen US-Außenministerin Madeleine Albright zusammentraf, bezeichnete er sich selbst als letzten der »kommunistischen Teufel«.[25]

Noch launiger war ein Witz, mit dem er das Eis bei Choi Eun

Hee brechen wollte, nachdem seine Schläger sie nach Nordkorea verschleppt hatten. Bei ihrer ersten Begegnung fiel ihm auf, wie nervös sie war.

»Madame Choi, wie sehe ich aus?«, fragte er und sah dabei spöttisch an sich hinunter. »Glauben Sie nicht auch, dass ich wie ein zu klein geratener Scheißkerl aussehe?« Choi und die übrigen anwesenden Funktionäre lachten.[26]

Kim Jong Ils Art zu reden wird in Südkorea genau analysiert. Anhand eines Gesprächs mit Shin und Choi im Jahre 1983, das die beiden auf Band aufgezeichnet hatten, und einer weiteren Unterhaltung, die er 1998 mit Führern der Vereinigung pro-nordkoreanischer Koreaner in Japan (Chosen Soren) führte, gewannen die Südkoreaner den Eindruck eines gewandten, leicht frivolen Plauderers mit der Neigung, Dinge auszusprechen, die er eigentlich besser für sich behalten sollte. Er hebt gern zu Phantasieflügen an und wechselt häufig das Thema, aber trotz dieses Mangels an Konzentration gelingt es ihm, sein Anliegen deutlich zu machen. Eine Analyse der Bänder, durchgeführt von Lee Kun Hu, einem für die südkoreanische Auslandsaufklärung tätigen Psychologen, kommt zu dem Schluss, Kim Jong Il sei »eine Person von unbekümmertem Wesen«.[27] Lees Überzeugung nach hat Kim Jong Il mehr von einem Künstler als einem Staatsmann:

> Seiner angeborenen Natur nach ist Kim Jong Il höchst empfänglich und leidenschaftlich und neigt zu den Wesensmerkmalen eines Künstlers, der an keine Regeln gebunden ist. Sein erworbener Charakter trägt Züge von Kontrollbedürfnis, Differenziertheit, Berechnung und Vernunft – Eigenschaften, die er sich durch Selbstdisziplin angeeignet hat, um seine Rolle im gesellschaftlichen System zu sichern und zu schützen. Eine Eigenschaft jedoch, die nach außen hin besonders stark hervortritt, ist seine Sensibilität. Man könnte sagen, sein Charak-

ter ist, was den Gefühlsbereich angeht, stark, aber schwach, was die Rationalität betrifft … Kim Jong Ils Talent, Leute zu unterhalten beziehungsweise sein Sinn für Humor scheinen angeboren zu sein.[28]

Lee beobachtete, dass eine »gefühlvolle Person«, wenn sie mit einer »logikorientierten Person« zusammentrifft, meist die Atmosphäre bestimmt. Außerdem komme sie in der öffentlichen Wahrnehmung besser an, was den starken positiven Eindruck erklären mag, den Kim Jong Il beim Gipfeltreffen im Jahre 2000 mit dem mürrischen, rationalen Kim Dae Jung in der südkoreanischen Öffentlichkeit hinterlassen hat.

In mancher Hinsicht wirkt Kim Jong Il durch seine künstlerische Art geradezu erfrischend, als sei hier ein ganz normaler Mensch an der Macht, nicht jedoch ein aalglatter Advokat. Als er zum Beispiel von südkoreanischen Zeitungsleuten gefragt wurde, ob er mit Kim Dae Jung über die Revision der Sicherheitsgesetze des Südens – ein sehr alter Streitpunkt mit dem Norden – diskutiert hätte sowie über den Abschnitt in der Charta der nordkoreanischen Arbeiterpartei, in dem die Unterwerfung des Südens gefordert wird, verteidigte Kim Jong Il nicht seinen eigenen Standpunkt und kritisierte den des Gegners, wie man es von einem Politiker eigentlich erwartet hätte:

Nein, die Revision der Sicherheitsgesetze des Südens ist allein eine Angelegenheit Südkoreas. Die Charta der Arbeiterpartei wurde schon einmal revidiert, aber ihr Programm blieb seit ihrer Einführung im Jahre 1945 unverändert. Das Programm enthält verschiedene aggressive Formulierungen, da es damals in den vierziger Jahren entstand, als Korea [von der japanischen Herrschaft] befreit wurde. Mehrere der heutigen Spitzenfunktionäre der Arbeiterpartei haben noch mit Präsident Kim Il Sung zusammengearbeitet, deshalb erscheint es mir schwierig,

> dieses Programm zu ändern. Würde es geändert, müssten viele der hier anwesenden Funktionäre ihren Posten aufgeben. Und wenn ich den Anstoß zu einer Änderung des Programms gäbe, würde man wohl behaupten, ich wolle in Wirklichkeit nur meine Gegner aus ihren Ämtern entfernen.[29]

Was für eine Art Antwort ist das? Eine subtile Zurückweisung der Frage? Eine Erklärung? Eine Entschuldigung? Kim Jong Il hat das unpolitische Verhalten – und den luxuriösen Lebensstil – eines Hollywoodstars. Sein Auftreten ist nicht das eines Politikers oder Diplomaten. Ein solcher Mangel an politischer Abgebrühtheit ist entschieden unkoreanisch. Seine Nichte Lee Nam Ok, die 1992 aus Nordkorea floh, meinte, verglichen mit seinem »durch und durch konfuzianischen« Vater trete in Kim Jong Ils Persönlichkeit so etwas wie »westeuropäischer Individualismus und die Neigung zu liberalem Verhalten zutage«.[30]

Das entführte südkoreanische Paar aus der Filmbranche, Choi Eun Hee und Shin Sang Ok, erlebte unmittelbar, wie wenig sich Kim Jong Il vom Personenkult beeindrucken ließ. Als Kim einmal den Dreharbeiten beiwohnte und die jungen Frauen am Set vor Begeisterung hysterisch kreischten, wandte er sich Shin zu und meinte: »Das ist alles nur Show.« Shin gewann den Eindruck, dass er vom Verhalten seiner Fans peinlich berührt war und gleichzeitig auch stolz darauf, sich aber nicht davon täuschen ließ.

Eine solche Reaktion erstaunt uns, weil wir eher vermuten würden, dass der Sohn Kim Il Sungs die Anbetung der Massen genießt.

Es ist klar, dass Kim Jong Il nicht die gleiche Anhängerschaft hat wie sein Vater. Nicht nur ist er selbst eine andere Person, auch das Land hat sich gewandelt. Osteuropäische Journalisten erinnern sich noch daran, dass in den siebziger Jahren die Bürger am Geburtstag von Kim Il Sung Blumensträuße vor seiner Statue niederlegten und viele dabei in Tränen ausbrachen. Damals hatte der Personenkult bereits eine Generation lang – seit dem Koreakrieg – seine Wirkung entfaltet, das Land hatte sich langsam entwickelt, wenn auch nicht so schnell wie der Süden, und der Führer war ein echter Patriot, mit dessen Schicksal sich die Menschen identifizierten. Ende der achtziger Jahre jedoch herrschte am 15. April, dem Geburtstag des Großen Führers, bereits eine ganz andere Atmosphäre. Da war dieser Tag bereits eine Art üblicher Feiertag geworden, und Blumen niederzulegen war nur mehr Tradition. Der entscheidende Einschnitt war das Auftreten Kim Jong Ils als Nachfolger. Wie aus den Berichten vieler Überläufer deutlich wird, ist er eine weit weniger sympathische Person. Sie alle fällen ein negatives Urteil über ihn, während sie sich über Kim Il Sung nicht so kritisch äußern.

Kim Jong Il ist sich dieses Unterschieds sicherlich bewusst, auch wenn darüber nicht gesprochen wird. Und er weiß bestimmt auch – wie jeder Koreaner – sehr genau, dass begeisterte Zustimmung, so schmeichelhaft sie sein mag, im Wesentlichen ein taktisches Mittel für das eigene Fortkommen ist – und angesichts der für angeblichen Mangel an Loyalität verhängten Strafen vielleicht sogar eine Überlebenstaktik.

Um auf unsere Suche nach »positiven« oder »negativen« Elementen in Kim Jong Ils politischem Naturell zurückzukommen: Offenbar besitzt er eine Fähigkeit, die man nicht ohne weiteres erwartet – politische Flexibilität. Dies zeigen etwa die bereits erwähnten Verhandlungen mit Hyundai. Sein oberstes Ziel bestand eindeutig darin, den südkoreanischen Konzern für eine Beteiligung zu gewinnen, und dafür nahm er durchaus Abstriche an seinem eigenen Konzept in Kauf. Ebenso hörte er sich aufmerksam die Vorschläge Shin Sang Oks zur Filmproduktion an und setzte viele von ihnen unmittelbar in die Tat um. Auch dies zeigt, dass ihm mehr daran gelegen war, in Nordkorea gute Filme entstehen zu lassen, an denen sich Shin beteiligt, als um jeden Preis seine eigenen Vorstellungen durchzusetzen. All das ist ein deutliches Zeichen für Positivität und lässt darauf schließen, dass er die Fähigkeit besitzt, Fehler zu erkennen und neue Wege einzuschlagen, um zu Ergebnissen zu gelangen. (Natürlich nur innerhalb eines gewissen Spielraums. Wie gesagt, wird Kim Jong Il nicht von heute auf morgen aus Nordkorea ein kapitalistisches Land machen, denn das würde die Legitimität untergraben, die er aus der Herrschaft seines Vaters bezieht.)

Kim Jong Il demonstriert noch einen weiteren, für einen Politiker bemerkenswerten Charakterzug: Er entschuldigt sich. Er entschuldigte sich bei Shin und Choi für das Leid, das man ihnen zugefügt hatte, und erklärte, dass sich diejenigen, die an der Entführung beteiligt waren – einschließlich seiner Person – einer »Selbstkritik« unterzogen hätten. Bei seiner Reise durch Russland im Jahre 2001 äußerte er Pulikowski gegenüber, er habe gehört, viele russische Soldaten seien dem Alkohol verfallen, entschuldigte sich aber sofort, als er erkannte, dass seine Bemerkung als Kritik aufgefasst wurde. Im Jahre 2002 kam es innerhalb weniger Wochen sogar zu einer ganzen Serie solcher bemerkenswerter Äußerungen. Er entschuldigte sich bei Südkorea für einen Zwischenfall auf See, den die nordkoreanische Marine provoziert hatte, und gab wenig später dem zu Gast weilenden japanischen Premierminister Junichito Koizumi gegenüber entschuldigend zu, dass Jahre zuvor mehrere japanische Bürger entführt worden waren. Und als die Vereinigten Staaten im Oktober 2002 Beweise für sein geheimes Atomprogramm vorlegten, gaben seine Beamten auf Anordnung von oben alles zu, anstatt zu leugnen, zu lügen und mit Vorwürfen und Zornausbrüchen zu reagieren.

Diese Beispiele mögen von einem moralischen Standpunkt aus gesehen fragwürdig sein, denn eigentlich wäre das einzig Richtige gewesen, wenn sich der Geliebte Führer wegen seiner Verbrechen freiwillig dem Internationalen Gerichtshof in Den Haag gestellt hätte. Und aus politischer Perspektive erscheinen sie kurios. Die Entschuldigung gegenüber Koizumi etwa war politisch gesehen wohl eher unklug, weil anschließend bekannt gewordene Einzelheiten der Entführungen eine anti-nordkoreanische Stimmung in Japan erzeugten. Reue und Vergebung sind zwar entscheidende Merkmale gesunder Beziehungen, doch in der Politik zieht Reue meist den Ruf nach Bestrafung und Wiedergutmachung nach sich. Wenn diese Beispiele auch auf eine gewisse Naivität schließen lassen, so lässt die Fähigkeit, sich zu entschuldigen, auf einen positiven politischen Charakter schließen. Natürlich spielte in allen Fällen auch ein gewisser manipulativer Zweck eine Rolle: Kim Jong Il wollte erreichen, dass Shin und Choi mit ihm kooperierten, und mit seinem Eingeständnis gegenüber Koizumi versuchte er die Beziehungen zu Japan zu verbessern und Reparationszahlungen zu sichern – und so weiter. Aber gleichzeitig beweist seine Strategie eine gewisse psychische Freiheit. Schließlich hätte er tun können, was jeder Politiker für die Erreichung seiner Ziele tun würde – nämlich anderen die Schuld zuzuschieben –, aber genau dies hat er unterlassen.

Daher ist meiner Einschätzung nach Kim Jong Il ein »aktiv-positiver« Führer. Ich sehe ihn als die »gefühlvolle« Persönlichkeit, als die ihn Lee Kun Hu beschrieben hat, als trotz emotionaler Konflikte in seiner Jugend innerlich ausgeglichen und fähig, in der Politik flexibel zu handeln.

Doch wie erklären sich dann die Menschenrechtsverletzungen in seinem Land und die Verstöße gegen internationale Verhaltensnormen? In seiner Analyse kommt Lee Kun Hu zu dem Schluss, dass Nordkorea streng genommen nicht von Kim Jong Il regiert wird.[31] Es ist dort eine andere Dynamik am Werk. Das Land wird beherrscht von einem System, und dieses reagiert auf eine einzige Person – Kim Jong Il –, indem es alles, was er sagt und tut, ins Unermessliche überhöht, um auf diese Weise seine eigene Existenz zu rechtfertigen.

Mit anderen Worten, Kim Jong Il als Mensch ist weder geisteskrank noch bis ins Mark verdorben. Doch er profitiert davon, dass er an der Spitze eines Systems steht, das – wie wir sehen werden – beides ist.

KAPITEL ACHT

Im Land der Lügen

Kim Jong Il ist, das darf man nicht vergessen, der Führer eines kommunistischen Staates. Als solcher gehört er zu einer ganzen Riege historischer Persönlichkeiten, die, inzwischen zum größten Teil verstorben, im 20. Jahrhundert in vielen Ländern auf der Bühne der hohen Politik standen und deren Handeln im Namen von Gerechtigkeit und Gleichheit schreckliche Gräueltaten nach sich zog. Zwar haben auch die Religionen einiges auf dem Kerbholz, doch kein Glaubenssystem kann es, einzeln betrachtet, an Destruktivität mit dem Kommunismus aufnehmen. In der durchschnittlichen Lebenszeit eines Menschen in einem entwickelten Land brachten fanatische Anhänger geschätzten 100 Millionen Menschen durch Krieg, Straflager und künstliche Hungersnot den Tod.[1]

Angesichts dieses Ergebnisses erscheint die große Attraktivität des Kommunismus merkwürdig, sollte man doch meinen, dass die Menschen gesehen hätten, was auf sie zukam. Sie taten es jedoch nicht, weil der Kommunismus, trotz seiner intellektuellen Verpackung, im Wesentlichen an das Gefühl appellierte. Die Ideologie entstand aus dem Leiden der arbeitenden Klasse während der Industrialisierung in Westeuropa, doch wegen des Zorns und Hasses, die darin steckten, wurde sie auf dem ganzen Planeten bereitwillig aufgegriffen. Und wer einmal bekehrt war, fühlte sich auch emotional an die Dogmen des kommunistischen Glaubens gebunden.

Die Grundlage des Kommunismus ist der Marxismus-Leninismus, eine Philosophie des politischen Handelns, die ihre Wurzeln im dialektischen Materialismus hat. Genau hierin aber sind die Erklärungen für sein Scheitern zu finden. Im Kern ist der dialektische Materialismus eine Lüge, denn der Materialismus geht davon aus, dass es weder Geist noch Gott gibt, sondern nur Materie. Menschen aber sind nicht nur Materie. Sie sind idealistisch, sie begeistern sich für etwas – viele waren zum Beispiel von Marx und Lenin begeistert –, sie verlieben sich, lachen und weinen. Und sie begreifen sich intuitiv als Ergebnis eines Prozesses, den sie nicht in seiner Gänze überschauen, der ihnen aber, wenn auch ihrem Zugriff entzogen, die tiefsten Augenblicke ihres Lebens verschafft. Darüber hinaus ist jeder Mensch Zentrum eines eigenen Universums. Schließt man die Augen, versinkt die Welt um einen herum in Dunkelheit. Ein politisches System, welches den einzigartigen Wert des Individuums leugnet und es wie einen Gegenstand behandelt, kann nur durch eine diktatorische Elite aufrechterhalten werden. Es funktioniert nur mit Hilfe von Unterdrückung, Ungerechtigkeit und Ungleichheit. Dem anderen wesentlichen Element des kommunistischen Denkens, der Dialektik, zufolge entsteht der Fortschritt durch Konflikt. Doch dies ist genauso unsinnig wie zu sagen, Frauen würden nur durch Vergewaltigung schwanger. Fortschritt mag tatsächlich mit Kampf und der Überwindung von Hindernissen verbunden sein, aber er wird im gleichen Maße dadurch erreicht, dass Menschen zusammenwirken, selbst wenn, wie viktorianische Mütter ihren Töchtern erklärten, dieses Zusammenwirken heißt, die Augen zu schließen und an England zu denken.

Trotz seiner begrifflichen Mängel übte der Kommunismus eine große Anziehungskraft auf engagierte Menschen aus – bei jeder Revolution bestand die erste Generation aus den idealistischsten und opferbereitesten politischen Anhängern –, weil die Lüge durch eine Halbwahrheit verschleiert wurde. Der Kommunismus griff Ungerechtigkeiten an, die nicht zu leugnen waren, und versprach, sie zu beseitigen und eine ideale Gesellschaft zu gründen. Doch in seiner Strategie manifestierte sich der Geist des Hasses: Die Utopie erforderte die Eliminierung bestimmter menschlicher Hindernisse, die dem Ziel im Wege standen – der Mittelklasse, der religiös Gläubigen, der Grundbesitzer, der Nichtkommunisten. Da sich die Angst, die solch ein Prozess hervorbrachte, immer wieder selbst reproduzierte, waren kommunistische Staaten geprägt von dem unendlichen Bedarf der Dialektik an inneren und äußeren Feinden. Durch Unterdrückung und Propaganda wurde in den kommunistischen Gesellschaften jegliche Freude erstickt.

Als materialistisches System konnte der Kommunismus den Himmel nicht in ein Jenseits verlagern, und nach einer Generation wurde offenbar, dass die ideale Gesellschaft eine Fiktion war. Auch wurde unübersehbar, dass die nichtmaterialistischen Gesellschaften des Westens den Menschen mehr materielle Bequemlichkeit brachten. Außerdem waren sie demokratisch. Diese Erkenntnis bedeutete den Ruin des Kommunismus. Welches System unausweichlich daraus hervorging, hing von der Kultur des jeweiligen Landes ab, aber 80 Jahre nach der russischen Revolution von 1917 hatten sich die meisten Staaten von ihm befreit.

Die viel belächelte Bezeichnung der Sowjetunion als »Reich des Bösen« durch den ehemaligen US-Präsidenten Ronald Reagan traf den Nagel auf den Kopf: Wie der Nationalsozialismus war der Kommunismus nicht nur deshalb eine Ideologie des Bösen, weil er die Menschen gottlos machte, sondern gerade deshalb, weil er von an sich guten Menschen zutiefst inhumane Taten verlangte oder diese zumindest förderte.

Die Kommunisten in Nordkorea waren ursprünglich Marxisten-Leninisten, die für die Befreiung ihres Landes von der imperialistischen Herrschaft Japans kämpften. Später ergänzte Kim Il Sung die kommunistische Ideologie durch die *Juche*-Ideologie (Selbstvertrauen). Dieser politische Leitgedanke signalisierte das Ende der Abhängigkeit von Moskau und Peking und zielte auf eine flexible Anwendung des Marxismus-Leninismus auf die konkreten Verhältnisse in Korea. Doch weit entfernt davon, ein Schritt hin zum Pragmatismus zu sein, wie man annehmen könnte, lieferte das *Juche* nur die philosophische Untermauerung für den Personenkult.

Der Mensch ist Herr seines Schicksals, verkündet die *Juche*-Lehre, und Herr der Revolution ist das Volk. Daher muss die koreanische kommunistische Revolution mit Selbstvertrauen verwirklicht werden. (Dieser letztere Aspekt erklärt die Isolation Nordkoreas und seine Nichtbeachtung internationaler Normen, was sich schon daran zeigt, dass seine Diplomaten in einigen Ländern mit Drogen handeln.)[2] Der Schlüssel zum *Juche* ist der *Suryong*, der oberste Führer. Damit die Revolution gelingt, muss jeder einzelne im Denken und Handeln hinter ihm stehen.

Wenn man sich durch den Wortschwall wühlt – *Juche*-Texte sind schwülstig bis zu dem Punkt, dass sie überhaupt keinen Sinn ergeben –, wird deutlich, dass das *Juche* dazu dient, Kommunismus und alles andere der Sache eines Mannes, des Führers, unterzuordnen.

Nordkorea behauptet, ein »Arbeiterparadies« zu sein, in Wahrheit jedoch zeugt alles darin von einem unterschwelligen Hass auf Menschen. Schulkinder lernen Mathematik, indem sie die Zahl gefallener amerikanischer Soldaten addieren und subtrahieren müssen.[3] Eine koreanische Grammatik, die ich im Hotel in Pjöngjang erwarb, erläutert die Zeitformen der Verben mit Sätzen wie »Wir kämpfen gegen Yankees, wir kämpften gegen Yankees, wir werden gegen Yankees kämpfen«. Die Satzstruktur wird anhand des Beispiels »Yankees sind Wölfe in Menschengestalt« erklärt, wobei die Wortfolge im Koreanischen lautet »Yankees in Menschengestalt Wölfe sind«. Zu den nützlichen Sätzen in der Lektion »Auf dem Weg zum Hotel« gehört: »Lasst uns den US-Imperialismus verstümmeln!«.

In diesem hasserfüllten Land gibt es ein großes Maß an Aggression. Überraschend in Nordkorea ist, wie viel Alkohol die Männer dort trinken und wie oft es zu handgreiflichen Auseinandersetzungen kommt – überraschend, weil man eigentlich Roboter erwartet. »Ich habe erlebt, wie Soldaten sich gegenseitig mit zerbrochenen Gläsern angriffen«, berichtete Norbert Vollertsen, ein Arzt der Hilfsorganisation Cap Anamur, der sich in den Jahren 1999 und 2000 im Land aufhielt. »Im Krankenhaus habe ich viele Opfer solcher Schlägereien gesehen.«[4] Kein Wunder, dass Kim Jong Il seiner Leibgarde eintrichterte, höflich miteinander umzugehen.

Ein weiteres Kennzeichen Nordkoreas ist das Misstrauen gegen Außenstehende. Jeder Ausländer ist suspekt. Bei meiner ersten Reise im Jahre 1989 klopfte es eines Nachmittags an meine Hotelzimmertür. Es war ein russischer Reporter, mit dem ich mich über die Jahre, in denen ich Artikel über das Waffenstillstandsdorf Panmunjom schrieb, angefreundet hatte. Der sonst eher überschwängliche Mann sagte kein Wort und hielt einen Finger an die Lippen. Dann gab er mir ein Zeichen, ihm zu folgen. Wir gingen wortlos durch den Flur, nahmen den Aufzug und betraten den Dachgarten. Dort unter freiem Himmel wandte er sich mit einem breiten Lächeln mir zu, fiel mir um den Hals und brach sein Schweigen. »Michael«, sagte er mit starkem Akzent, »wie wunderbar, dich hier zu sehen! Aber pass auf die Wanzen in deinem Zimmer auf!«

Ein bulgarischer Diplomat riet mir, die Spiegel zu untersuchen. »Wenn Sie einen Spiegel im Zimmer haben, hinter den Sie nicht schauen können, werden Sie womöglich sogar gefilmt«, warnte er. Tatsächlich gab es in meinem Zimmer einen riesigen, von der Decke bis zum Boden reichenden Spiegel, der in die Wand eingelassen war. Deshalb unterhielt ich mich mit meinem Zimmergenossen – einem Schotten, den ich hier Bob nenne, weil er vielleicht kein Visum mehr bekommt, wenn ich seinen wahren Namen nenne – lange und lautstark darüber, wie herrlich Nordkorea sei und dass wir es als unsere Aufgabe betrachteten, die Welt über dieses Juwel Nordostasiens aufzuklären. Einmal sprachen wir so miteinander, als Bob gerade geduscht hatte. Der stämmige, stark behaarte Mann kam mit einem um die Hüfte gewickelten Handtuch aus dem Badezimmer und stellte sich mit dem Rücken zu dem großen Spiegel. Und während er noch sein Loblied auf die beiden Großen und Geliebten Führer sang, ließ er das Handtuch fallen und beugte sich vor, so dass er dem mutmaßlichen Kamerateam eine Nahaufnahme seiner gespreizten Gesäßbacken bot. Diesen Test des Sicherheitssystems wiederholten wir mehrere Tage, erhielten aber keine negative Reaktion vom Hotelpersonal. Nachdem wir unser Zimmer auf diese Weise »abgesucht« hatten, glaubten wir, dass zumindest keine Kameras angebracht waren.

Die Telefonwanzen hingegen waren etwas anderes. Eines Nachmittags sagte mein Fremdenführer zu mir: »Sie wissen sicher, dass die Schweden für uns Feinde sind.« Am Mittag hatte ich einen schwedischen Diplomaten vom Zimmer aus angerufen und für den nächsten Tag mit ihm im Café des Hotels eine Verabredung getroffen. Bei einer anderen Reise versuchte der Fotograf unserer Gruppe eine Woche lang jede Nacht vergeblich, seine täglichen Aufnahmen über eine freigegebene internationale Fernsprechleitung elektronisch zu versenden. Am letzten Tag müssen unsere Beschwerden endlich an die richtige Person gelangt sein, denn auf wundersame Weise war die Verbindung plötzlich möglich.

Natürlich haben sich ausländische Diplomaten jahrzehntelang mit solchen Dingen abfinden müssen. Ein Russe, der in den neunziger Jahren in einer Wohnung für Ausländer wohnte, sprach bei einem Abendessen einmal kräftig dem Alkohol zu und begann, auf die beiden Kims zu fluchen. Die anderen deuteten verzweifelt auf die Zimmerdecke, damit er damit aufhörte. »Zur Hölle mit den Scheißkerlen«, lallte er. »Was soll's, wenn sie es hören? Was können sie schon machen? Den Strom abdrehen?« Wenige Minuten später ging das Licht aus. Die komischste Geschichte, die ich gehört habe, ist jedoch die von zwei dänischen Ingenieuren, die sich wegen eines Projekts ein paar Monate in Nordkorea aufhielten. Eines Abends im Hotel schimpften sie darüber, dass es so langweilig sei. »Wenn ich das gewusst hätte, hätte ich einen Satz Spielkarten mitgebracht«, meinte der eine. Am nächsten Tag auf der Baustelle schenkte ihnen ihr offizieller Begleiter ein Kartenspiel. Das Ungewöhnliche daran war, dass sich die beiden auf Dänisch unterhalten hatten. Später erfuhr ich von einem tschechisch sprechenden Überläufer, dass Fremdsprachenstudenten in die Hotels geschickt wurden, um die Gäste zu belauschen.

Geschichten dieser Art hört man zuhauf.

Wenn es ein immer wiederkehrendes Thema in allen Gesprächen über Nordkorea gibt, ist es das vom Mangel an Ehrlichkeit. Der Mangel an Strom des Nachts ist hierfür in hohem Maße symbolisch. Nordkorea ist wirklich ein Land der Dunkelheit und befindet sich in den Klauen einer enormen Lüge, die aufrechtzuerhalten die hochrangigsten Führer das größte Interesse haben, die selbst die Elite und die Eingeweihten nicht zu hinterfragen wagen, mit der zu leben viele sich schwer tun und die die vielen Unschuldigen einfach hinnehmen. Nordkorea ist ein Land, dessen Zukunft davon abhängt, ob die Lüge, in deren Fesseln es gefangen ist, entlarvt wird.

Auch die Hauptstadt Pjöngjang ist eine einzige große Lüge. Die Boulevards und imposanten Gebäude geben ein staunenerregendes, aber irreführendes Bild ab. Der Besucher, der zum ersten Mal kommt, mag bis zu einem gewissen Grade beeindruckt sein, aber es dauert nicht lange, bis das Fehlen jeglichen Verkehrs und jeglicher Geschäfte – sicher ist es die einzige Metropole der Welt, wo der Hauptlärm in den Straßen der Innenstadt von den Schritten der Fußgänger herrührt – alles auf unheimliche Weise unwirklich erscheinen lässt. Pjöngjang ist zu perfekt, und seine Einwohner sind nicht repräsentativ. Über die Jahre wurden unerwünschte Elemente wie Behinderte, ältere Menschen, Fahrräder und Haustiere in die Provinz verfrachtet.

Die Freudlosigkeit selbst der Glücklichen, die bleiben durften, steht in krassem Gegensatz zur Energie und Lautstärke ihrer Brüder und Schwestern im Süden.

Wie nicht anders zu erwarten, tischen einem auch die Fremdenführer – ohne die man nicht reisen darf – Lügen auf, sobald man ihnen schwierige Fragen stellt. Und viele der Lügen sind schlicht und einfach unerklärlich. Einmal bot uns eine Ausländerin, die im Land lebte, ihren Wagen an, um mit unseren koreanischen Begleitern am Wochenende zum Keumgang-Gebirge zu fahren. Sie selbst war jedoch bei der Übergabe nicht anwesend, und so nahm jemand anderes die Sache in die Hand. Den ganzen Morgen mussten wir ohne Erklärung in der Hotelhalle warten, bis man uns schließlich mitteilte, wir hätten mehrere Hundert Dollar für zwei Dienstfahrzeuge – eins für uns und eins für die Fremdenführer – zu bezahlen. Was wäre dabei gewesen, uns zu erklären, warum wir den Wagen unserer Freundin nicht benutzen durften, egal, wie die Wahrheit lautete?

Aber vielleicht war das wirklich schwierig. Besucher, die von der Schönfärberei und dem Mangel an Erklärungen irritiert sind, vermuten meist, dass hinter alledem eine Verschwörung steckt. Aber wahrscheinlich sind die offiziellen Begleiter selbst nicht ganz im Bilde. Vielleicht sind sie verunsichert. Nordkoreaner, die mit der Außenwelt in Berührung kommen, sind häufig verunsichert. Ein hochgebildeter Mann, mit dem ich mich in China angefreundet hatte, gestand mir einmal seine Zweifel.

»Mr. Breen, es gibt da etwas Wichtiges, über das ich gern mit Ihnen sprechen würde«, begann er. Wir gingen eine Straße in China entlang, fernab von möglichen Wanzen und Abhörgeräten.

»Ja?« Ich dachte, er wolle überlaufen und mich um Hilfe dabei bitten.

»Ja. Seit ich hier bin, lese ich die ausländische Presse. Nach allem, was ich gelernt habe, stimmt nichts von dem, was ausländische Journalisten sagen. Aber wenn ich die Artikel lese, kann ich nicht erkennen, was daran falsch ist.« Dieser seltene Einblick in den Konflikt eines Einzelnen bewegte mich zutiefst, denn der Mann setzte sein Leben aufs Spiel, indem er sich mir anvertraute. Wäre ich nordkoreanischer Bürger gewesen, hätte mich allein schon die Tatsache in Gefahr gebracht, sein Bekenntnis auch nur mit anzuhören. Aber zu meiner Schande muss ich gestehen, dass ich aus rein egoistischen Gründen auch erleichtert war, dass er mich nicht um Hilfe bei der Ausreise bat. Damals hatte ich mich vom Journalismus verabschiedet und arbeitete als Berater für Firmen aus dem Westen, die an Nordkorea interessiert waren. Seine Bitte hätte ich nicht abschlagen können, aber meine Tätigkeit wäre damit zu Ende gewesen. Diese momentane Mischung aus menschlicher Nähe und Vertrauen, Eigeninteresse, Panik und plötzlicher Erleichterug vermittelte mir einen Eindruck von dem angsterfüllten Dasein eines Nordkoreaners.

So also sieht das Leben aus, wenn jede Kommunikation, die außerhalb der eigenen vier Wände stattfindet, angstbesetzt ist. In diesem paranoiden Staat ist jeder Ausländer ein potenzieller CIA-Agent, der vorhat, den Führer umzubringen. Der oben erwähnte nordkoreanische Student, der Tschechisch studierte, traf einmal in einem öffentlichen Park einen tschechischen Diplomaten, um organisatorische Dinge für einen staatlich genehmigten Besuch in Prag zu besprechen. Danach wurde er fünf Stunden lang von Sicherheitsbeamten verhört, die über jedes Wort, das gesprochen worden war, Bescheid wissen wollten.

Wenn beim ausländischen Besucher das neue Gefühl, sich in der Welt von *1984* zu befinden, nach wenigen Tagen seinen Reiz verliert, verfällt er angesichts der Lügerei allmählich in Depressionen. Da ist es hilfreich, wenn ein fröhlicher Mensch wie Bob Mitglied des eigenen Teams ist. Er war Fotograf und besaß die Art von Humor, die oft mit diesem Beruf einhergeht. Wenn ich unsere Fremdenführer in Gespräche verwickelte, um Zitate für meine Storys zu bekommen, hörte Bob eine Weile zu, und sobald er genug hatte, summte er die

Titelmelodie von »The Twilight Zone«. Bei anderer Gelegenheit, als wir uns einmal in einem der seltenen Läden für Touristen umschauten, entdeckte er zwei Flaschen Alkohol, in denen jeweils eine tote Schlange lag. Die eine größer als die andere. »Sieh mal«, sagte er, nachdem er sie eine Zeit lang betrachtet hatte, »die Große Schlange und die Geliebte Schlange.«

Einmal jedoch gab selbst er sich geschlagen. Wir wurden durch den Schüler- und Kinderpalast in Pjöngjang geführt, wo kleine Kinder malen, Instrumente spielen und für die Besucher hübsche Liedchen über den Geliebten Führer singen. Aber schon bald war Bob verschwunden. Später fanden wir ihn in schlechter Stimmung in unserem Kleinbus. »Diese Scheißtypen«, schnaubte er. Selbst Vater einer kleinen Tochter, machte ihn der Anblick dieser Unschuld, der die Sache des Regimes eingetrichtert wurde, so wütend, dass er sich lieber zurückgezogen hatte als einen schottischen Zornesausbruch zu riskieren.

Die Informationskontrolle ist ein entscheidendes Mittel, um die Lüge aufrechtzuerhalten. Die Folge sind schwer wiegende Wissenslücken, die gelegentlich, gepaart mit dem Ernst ihrer Befürworter, lächerlich wirken. Solch einen Augenblick erlebte ich 1995, als eine Gruppe amerikanischer und japanischer Wrestler zu einer zweitägigen Vorstellung anreiste. Es wurde ein Aufwand um die Sache betrieben, als handelte es sich um die Olympischen Spiele. Zweifellos war dies ein Ereignis, das auf höchster Ebene bis in jedes Detail geplant worden war. Der Initiator der Show war ein japanischer Politiker, selbst ehemaliger Wrestler, der von einem nordkoreanischen Meister ausgebildet worden war und diesen nun mit dem Turnier ehren wollte. Eine derartig demutsvolle Anerkennung der Überlegenheit Nordkoreas durch einen Vertreter der bestialischen Japaner öffnete alle Türen. So befand sich unter den Prominenten, die eingeladen worden waren, auch Muhammad Ali. Bis er eintraf, wussten die Gastgeber nicht, dass ihm seine Parkinson-Krankheit selbst das

Reden schwer machte – ein Hinweis darauf, dass die Nachrichten aus der Außenwelt nicht zur Kenntnis genommen wurden.

Am ersten Abend war das Stadion, das 150 000 Personen fasst, gefüllt. Die Wrestlerbühne befand sich im Zentrum der Arena und wir als Ausländer bekamen Plätze in der ersten Reihe. Die Wrestler stellten sich in der klassischen Weise mit viel Pomp vor. Als eine Japanerin mit blauem Haar, das einen Meter hoch aufgetürmt war, den Ring betrat, wussten die nordkoreanischen Zuschauer nicht so recht, was sie davon halten sollten. Mein Lieblingswrestler, der mir den aufregendsten Augenblick in Nordkorea verschaffte – einen Augenblick, von dem ich mir wünschte, er wäre in die ganze Welt ausgestrahlt worden –, war ein Afro-Amerikaner, dessen Auftritt von tosender rhythmischer Musik begleitet wurde. Er trug einen Umhang mit dem Muster der amerikanischen Flagge, lief an den in der Arena Spalier stehenden Ausländern vorbei und klatschte dabei jedem auf die flache Hand. Dann kletterte er in den Ring, schleuderte den Umhang von sich, vollführte ein paar spaßige Drehungen und hüpfte auf die Seile. Dort griff er nach einem imaginären Gewehr und schwenkte es herum, bis er genau die Königsloge im Visier hatte, in der der Parteisekretär Kim Yong Soon und seine Begleiter saßen (der Geliebte Führer muss sich die Sache wohl zu Hause im Fernsehen angesehen haben), als wolle er sie begrüßen. Diese schwungvolle Gebärde erfolgte dramaturgisch genau auf den letzten Takt der Musik. Allgemeine Stille. Die Beifallsrufe der wenigen ausländischen Anhänger der World Wrestling Federation wurden vom Schweigen der 150 000 Nordkoreaner verschluckt, die mit offenem Mund dasaßen.

Am zweiten Tag merkten die Gastgeber, dass professionelles Wrestling Unterhaltung, aber kein Sport ist, und dass sie es nicht so ernst hätten nehmen sollen. Live in Nordkorea wirkte es, als wären Sonderlinge vor Sonderlingen aufgetreten.

Ich sollte nicht unerwähnt lassen, dass das, was wir über Nordkorea wissen, im Großen und Ganzen aus Übersetzungen stammt. Sogar für Südkoreaner hat die Propaganda ihres nördlichen Nachbarn etwas Skurriles, aber in westlichen Sprachen wirkt es aus stilistischen Gründen besonders komisch. So klingen im Koreanischen zum Beispiel lange Sätze und Wortwiederholungen nicht so unbeholfen wie z.B. im Englischen. Lange Zeit beschäftigte der nordkoreanische Staat ein Team ausländischer Lektoren für englische, französische, spanische und arabische Übersetzungen, das einige Kämpfe auszufechten hatte. In den sechziger Jahren wurden zwei der Mitarbeiter sogar inhaftiert.[5] Ein Brite namens Andrew Holloway schrieb ausführlich über seine Erfahrungen Ende der achtziger Jahre.[6] Jean-Jacques Grauhar, ein junger Franzose, verbrachte sieben Jahre als Redakteur in Pjöngjang und später als Unternehmensberater.[7] Michael Harrold, ein Brite, der es sechs Jahre lang als englischer Korrektor aushielt, ergötzte einmal in einer Bar Besucher mit den Herausforderungen, die ihm seine Arbeit stellte. »Heute flog mir zum Beispiel Folgendes auf den Schreibtisch: ›Die Yankee-Soldaten zogen die Bajonette heraus und durchbohrten die Brüste der Frauen wie Bohnenpaste‹«, erzählte er. »Was soll ich damit machen?«

Aber Ausländer können immerhin jederzeit das Land verlassen (von ein paar Ausnahmen – den Entführungsopfern – abgesehen). Nicht jedoch die Einheimischen. Selbst wer auch nur den Wunsch auszureisen äußert, riskiert, in einem Konzentrationslager zu landen. Der Feind im Innern wird in der Regel Opfer eines noch bösartigeren Hasses, wie all die Unschuldigen beweisen, die im Gulag des Landes leiden. Für Kommunisten lauert der Feind stets im eigenen Haus. »Wie die Geschichte der internationalen kommunistischen Bewegung zeigt«, schrieb Kim Jong Il in einer nordkoreanischen Zeitschrift, »sind all die ideologische Verwirrung und die Drehungen und Wendungen, die sie vollzogen hat, auf die Tatsache zurückzuführen, dass Renegaten der Revolution in ihrer Oberschicht aufgetaucht sind.«[8]

Der Artikel, aus dem dieses Zitat stammt, ist – darin liegt die Ironie – wahrscheinlich selbst eine Lüge. Zwar hält Kim Jong Il vermutlich teilweise den Revolutionsschund für Tatsache, aber sicher weiß auch er, dass vieles davon Unsinn ist.

Als der Geliebte Führer einmal im Fernsehen Propagandaaufnahmen von lächelnden Kindern sah, meinte seine Schwägerin Sung Hae Rang, das wirke alles sehr gezwungen, und fragte ihn, ob er nicht etwas dagegen tun könne.

»Ich weiß«, erwiderte der Allmächtige matt. »Aber wenn ich sage, sie sollen es weniger gekünstelt machen, gehen sie ins andere Extrem und suchen sich die schmutzigsten, heruntergekommensten Kinder in schrecklichen Lumpen aus, die sie finden können.«[9]

Also weiß er Bescheid.

Seine künstlerische, ein wenig unkonventionelle Seite kennt die Wahrheit, aber ihm fehlen der Wille, die Originalität, der Ehrgeiz und möglicherweise auch die Mittel, einen ehrlichen Staat aus Nordkorea zu machen. Und wie bereits erwähnt, wären Maßnahmen zur Veränderung des Systems sein Untergang.

Es klingt wie Ironie, dass er angeblich jede Unwahrhaftigkeit hasst. Während sein Volk in einer Lüge lebt, besteht er wie der Vernehmungsoffizier im Lager darauf, die Wahrheit zu erfahren. »Er hasst Lügner – ja, wirklich, er hasst sie«, erklärte Sung gegenüber der *Time*. »Sie bringen ihn mehr in Rage als alles andere.«

Man fragt sich daher, was er über die Titulierungen, die man ihm gegeben hat, denkt. Denn da gibt es ein paar faustdicke Lügen. Am bekanntesten ist die Bezeichnung Geliebter Führer, die auch in Schulbüchern zu finden ist. Aber gelegentlich nennt man ihn auch die Mitte der Partei, Einzigartiger Führer, Weiser Führer, Geachteter Führer, Oberster Befehlshaber, Vater des Volkes, Großer Führer, Morgenstern des Paekdu, Hervorragender Militärstratege, Führer aus Stahl, Vater der Nation, Führer des Volkes, Unser Vater, Geliebter General, Großer General, Unser General, Führer des

21. Jahrhunderts, Sonne des 21. Jahrhunderts, Ruhmreiche Sonne des 21. Jahrhunderts, Sohn des Paekdu, Sonne der Menschheit, Immerwährender Himmel und wahrscheinlich noch vieles andere, was mir entgangen ist.[10]

Mit seinen Lügen, seiner Angstmacherei, seinem Hass, seiner Selbstbezogenheit und mit seiner ständigen Kontrolle und der Unsicherheit, die sie stiftet, hat Nordkorea als Staat alle Kennzeichen einer Persönlichkeit von schlechtem Charakter. In seinem Buch *Die Lügner – Eine Psychologie des Bösen und die Hoffnung auf Heilung* bezeichnet der Psychotherapeut Scott Peck den »unbeugsamen Willen« als wesentliches Charakteristikum böser Menschen.[11]

»Alle geistig gesunden Erwachsenen unterwerfen sich auf die eine oder andere Weise einer Macht, die höher ist als sie selbst – sei es Gott oder die Wahrheit oder die Liebe oder irgendein anderes Ideal«, schreibt Peck. »Diese Menschen halten sich an das, was wirklich ist, und nicht an das, von dem sie wünschen, dass es wirklich wäre.« Hingegen unterwerfen sich Menschen, die er für krankhaft böse hält, nicht in dieser Weise. Im Falle eines Konflikts zwischen Schuldgefühl und Wille behält Letzterer die Oberhand. Böse Menschen, so Peck, haben den unbedingten Willen, sich selbst durchzusetzen, und verwenden viel Energie darauf, andere zu beherrschen. Die Tatsache, dass sie sich weder Gott noch ihrem Gewissen oder einem Ideal jenseits ihrer selbst unterwerfen, ist charakteristisch für eine Form der Egozentrik, die Jerrold M. Post in seiner Analyse der Persönlichkeit Kim Jong Ils als »bösartigen Narzissmus« bezeichnet.[12] Ein demokratischer Staat beugt sich der Verfassung, dem internationalen Recht und internationalen Normen, lässt regelmäßige freie Wahlen zu und gibt Journalisten und Kritikern freie Hand. Deshalb ist er so gut, und mehr kann man von einem politischen System nicht erwarten. Der Rest hängt von der Gesellschaft, der Religion, dem Einzelnen, der Kultur, der Wirtschaft und so weiter ab. Die Rolle des Politikers in einem demokratischen Staat besteht darin, die Strukturen zu schaffen, innerhalb derer der Einzelne sich entfalten und nach den Sternen greifen kann.

In Nordkorea aber geschieht das Gegenteil. Man könnte zwar sagen, Kim Jong Il habe sich dem Willen seines Vaters gebeugt, aber der Staat selbst ist »ungebeugt«. Er ist durch und durch eigennützig und legt einen außergewöhnlichen Willen an den Tag, zu überleben und Probleme zu verursachen. Dabei verschlingt er buchstäblich das eigene Volk. Man denke nur daran, dass Nordkorea in den letzten Jahren zehn Prozent seiner Bevölkerung durch Hungersnöte verloren hat und inzwischen weltweit betteln geht. Und doch verhält der Staat sich, als sollten seine Feinde für das Privileg, ihm Geschenke machen zu dürfen, Schlange stehen. Angesichts einer solchen Haltung würden treue Anhänger einen Führer wie Kim Jong Il, würde er die Rechte des Einzelnen stärken wollen, als jemand ansehen, der die Macht des Staates schwächt, von der das Volk abhängig ist. Das wäre geradezu ein Verbrechen. Würden ökonomische Reformen zur Steigerung des Wohlstands durchgeführt, könnte sich individuelles Denken breit machen und das Bedürfnis nach der väterlichen Hand des Führers schwinden. Solch eine Schwächung wäre ein Verbrechen an dem, woran sie glauben – nämlich die Macht des Führers.

Daher steckt der Staat in einer Sackgasse.

Die Nordkoreaner sind gute Leute – unschuldige, warmherzige Menschen. Vielleicht deshalb, weil sie sich als Einzelne einer Sache unterworfen haben, die außerhalb ihrer selbst liegt. Sicher, sie hatten nur die Wahl, sich einer Lüge und einem brutalen Regime zu fügen. Aber ihre Unterwerfung zeigt, dass sie gute Menschen geblieben sind. Daran sollten wir denken, wenn wir uns ansehen, wie schrecklich sie gelitten haben.

KAPITEL NEUN

Der Gulag

Die Nordkoreaner sind bekannt für ihr merkwürdiges Verhalten. Zahllos sind die Beispiele für groteske und scheinbar irrationale Phänomene: Von heimkehrenden Kriegsgefangenen am Ende des Koreakriegs, die sich nackt auszogen, als sie die Grenze überquerten, über die dümmliche Propaganda – etwa die Behauptung, Kim Jong Il habe auf dem Golfplatz von Pjöngjang sämtliche Löcher mit einem Schlag oder schlechtestenfalls zwei Schlägen unter Par gespielt –, bis hin zu den tränenüberströmten Bürgern aus dem Norden, die, als sie nach 50 Jahren zum ersten Mal ihren südkoreanischen Verwandten gegenüberstehen, ausrufen: »Dank dem Geliebten Führer, dass wir uns wiedersehen dürfen!«

Aber natürlich gibt es dafür Erklärungen.

Die Kriegsgefangenen befürchteten, man könnte sie als Kollaborateure verdächtigen, und legten deshalb sogar die Kleidung ab, in die sie der Feind gesteckt hatte. Die Propagandisten befürchten bestraft zu werden, wenn sie nicht genügend Eifer an den Tag legen. Und wer in Südkorea Verwandte hat, befürchtet, nach den offiziell arrangierten Begegnungen als »feindlich« eingestuft zu werden.

Für Bürger eines freien Landes sind solche Ängste schwer zu verstehen. Aber sie erklären vieles. Sie erklären, weshalb die Leute auf den Straßen von Pjöngjang stumm ihres Weges gehen. Sie sind der Grund, warum sich Einheimische nicht mit ausländischen Besuchern anfreunden, warum sich ein Nordkoreaner abwendet, wenn ihn ein Fremder nach dem Weg fragt, und die, die in Kontakt mit Ausländern stehen, keinerlei Neugier auf deren Heimatland an den Tag legen. Sie erklären, warum offizielle Vertreter bis zum Überdruss wiederholen, wie wunderbar der Geliebte Führer sei, auch wenn sie ihn wahrscheinlich insgeheim für einen Irren halten, und weshalb nordkoreanische Offizielle, die im privaten Kreis ganz ungezwungen sein können, bei formellen Verhandlungen wie seelenlose Marionetten wirken. Sie erklären, weshalb ein Nordkoreaner, der einen belauscht, einem deutlich zu verstehen gibt, dass er es tut: Er wünscht, dass man sich anständig benimmt, denn anderenfalls riskiert er, bestraft zu werden. Die Angst verpestet wie ein stinkender Auswurf die gesamte Gesellschaft, bis hinauf in die höchsten Ebenen.

Die Angst betäubt auch noch andere Empfindungen. Sie bewirkt, dass ihre Opfer anderen gleichgültig werden. Als im Winter 2000 der deutsche Arzt Norbert Vollertsen nördlich von Pjöngjang unterwegs war, sah er einen Menschen auf der Straße liegen. »Der Fahrer und unsere Begleiter wollten nicht anhalten, weil sie fürchteten, dadurch in Schwierigkeiten zu geraten«, sagte er.[1] Als Vollertsen und eine Kollegin lautstark protestierten und drohten, aus dem fahrenden Auto zu springen, war der Chauffeur endlich bereit umzukehren. (Vielleicht befürchtete er, noch größeren Ärger zu bekommen, wenn er hätte erklären müssen, dass ihm zwei ausländische Passagiere abhanden gekommen waren.) Vollertsen untersuchte den am Boden Liegenden:

> Der Mann war tot, aber ich tat so, als würde ich ihn mit dem Stethoskop abhorchen, weil ich herausfinden wollte, woran er gestorben war. Es handelte sich um einen uniformierten Armeeangehörigen, etwa 20 Jahre alt, aber er hatte die Arme eines Zwölfjährigen. Ich untersuchte seinen Rücken. Meine Kollegin hatte in Ostdeutschland als Krankenschwester gearbeitet

> und wusste, wie Verletzungen von Folteropfern aussehen. Sie deutete auf alte und neue Narben und Verbrennungen durch ausgedrückte Zigaretten. Auf dem Rücken hatte er eine große offene Wunde, durch die man den Knochen sehen konnte.

Als Vollertsen ein Foto machen wollte, stießen ihn der Fahrer und seine Führer beiseite und nahmen ihm die Kamera ab. Aus Angst.

Vermutlich sind Leichen am Straßenrand auch dort keine alltägliche Erscheinung, dennoch fehlte diesen Nordkoreanern der Sinn für ihre Bürgerpflicht, den Fund der Leiche zu melden, die Neugier, sich zu fragen, was da wohl passiert sei, und der Anstand, etwas in Hinblick auf die Familie des Toten zu unternehmen. Alle Güte ist verschwunden, weil jeder Nordkoreaner um sich selbst fürchtet.

»In Nordkorea haben alle Angst«, sagte ich einmal in Moskau zu einem Nordkoreaner. Danach trat eine Pause von etwa drei Minuten ein.

»Erzählen Sie mir doch mal ein Geheimnis aus Ihrem Leben«, erwiderte er schließlich. Nun war ich derjenige, der schwieg. Aber schließlich weihte ich ihn in Probleme aus meiner ersten Ehe ein, die ich noch nie jemandem anvertraut hatte. Daraufhin berichtete er mir von einem Freund, dessen Vater der Korruption beschuldigt und deshalb verschleppt worden war. An sich war die Sache nicht besonders bemerkenswert. Ungewöhnlich daran war nur, dass er sie mir anvertraute. Sein Zittern, als er mir den Vorgang schilderte – wobei ich anmerken muss, dass Überläufer in Seoul zynisch meinten, er habe mich vermutlich nur nach persönlichen Details aushorchen wollen –, vermittelte mir eine Ahnung davon, wie sehr anständige und unschuldige Menschen in einem Land leiden müssen, das von einem monströsen, bösartigen, narzisstischen und schreckenerregend verkommenen Regime beherrscht wird.

Wovon alle Nordkoreaner wissen und wovor sie Angst haben, ist der Gulag.

1999 schätzte der südkoreanische Nachrichtendienst, dass es in Nordkorea mehr als 200 000 Gefangene gibt, aufgeteilt auf zehn weitflächige Lager in abgelegenen Teilen des Landes. Diese wurden später zu fünf Lagern zusammengefasst, nachdem südkoreanische Zeitungen ihre Standorte veröffentlicht hatten. Aus der Luft sehen diese Lager wie ganz gewöhnliche Dörfer aus. Manche dieser Dörfer sind für Gefangene mit zeitlich begrenzten Strafen vorgesehen, andere für die Lebenslänglichen.

Den Gulag gab es schon von Anfang an. Während des Koreakriegs konnten viele, die diese von den Kommunisten nach ihrer Machtübernahme Ende der vierziger Jahre eingerichteten Lager überlebt hatten, nach Südkorea fliehen. Im Laufe der Jahre lernte ich einige von ihnen kennen, darunter einen ehemaligen antikommunistischen Untergrundkämpfer und einen methodistischen Pastor, der ein Massaker überlebt hatte, indem er sich, während er auf einem Berg von Leichen lag, tot gestellt hatte. Ein anderer Flüchtling, früher Leutnant der nordkoreanischen Armee, hatte mit dem Kommandanten seines Lagers zufällig die Schulbank gedrückt und konnte deshalb eine ruhige Kugel schieben, indem er für eine Fabrik von 1500 Beschäftigten unter den Gefangenen Arbeitstrupps zusammenstellte. Ein weiterer ehemaliger Gefangener war in Seoul Professor geworden, und ein anderer arbeitete als Arzt für östliche Medizin. All diese Überlebenden berichteten von einer Behandlung der Gefangenen, die japanische Foltermethoden mit der sowjetischen Praxis der Zwangsarbeit kombinierte. Doch ihre Schilderungen von Gewalt, Ungerechtigkeit und Hunger wurden in den Wirren des Kalten Kriegs, als andere Themen im Vordergrund standen, kaum gehört. Da Südkorea bis Ende der achtziger Jahre selbst die Menschenrechte massiv verletzte, stießen dort Versuche, die Verbrechen in Nordkorea aufzudecken, oft auf Skepsis.

Unter dem Einfluss sowjetischer Berater, die Ende der vierziger und in den fünfziger Jahren im nordkoreanischen Innenministerium tätig waren, konzentrierte sich die innere Sicherheit auf politische Gegner und »Klassenfeinde«, zu denen beispielsweise Anhänger einer Religion und Grundbesitzer zählten. Als diese Berater 1957 abgezogen wurden, führte das Politbüro in Pjöngjang eine neue Form der Säuberung ein.[2] In einem Verfahren, das richtig in Schwung kam, als Kim Il Sungs Bruder Yong Ju die Leitung übernahm, wurden sämtliche Nordkoreaner einer Prüfung unterzogen und anhand ihres familiären Hintergrunds als »freundlich«, »neutral« oder »feindlich« eingestuft. 1958 rollte eine Welle von Prozessen, die die Hinrichtung von 2500 Menschen und die Zwangsumsiedlung von 70 000 »feindlich Gesinnten« in entlegene Bergregionen zur Folge hatte. 1964 wurde die Kategorisierung sämtlicher Bürger um 51 Unterkategorien erweitert. Von der Einstufung hing es ab, ob man eine Heiratserlaubnis bekam oder welchen Beruf man ergreifen durfte. Sie legte auch fest, welche Art der Bestrafung eine Person zu gewärtigen hatte, sollte sie sich etwas zuschulden kommen lassen.

Von den nordkoreanischen Gefangenenlagern erhielt die internationale Gemeinschaft erst Kenntnis, als zwei Ausländer in ihre Mühlen gerieten: Ali Lameda, ein venezolanischer Dichter und Kommunist, und der Franzose Jacques Emmanuel Sédillot, der in den dreißiger Jahren in den Internationalen Brigaden in Spanien gekämpft hatte. Beide arbeiteten 1966 in Pjöngjang als Lektoren und verbesserten die spanischen und französischen Übersetzungen der Reden und verschiedenen Publikationen Kim Il Sungs. Als sie den Propagandaapparat kritisierten, wurden sie verhaftet und als angebliche CIA-Spione zu 20 Jahren Haft verurteilt. Lameda kam 1974 frei, nachdem der rumänische Staatschef Nicolae Ceausescu persönlich interveniert hatte. Sédillot starb in Nordkorea, entweder noch während der Haftzeit oder kurz nach seiner Freilassung.[3]

In den neunziger Jahren flüchtete eine neue Generation von Überlebenden nach Südkorea, darunter Kang Chol Hwan und Lee Soon Ok und der frühere Gefängniswärter Ahn Myong Chol, und enthüllte das erschreckende Bild des modernen nordkoreanischen Gulag.[4] 1998 und 2002 sagten sie als Zeugen bei Anhörungen des Kongresses in Washington aus. Dabei wurde bekannt, dass es 1987 im Onsung-Gefängnis einen Aufstand gegeben hatte, bei dem 5000 Gefangene umgebracht worden waren.

Ebenso wie in Südkorea, Japan und China bildet auch in Nordkorea das Geständnis die Grundlage eines Gerichtsverfahrens, was aber bedeutet, dass Folter üblich und es deshalb gang und gäbe ist, dass die Gefangenen Verbrechen gestehen, die sie gar nicht begangen haben. Lee Soon Ok war Parteimitglied und arbeitete als Aufseherin in einem Zentrum für Materialzuteilung, als sie im Oktober 1986 verhaftet wurde. Sie hatte sich geweigert, einem hochrangigen Sicherheitsoffizier einen bestimmten Kleiderstoff zu überlassen, aus der er sich eine Jacke im Stil Kim Il Sungs schneidern lassen wollte. Das Verhör, geführt von einem gewissen Kim Hak Nam, begann damit, dass man sie, nur mit einer Decke bekleidet, in einen Raum mit 20 oder 30 Männern stieß, die sie so lange schlugen und traten, bis sie ohnmächtig wurde. Nach diesem Vorgeschmack wurde sie drei Tage lang ununterbrochen und ohne Schlafpause vernommen. Mehrere Monate lang wurde sie gequält – man steckte sie in einen Ziegelofen, bis sie vor Hitze kollabierte, fesselte sie nackt an einen Stuhl und peitschte sie aus, kettete sie an eine Tür, schlug ihr die Zähne aus und steckte ihr Stöcke zwischen die Finger, um sie dann umzudrehen.

»Manchmal lag in den Augen Kim Hak Nams und des Chefermittlers ein Blick wie der eines Raubtiers, sie funkelten ganz unwirklich«, schrieb sie in ihren Erinnerungen aus dem Gefängnis, die nach ihrer Flucht aus Nordkorea veröffentlicht wurden.[5]

Eine Foltermethode, die die Wärter als »Gefrierfisch« bezeichneten, bestand darin, die Gefangenen bei Minustemperaturen und nur mit Unterwäsche bekleidet im Schnee knien zu lassen. Lee erfroren dabei Füße und Ohren. Einmal, so schrieb sie, kam ein Wärter mit einer warmen Hundefelljacke heraus und patrouillierte um die Gefangenen herum, wobei er immer wieder mit den Füßen aufstampfte, um sich warm zu halten. »Oh, ist das kalt. Ich friere mich noch zu Tode«, meinte er spöttisch.[6]

Die schlimmste Folter für Lee war, als man sie auf einer Bank festschnallte und ihr gewaltsam Wasser einflößte, bis sie das Bewusstsein verlor. Als sie wieder zu sich kam, stellten sich Kim Hak Nam und ein weiterer Mann auf eine Holzplanke, die sie ihr über den Bauch gelegt hatten. Nach dieser Tortur konnte sie zwei Wochen lang nicht mehr aufstehen. Nach allem, was man hört, ist dies die übliche Behandlung für Gefangene, die sich weigern, ein Geständnis abzulegen. Sie weigern sich deshalb, weil sie nicht die Strafe auf sich nehmen wollen, mit der das »Verbrechen« geahndet wird, insbesondere dann, wenn diese Strafe eine gesellschaftliche Statusminderung nach sich zieht, die Folgen für ihre Familie hat. Groteskerweise widersetzen sich aber manche Gefangene gerade deshalb einem Geständnis, weil sie der Partei vertrauen und glauben, dass sich ihre irrtümliche Verhaftung bald aufklären wird. Als Lee sich immer noch weigerte, wurde sie in ein anderes Verhörzentrum gebracht, wo zwei Gruppen von je zwölf Wärtern, vorwiegend junge Offiziere Mitte zwanzig, Schichtdienst taten. Das Zentrum bestand aus 20 Zellen beidseits eines Gangs, jeweils mit einer winzigen Türöffnung, so dass der Gefangene wie ein Hund hindurchkriechen musste. Es war vorgeschrieben, von fünf Uhr morgens bis zehn Uhr abends mit gekreuzten Beinen, gesenktem Kopf und reglos dazusitzen. Wurde jemand dabei erwischt, dass er sich bewegte, musste er die Hände durch die Gitterstäbe strecken, so dass der Wärter sie mit einem Knüppel schlagen konnte.

In ihren Erinnerungen schildert Lee auch eindringlich die Leiden der Mithäftlinge, denen sie 1986 und im Jahr darauf in den Verhörzentren begegnete. Einer davon war der ehemalige Vertriebsleiter Lee Yun Chel. Man hatte ihn verhaftet, weil er sich geweigert hatte, Polizisten Fernsehgeräte zu überlassen. Nachdem man ihn der Foltermethode »Gefrierfisch« unterzogen hatte, schwollen ihm seine abgefrorenen Ohren bis auf die Größe einer Kinderhand an und er war halb gelähmt. Ein anderer Insasse, Choi Young Hwan, ehemals Bezirksfunktionär im Handel und Veteran des Koreakriegs, hatte einem Staatsanwalt ein Fernsehgerät überlassen. Als die Sache herauskam, ließ der Staatsanwalt aus Zorn, dass er bloßgestellt war und das Fernsehgerät zurückgeben musste, Choi verhaften. Nach der Folterung im Ziegelofen entzündeten sich Chois verbrannte Hände. Außerdem verlor er von der Hüfte abwärts jedes Gefühl und spürte nicht mehr, wenn er uriniert oder Stuhlgang gehabt hatte. Er starb in dem Verhörzentrum. Damit war aber die Bestrafung noch keineswegs abgeschlossen. Weil er offiziell als Krimineller galt, wurden zwei seiner Söhne aus der Armee entlassen und ein dritter der Schule verwiesen; die Familie wurde in eine Landkommune zwangsumgesiedelt und ihr gesamtes Vermögen wurde konfisziert. Kim Woon Il, als Provinzfunktionär tätig im Exportbereich, wurde ein Ohr abgeschnitten, und er starb unter der Folter. Ein sechzigjähriger Fischereifunktionär, der keinerlei Verbrechen begangen hatte, dachte sich, um seine Peiniger zufrieden zu stellen, eine Geschichte aus und behauptete, einen ganzen Zug gestohlen und verkauft zu haben. Ein Schulleiter, der in seiner Schule die Leichen zweier Lehrer gefunden und die Polizei gerufen hatte, wurde selbst dieses Mordes bezichtigt und inhaftiert. Weil er auf seiner Unschuld beharrte, unterzog man ihn der Elektrofolter, wobei ihm Ohren und Finger verbrannten. Als einige Zeit später zwei Diebe die besagten Morde gestanden, entließ man den Schulleiter, nun gelähmt und verkrüppelt, ohne jede Entschuldigung oder Entschädigung aus der Haft. Zuvor jedoch musste er ein Dokument unterzeichnen, in dem er sich verpflichtete, Stillschweigen über die Misshandlungen zu wahren.

Lee Soon Ok hielt ein Jahr lang durch, bis sie schließlich doch ein Geständnis unterschrieb, nachdem ein neuer Verhörspezialist namens Kim Chun Ho ihre Familie bedroht hatte. Nach ihrem Prozess kam sie für fünf Jahre in ein Gefängnis im Bezirk Kechon. An ihrem ersten Tag dort trat ihr eine Wärterin gegen die Brust und sagte: »Du musst alles Menschliche aufgeben, wenn du hier überleben willst.«[7]

Die Gefängniskleidung, abgetragen und ungewaschen, bestand aus Hose, Hemd und Socken, alles aus Baumwolle. Zur Eingewöhnung wurden die Neuankömmlinge die ersten Tage in Einzelzellen gesperrt. Eine solche Zelle war mit nichts anderem als einem kleinen Fenster, einem Loch im Boden als Toilette, einem Waschtisch, einer Zahnbürste und Zahnpasta in Pulverform ausgestattet. Außerdem gab es einen Lautsprecher, aus dem politische Parolen drangen. An der Wand hingen die Vorschriften, die die Gefangenen auswendig zu lernen hatten, bevor sie verlegt wurden. Eine dieser Regeln lautete, »der Autorität Kim Il Sungs und Kim Jong Ils mit ganzem Herzen Respekt zu zollen«, eine weitere verbot, sich mit Mitgefangenen zu unterhalten, zu lachen oder zu singen. Wenn ein Offizier einen Häftling zu sich rief, hatte dieser »rasch zu ihm zu laufen und sich vor ihm auf den Boden zu knien«.[8]

Nach einigen Tagen wurde Lee in eine große Zelle von etwa 30 Quadratmetern verlegt, in der bis zu 90 Frauen schliefen, mit den Füßen jeweils am Gesicht der anderen. Ein neun Meter hoher Zaun trennte die Frauenabteilung des Lagers vom Bereich der männlichen Häftlinge. Jeder der 6000 Gefangenen in Kechon wurde einem bestimmten Arbeitsbereich und einem Arbeitstrupp von jeweils fünf bis sieben Personen zugeteilt. Die Arbeitszeit betrug 19 Stunden täglich. Produziert wurden Jacken, Taschen, Gürtel, Pistolenhalfter, Maulkörbe für Hunde und andere militärische Ausrüstungsgegenstände. Blieb eine Gefangene unter der vorgegebenen Produktionsquote, wurde ihr die tägliche Ration von 300 Gramm Mais und Kohlsuppe gekürzt. Nachts wurden zwei Frauen dazu abgestellt, die Übrigen zu beobachten und am nächsten Morgen zu melden, was sie im Schlaf gesprochen hatten.

1988 kommandierte man Gefangene zu einer neuen Arbeit ab: zur Produktion von Büstenhaltern für die Sowjetunion und von Zierdeckchen für Polen.[9] Die Geschäfte liefen gut, und 1990 kam als weitere Produktlinie Strickpullover für Japan hinzu. Auch aus Frankreich erhielt das Lager einen Auftrag – für Papierrosen. 1992 mussten die Gefangenen ein Vierteljahr lang neben ihren Maschinen schlafen, um die Produktionsquote von 10 000 Studentenuniformen und 20 000 anderen Bekleidungsstücken einhalten zu können, die Kim Il Sung aus Anlass seines 80. Geburtstags seinem Volk zum Geschenk machen wollte. Unterlief einer Gefangenen ein Fehler, galt dies als Beschädigung von Staatseigentum, was mit einer Kürzung der täglichen Maisration auf 80 Gramm bestraft wurde.

»Machte eine der Frauen auch nur einen winzigen Fleck auf den Stoff, schlug man sie bis zur Bewusstlosigkeit«, schrieb Lee. »Wer beim Nähen der Zierdeckchen mehrmals Fehler machte, kam in Einzelhaft.«

Zu den Mitgefangenen, die Lee Soon Ok in ihren Memoiren beschreibt, gehörte auch eine neununddreißigjährige Frau namens Kim Young Hee, die Berufung gegen ihre dreijährige Haftstrafe für den Diebstahl von einem Kilo Zucker eingelegt hatte. Daraufhin wurde das Urteil auf 20 Jahre Haft erhöht. Eine Frau, Kim Jung Ok, die der Polizei erklärte, sie habe ein Päckchen Mais wegen ihrer hungrigen Kinder gestohlen, wurde zu 15 Jahren Haft wegen Kritik an der Regierung verurteilt. Einige der Insassinnen hatten aber tatsächlich Verbrechen verübt, darunter eine junge Frau, die für den Mord an ihrem Vater zu 15 Jahren Gefängnis verurteilt worden war. Kim Chun Hwa hingegen wurde in Einzelhaft gesperrt, weil sie unabsichtlich einen Nagel in eine Jacke eingenäht hatte. Die Zelle war so winzig, dass sie darin nur sitzen konnte. Zudem waren die Wände mit spitzen Eisenstäben gespickt, damit man sich nicht anlehnen konnte. Kims Beinmuskeln verkümmerten derart, dass sie nach der Entlassung aus dieser Zelle nicht mehr gehen, sondern nur noch über den Boden kriechen konnte. Dieser erbärmliche Anblick lud die Wächterinnen geradezu dazu ein, auf sie einzuprügeln; eines Nachts starb sie auf dem Boden der Fabrik. Zwei Gefangenen wurde befohlen, den Leichnam in eine Decke zu hüllen und fortzuschaffen. Eine Analphabetin namens Kim Young Sook prügelte man zu Tode, weil eine Wärterin nicht glauben wollte, dass sie die Strickanleitung nicht lesen konnte. Suh Young Sun, eine laut Lee zarte und freundliche Frau, hatte auf einer Baustelle als Köchin gearbeitet und dort den Arbeitern stets Nachschlag gegeben. Als die Monatsrationen schon vorzeitig zur Neige gingen, wurde sie beschuldigt, Staatseigentum gestohlen zu haben, und eingesperrt. 1989, als die Gefangenen für das Internationale Jugendfestival – eine Veranstaltung der kommunistischen Länder, die in jenem Jahr in Nordkorea stattfand – Kleider nähen mussten, verschnitt Suh versehentlich ein Kleid und versteckte es, um nicht bestraft zu werden. Als dennoch das Malheur entdeckt wurde, bekam sie solche Angst, gefoltert zu werden, dass sie jedes Verbrechen gestand, dessen der Verhörbeamte sie bezichtigte. Nachdem sie ein Kapitalverbrechen gestanden hatte, wurde sie im Mai 1990 in Anwesenheit sämtlicher Gefangenen hingerichtet.

Eines Tages, schreibt Lee, erkrankten 150 Gefangene und starben, weil die Köche kein Wasser hatten, um den Kohl zu waschen. Die Leichen wurden unter einem Baum vergraben. Da die Behörden die Angelegenheit geheim halten wollten, wurden die Familien der Verstorbenen nicht über den Tod ihrer Angehörigen informiert. 1990 stürzte in der Fabrik, in der die Pullover für den Export produziert wurden, die Decke ein und begrub etwa 20 Gefangene unter sich, von denen mehrere starben. Ein andermal trieben die Wärter die männlichen Gefangenen zusammen und verkündeten, dass jeder, der es schaffe, über den Zaun zu klettern, freigelassen werde. Daraufhin stürzten viele los und erhielten am Zaun einen tödlichen Stromschlag, was die Wärter sehr erheiterte. Eine Frau namens Choi

Sul Rung, die früher in China gelebt hatte, wurde von einer Wärterin belauscht, als sie zu jemandem sagte, sie bedauere es, nach Nordkorea zurückgekehrt zu sein; sie wurde wegen Verrats an der Partei öffentlich hingerichtet. Als im August 1988 die Gefangenen zur Exekution eines männlichen Häftlings antreten mussten, erkannte eine der Frauen in dem Mann, den man an einen Pfosten gefesselt hatte, ihren Sohn. Sie hatte nicht gewusst, dass auch er im Gefängnis saß. Schreiend riss sie sich die Augäpfel aus den Höhlen, damit sie nicht mit ansehen musste, wie er erschossen wurde. Für diesen Gefühlsausbruch wurde auch sie hingerichtet.

Bei Frauen, die schwanger eingeliefert wurden, injizierte man den Föten Gift. Dennoch kamen einige Babys lebend zur Welt. Gefangene, die als ärztliche Hilfskräfte eingeteilt waren, hatten den Befehl, diese Kinder zu erdrosseln. Als Kim Bung Ok einen Sohn zur Welt brachte, flehte sie den Arzt an, ihn nicht zu töten; das Baby wurde erwürgt. Die dadurch entstandene allgemeine Aufregung zog die Aufmerksamkeit eines hochrangigen Arztes auf sich. Er ließ Kim verprügeln und anschließend in die Einzelzelle werfen, wo sie fünf Tage später starb.

»Ich hatte geglaubt, das Studium der Medizin würde mich in die Lage versetzen, Menschenleben zu retten«, meinte Kim Shin Ok, die in der medizinischen Abteilung Dienst tat, zu Lee. »Aber sieh mich an! Ich benutze meine Kenntnisse, um Menschen wehzutun.« Kim befürchtete, dass man sie nach Ablauf ihrer Haftzeit nicht entlassen werde, weil sie zu viele Menschen getötet hatte und wusste, dass die toten Babys für »medizinische Zwecke« verwendet wurden.[10]

Verstieß eine Gefangene gegen die Vorschriften, schickte man sie in die »Disziplinarabteilung«. Eine Frau kam dorthin, weil sie gelacht, eine andere, weil sie in einem Fenster ihr Spiegelbild betrachtet hatte. Diese Abteilung war für die schmutzigsten Arbeiten zuständig, zum Beispiel für das Ausmisten des Schweinestalls und das Abfüllen menschlicher Fäkalien in große Tanks, um sie als Dünger zu verwenden. Nur wenige überlebten diese Strafe.

In Kechon gab es auch rund 100 Frauen, die einer Religion anhingen und eine zehnjährige Haftstrafe wegen »Aberglaubens« absitzen mussten. Sie waren von den übrigen Gefangenen isoliert, erhielten geringere Rationen und wurden noch öfter misshandelt, weil den Wärterinnen eine Beförderung winkte, wenn es ihnen gelang, sie zu einem öffentlichen Widerruf zu bewegen. Sie wurden zu gefährlichen Arbeiten eingeteilt, zum Beispiel in der Gummifabrik, in den Hüttenwerken und in der Disziplinarabteilung. Diese meist älteren Frauen hatten einmal im Monat vor den übrigen Gefangenen Aufstellung zu nehmen; dann versprach man ihnen leichtere Arbeit und sogar die Freilassung, wenn sie ihrem Glauben abschworen. Besonders grauenvoll wurde ein Mann misshandelt, der sich zum Christentum bekannte: Man hängte ihn kopfüber auf und befahl ihm, seinen Glauben zu widerrufen. Doch er schwieg. Das brachte den Wärter so in Rage, dass er dem Mann immer wieder seinen Stock in den Leib rammte. Schließlich ließ man ihn herunter und schlug auf ihn ein, aber er blieb weiterhin stumm. Daraufhin malträtierte ihn der Wärter mit Tritten und befahl den versammelten 6000 Gefangenen, über ihn hinwegzulaufen. Auf diese Weise wurde er zu Tode getrampelt.

Im Sommer 1991, während der Regenzeit, rutschte eine Christin namens Lee Ok Dan, die in der Disziplinarabteilung arbeitete, versehentlich in den Abwassertank. Er war so tief, dass man ein Seil benötigt hätte, um sie herauszuholen. Der Wärter befahl jedoch, die Frau in dem Tank ertrinken zu lassen, woraufhin in einem Akt schier unglaublicher Selbstaufopferung eine andere Christin den Wärter einfach ignorierte und in den Tank kletterte, um ihrer Glaubensschwester zu helfen; noch zwei weitere Frauen taten es ihr nach. Da ließ der Wärter den Tankdeckel schließen, so dass die vier Frauen durch die giftigen Gase umkamen; ihre Leichen wurden nicht herausgeholt. Im Jahr darauf befahl ein Wärter in den Hüttenwerken, geschmolzenes Eisen auf acht christliche Häftlinge zu gießen, die ihn mit ihrem Schweigen in Zorn versetzt hatten, weil sie nicht, wie von ihm verlangt, die Existenz des Himmels leugnen wollten.

Alljährlich hatten die Gefangenen die Neujahrsrede von Kim Il Sung auswendig zu lernen. Eine enorme Aufgabe – in gedruckter Form nahm die Rede gewöhnlich zwei volle Zeitungsseiten ein –, die älteren Insassen brauchten sich nur die Inhalte zu merken, während sich die jüngeren Häftlinge bis zum Geburtstag des Großen Führers am 15. April die Rede Wort für Wort einprägen mussten. Willkürlich ausgewählte Gefangene, die sie nicht vollständig wiedergeben konnten, kamen in Einzelhaft. Ein ehemaliger Bankangestellter aus Pjöngjang protestierte, als man ihm befahl, die Rede vorzutragen: »Ich kann sterben, aber ich kann mir diese Rede nicht merken!«. Dies wurde als Beleidigung des Großen Führers aufgefasst, der Mann wurde öffentlich hingerichtet.

Aufgrund der Anweisung Kim Il Sungs, dass die Saat des Widerstands gegen die Revolution über drei Generationen hinweg ausgemerzt werden soll, gibt es auch Kinder im Gulag. Kang Chol Hwan war neun Jahre alt, als er 1977 zusammen mit seiner Familie ins Yodok-Gefängnis gesperrt wurde, nachdem man seinen Großvater, einen Geschäftsmann, der aus Japan nach Nordkorea zurückgekehrt war und hier seine Kritik an der Regierung zu lautstark geäußert hatte, zum Arbeitslager verurteilt hatte. Yodok bestand aus einer weitläufigen Anlage, die 1974 in einem Tal angelegt worden war. Dort lebte Kang zusammen mit seiner Großmutter, seinem Vater, seinem Onkel und seiner siebenjährigen Schwester Mi Ho in einer Hütte. Wie sie später erfuhren, befand sich Kangs Großvater in einem Lager namens Senghori, wo die Verurteilten in einer Kohlenmine arbeiten mussten. Kangs Mutter war genötigt worden, sich von seinem Vater scheiden zu lassen; nur so entging sie dem Gefängnis. Die Lehmhütte in Yodok, in der Kang zusammen mit seinen Familienangehörigen hauste, gehörte zu einem »Dorf« von 2000 bis 3000 Mithäftlingen, allesamt Menschen, die früher in Japan gelebt hatten, und deren Familien.

In seiner ausgezeichnet geschriebenen Autobiographie *The Aquariums of Pyöngyang* schildert Kang, der inzwischen in Seoul als Reporter für die Tageszeitung *Chosun Ilbo* arbeitet, wie schwer es seiner kommunistischen Großmutter anfangs fiel zu akzeptieren, dass das System sich geirrt hatte:

> Als man uns ins Lager steckte, redete sie sich zunächst ein, dass unsere Internierung auf einem Justizirrtum beruhe, den die Behörden bald berichtigen würden. Mit der Zeit jedoch machte sie sich immer mehr Gedanken über das Lager selbst, das ihrer Ansicht nach in einem kommunistisch regierten Land keinen Sinn habe. Denn wenn es in Nordkorea Menschen gebe, die gegen das Regime protestierten oder opponierten, würde es doch genügen, sie einfach des Landes zu verweisen. Ein Lager wie Yodok sei ein Verbrechen, ein Ausdruck von Unmenschlichkeit. Schließlich ging sie noch weiter und sagte, dass Nordkorea zwar immer noch Merkmale des Kommunismus trage, aber seine Seele verloren habe. Ich glaube, erst da begriff sie wirklich, dass sie betrogen worden war.[11]

Die Gefängniskluft bestand aus einer violetten Jacke und einer Hose gleicher Farbe, die mit der Zeit in Lumpen zerfiel. Zusätzlich bekamen die Häftlinge pro Jahr Unterhemden und -hosen aus grobem Leinen und ein Paar Socken. In zehn Jahren erhielt Kang nur zwei Uniformen. Außerdem bauten die Gefangenen innerhalb kurzer Zeit körperlich stark ab. »Sie sahen erbärmlich aus«, schreibt Kang in seinem Buch. »Ihnen fehlten Zähne, die Haare waren verfilzt und viel zu lang, und sie waren verdreckt wie Tiere. Aber noch bestürzender als ihre körperliche Erscheinung war der Geruch des Verfalls, der ihnen aus allen Poren drang.«[12] Sie durften nur selten baden, und ihre Kleidung kam nur dann mit Wasser in Berührung, wenn es regnete.

Abgesehen vom körperlichen Verfall und vom Hunger wurde die Moral der Häftlinge von einem alles durchdringenden Misstrauen untergraben, ausgelöst von einem Netzwerk von Gefangenen, deren Aufgabe es war, die Mithäftlinge auszuspionieren.

Kang und seine Schwester gingen jeden Morgen in die Gefängnisschule und nachmittags zur Arbeit. Der Unterricht begann um sieben Uhr morgens und umfasste Koreanisch, Mathematik, Biologie und Politik. In den Klassenzimmern hingen Porträts von Kim Il Sung und Kim Jong Il. Prügel und Beschimpfungen durch die Lehrer waren an der Tagesordnung. Einmal trat und schlug der Lehrer einen kleinen Jungen, weil dieser sich über seinen Latrinendienst beklagt hatte, und ging, als der Junge schließlich in die Jauchegrube fiel, teilnahmslos seiner Wege. Dem Jungen gelang es zwar, wieder herauszuklettern, er starb jedoch wenige Tage später. Die Schulzeit endete mit 15 Jahren; von diesem Alter an galten die Schüler als Erwachsene, und sie wurden ganztags für die Arbeit eingesetzt. Die Gefangenen arbeiteten auf dem Feld oder in einem der zahlreichen Betriebe auf dem Lagergelände, zu denen auch eine Gipsgrube und eine Goldmine gehörten – die schlimmsten Arbeitsstätten. Es gab auch Fabriken für landwirtschaftliche Erzeugnisse und sogar eine Brennerei, in der Schlangenschnaps für den Export hergestellt wurde. Am leichtesten waren Tätigkeiten in der Verwaltung.

Im Lager lernte Kang den Sportler Park Seung Jin kennen, der bei der Fußball-Weltmeisterschaft 1966 in der nordkoreanischen Mannschaft gespielt hatte. (Kang behauptet, die gesamte Mannschaft sei ins Gefängnis gesperrt worden, weil sie in England eine Zechtour unternommen hatte; in Nordkorea wird dies jedoch bestritten, und 2002 präsentierte man für die britische Fernsehdokumentation »Das Spiel ihres Lebens« mehrere überlebende Mitglieder des Teams.[13])

Zehn Jahre später, als Kang und seine Familie 1987 entlassen wurden, war Park immer noch im Lager.

Soweit Kang erkennen konnte – im Lager durfte man sich nicht frei bewegen – bestand Yodok aus zehn »Dörfern«. Vier davon waren für Straftäter und Häftlinge reserviert, die sich mindere Vergehen hatten zuschulden kommen lassen. Die Banalität dieser minderen Vergehen verschlägt einem schier die Sprache: Manche waren verurteilt worden, weil sie sich nicht an politischen Kampagnen beteiligt hatten. In den übrigen sechs Dörfern waren die politischen Gefangenen untergebracht, die lebenslänglich inhaftiert waren. Zu dieser Gruppe gehörten verurteilte Spione, Angehörige von Landbesitzern und Kapitalisten sowie Menschen, die aus der Partei ausgeschlossen worden waren. Mitte der neunziger Jahre sollen in Yodok an die 70 000 Menschen gelebt haben – das schätzt ein ehemaliger Häftling, von dem nur der Familienname – Lee – bekannt ist und der nach seiner Flucht nach Südkorea von der Organisation Human Rights Watch befragt worden war.[14] Von 1995 bis 1998 arbeitete Lee in einer Holzfällereinheit in den verschiedenen Abteilungen des Lagers, wodurch er sich dort umsehen konnte und einen Eindruck von der Gesamtgröße der Anlage gewann. Sein Verbrechen hatte darin bestanden, dass sein Bruder verhaftet worden war, weil er versucht hatte, Uran zu verkaufen.

Da Angehörige von Überläufern hart bestraft werden, geben viele Flüchtlinge ihren wahren Namen nicht preis. Die prominenteste Familie in Yodok war die von Hwang Jang Yop, dem Architekten der *Juche*-Ideologie, der 1997 nach Südkorea entkommen war. Andererseits begegnet man in Südkorea Überläufern, die ihre Familie in dem Wissen zurücklassen, dass ihr Sippenhaft droht, seit jeher mit Skepsis.

Vermutlich wurden die südkoreanischen Agenten, die in Spionageabsicht nach Nordkorea eindrangen und dort aufflogen, mit dem Tode bestraft, Nordkoreaner hingegen, die verdächtigt wurden, ihnen geholfen zu haben, erhielten möglicherweise lebenslängliche Haftstrafen. Zu lebenslanger Haft wurde wahrscheinlich auch verurteilt, wer sich gegen die Nachfolgeschaft von Kim Jong Il aussprach. Es ist unklar, ob jemals ein ernsthafter Versuch unternommen wurde, Kim Jong Il zu stürzen. Im Laufe der Jahre gab es zwar Berichte über mehrere darauf hindeutende Vorfälle, aber nähere Einzelheiten wurden nicht bekannt. In den siebziger Jahren erhielt der Kapitän eines japanischen Schiffs ein Schreiben, dessen Autor um die Hilfe seiner Regierung für eine Gruppe von Aufständischen bat. Und 1980 wurde ein Minister der Regierung mit den Worten zitiert, es gebe Widerstand gegen die Nachfolge Kim Jong Ils.[15] Angeblich wurde auch versucht, den Kim-Il-Sung-Unsterblichkeitsturm in der Stadt Wonsan in die Luft zu sprengen. Der Überläufer Kang Myong Do, Sohn eines ehemaligen Ministerpräsidenten, behauptete, Eliteoffiziere hätten geplant, während einer Militärparade im April 1992 den gesamten Führungszirkel auf der Tribüne zu töten und einen Staatsstreich durchzuführen. Angeblich stand die Gruppe von 40 Offizieren unter der Führung des stellvertretenden Stabschefs Ahn Jong Ho.[16] Ob es tatsächlich einen solchen Plan gegeben hat oder ob seine Existenz durch Folter von den angeblichen Verschwörern erpresst wurde, sei dahingestellt – jedenfalls ist anzunehmen, dass alle, die mit dieser Verschwörung und jedem ähnlichen Plan in Verbindung gebracht und nicht hingerichtet wurden, in Lagern wie Yodok lebenslang einsitzen.

Für Lebenslängliche werden keine Porträts des Großen und des Geliebten Führers aufgehängt, sie müssen keine Selbstkritik üben und man versucht auch nicht, sie umzuerziehen. Wahrscheinlich werden sie für den Bau hochsensibler Militäranlagen eingesetzt, deren Geheimnisse sie mit ins Grab nehmen. Ihre Köpfe sind stets kahlgeschoren, damit man sie im Falle der Flucht auf der Stelle erkennt.

Laut Kang wurde jeder, der zu entkommen versuchte, öffentlich hingerichtet. Sobald Kang als Erwachsener eingestuft war, musste er solchen Exekutionen beiwohnen. In fünf Jahren erlebte er 15 Hinrichtungen. Wenn die Opfer schreiend ihre Unschuld beteuerten, stopften ihnen die Wärter Steine in den Mund. Meist band man die Opfer an einen Posten und erschoss sie. Einmal jedoch wurden zwei ehemalige Soldaten, denen eine mehrtägige Flucht gelungen war, erhängt. Einer der beiden war rasch tot, der andere jedoch wand sich im Todeskampf noch eine Zeit lang am Seil. Als auch er tot war, befahl man den Tausenden von Häftlingen, die alles mit angesehen hatten, die Hingerichteten mit Steinen zu bewerfen. Die zerschmetterten Leichname blieben die Nacht über an den Seilen hängen.

Die Gefangenen in Yodok erhielten eine Tagesration von 500 Gramm Mais pro arbeitendem Erwachsenen und 400 Gramm pro Kind, ergänzt durch selbstgezogenes Gemüse und Kräuter, die sie an den Berghängen sammelten. Im Laufe der Zeit lernte Kang, wie man Ratten fängt, eine wertvolle Quelle für Protein. Am schlimmsten war erstaunlicherweise der Frühling. Nach den Strapazen des bitterkalten koreanischen Winters ließen die Abwehrkräfte des Körpers nach, so dass viele Gefangene erkrankten und starben. Auch brachten sich manche um, obwohl diese Art von Flucht den überlebenden Familienmitgliedern eine Strafverschärfung in Form von verlängerter Inhaftierung und Überführung in ein härteres Lager eintrug. Einmal standen Kangs Vater und sein Onkel kurz davor, Selbstmord zu begehen. Kang schreibt dazu:

> Als ich von der Arbeit nach Hause kam, sagte meine Großmutter zu mir, die beiden seien in die Berge gegangen, um sich dort an einem Baum zu erhängen. Als ich das hörte, begann ich fürchterlich zu zittern, warf mich auf meine Matte und dachte so intensiv wie möglich an die beiden, wobei ich immer wieder murmelte: »Kommt zurück, kommt zurück.« Ich weiß nicht, wie lange ich in diesem Zustand verharrt hatte, als ich hörte,

wie die Tür der Hütte knarrend aufging. Es waren die beiden! Ich weinte vor Glück.[17]

Kim Yong, Häftling im Lager Kechon[18], war in einem Waisenhaus aufgewachsen. In Nordkorea haben Waisen in einer Hinsicht außergewöhnliches Glück, nämlich darin, dass ihre Abstammung keine Zweifel an ihrer Loyalität aufkommen lässt. Man hatte Kim Yong gesagt, sein Vater sei im Koreakrieg durch eine Bombe umgekommen. Er trat in die Partei ein und wurde Offizier im staatlichen Sicherheitsdienst. 1993 änderte sich jedoch sein Leben grundlegend, als herauskam, dass sein Vater 1957 als angeblicher CIA-Spion hingerichtet worden war. Obwohl er seinen Vater niemals kennen gelernt hatte, wurde Kim nach dieser Enthüllung ins Kechon-Gefängnis geworfen und musste in einer Mine arbeiten. Unter seinen Mithäftlingen befanden sich etliche, denen man Aufruhr, Kritik an Kim Jong Il, Spionage und sogar Pazifismus vorwarf, sowie Angehörige der unter solchem Verdacht Stehenden. 1996 wurde Kim in eine Einrichtung namens 18. Verwaltungslager verlegt, wo sowohl politische Gefangene als auch gewöhnliche Kriminelle in getrennten Abteilungen lebten.[19] Dort stieß er, so unwahrscheinlich dies klingt, auf seine Mutter. Sie war seit 1957 – dem Jahr der Hinrichtung ihres Mannes – in dem Lager eingesperrt. Kim floh 1998 und lebt heute in Südkorea.

Ahn Myong Chol tat in vier Gefängnissen als Wärter Dienst, bevor er nach Südkorea überlief. Mit dieser Aufgabe wurde er erstmals im Alter von 19 Jahren im Gefängnis Hoeryong beauftragt, und man sagte ihm, dass er jeden Gefangenen, der zu fliehen oder ihn anzugreifen versuche, töten dürfe.[20] Wärter, die einen Flüchtenden umbrachten, erwarben sich damit sogar das Recht, auf die Universität zu gehen, was dazu führte, dass manch unschuldiger Häftling ermordet wurde.

Ahn berichtete von der tragischen Geschichte einer Frau, die seit ihrem fünften Lebensjahr in Hoeryong lebte, nachdem ihr Onkel aus der Partei ausgeschlossen und die gesamte Familie ins Lager gesteckt worden war. Mutter und Bruder dieser Frau waren an Hunger gestorben. Mit 26 Jahren wurde sie von einem Wärter vergewaltigt. Da sexuelle Beziehungen im Lager verboten waren, wurde der Wärter degradiert und die Frau in ein Strafzentrum geschickt. Als Ahn sie danach wieder sah, war ihr Körper mit Brandwunden übersät. Einige Zeit später beobachtete er, wie sie auf einem alten Autoreifen durch das Lager rutschte. Eine Kohlenlore war ihr über die Beine gefahren, die daraufhin unter dem Knie amputiert wurden.

Ihr Name war Han Jin Duk.

KAPITEL ZEHN

Der einzige Dicke im ganzen Land

In der Finanz- und Rechnungsabteilung der herrschenden Arbeiterpartei gibt es ein Büro, das für die Gesundheit Kim Jong Ils zuständig ist. Die Helden und Heldinnen des »Instituts für langes Leben«, wie es heißt, sind mit der Aufgabe betraut, dafür zu sorgen, dass er nur das Beste zu essen bekommt.[1]

Der Reis für ihn beispielsweise stammt von besonderen Betrieben im Bezirk Mundok nördlich der Hauptstadt, wo jedes Korn einzeln geprüft wird. In einem nach der Flucht nach Südkorea verfassten Buch enthüllt sein Neffe Lee Han Yong, dass der Reis über einer offenen Flamme unter Verwendung von Holz vom Paekdu gekocht werden muss. Das Mineralwasser, das Jong Il trinkt, ist zwar die übliche nordkoreanische Marke »Sindok«, kommt aber von einer ausschließlich ihm vorbehaltenen Quelle.

Schon früh erkannte Kim Jong Il, dass es jenseits der Grenzen seines Landes ein ganzes Universum von Köstlichkeiten gibt. 1977 ließ er angeblich durch seine Botschaften Proben ausländischer Zigaretten besorgen. Nach persönlichen Tests blieben nur noch die Marken Rothmans und Dunhill in der engeren Auswahl, und schließlich entschied er sich für Rothmans. Anstatt jedoch die Ware zu importieren, ließ er eine ähnlich schmeckende einheimische Sorte namens »Paektusan« (*san* bedeutet »Berg«) produzieren. Aber nicht alle Qualitätsartikel können so leicht kopiert werden. Vor einigen Jahren versicherte mir ein Vertreter der Cognacfirma Hennessy, Kim Jong Il sei der größte Einzelabnehmer der Sorte Paradis. Offenbar gab Kim dafür an die 700 000 Dollar jährlich aus. (Interessanterweise erklärte mir mein Informant, das Kaufmuster bei Paradis-Cognac gebe Aufschluss über die politische Stabilität des Landes. Umfangreichere Bestellungen bedeuten in der Regel, dass der Abnehmer Leuten in Schlüsselpositionen mehr als sonst Geschenke macht, um sie gefügig zu halten – mit anderen Worten eine Zunahme der politischen Unsicherheit.)

In den letzten Jahren bemühte sich Kim um eine Verbesserung seiner Gesundheit. 1982 versuchte er, mit dem Rauchen aufzuhören, und 1999 gelang es ihm schließlich. Dabei überrascht kaum, dass es ihm alle militärischen Befehlshaber der obersten Ränge gleichtaten. Bis zum Alter von 50 Jahren war er starker Trinker, doch dann konnten ihn seine Ärzte schließlich dazu überreden, wenigstens auf hochprozentige Alkoholika zu verzichten.[2] Gegenwärtig konsumiert er eine halbe Flasche Wein am Tag, und zwar bevorzugt er Bordeaux und Burgunder. Für seine Reise nach Russland im Jahre 2001 ließ er sich eigens aus Paris ein Kontingent Wein in seinen Zug liefern.

Dass ein ostasiatischer Diktator auf diese Weise seinen Gelüsten frönt, ist wahrscheinlich normal. Essen ist seit jeher die Leidenschaft der Koreaner – »Hast du heute schon Reis gegessen?« lautete die gängige Begrüßungsformel im Süden –, und sie gehören zu den größten Konsumenten exotischer Körperteile exotischer Tiere. Deshalb sollte es uns nicht wundern, dass Kim Jong Il in dieser Hinsicht ein Connaisseur ist.

Er gehört nicht zu den Staatsmännern, die eine Schale Nudeln mit den Arbeitern vertilgen würden, noch ist er einer von denen, die eine Schürze umbinden und sich selbst an den Herd stellen. Er verlässt sich auf Fachleute aus dem Ausland, und da seine Vorliebe für Entführungen inzwischen abgeklungen ist, zieht er es vor, seine

Köche regulär einzustellen. Vor ein paar Jahren warben nordkoreanische Regierungsbeamte zwei Italiener an, die Pizza für Kim Jong Il backen und es den einheimischen Kollegen beibringen sollten. Die Geschichte, die sie erzählen, wirft ein Licht auf Kim Jong Ils luxuriösen Lebensstil.

> Bald darauf gelangten wir an ein riesiges Tor am Ende einer Allee, und in einem Gebäude daneben stand eine Wache. Ein grünes Licht leuchtete auf der Motorhaube auf, und das Tor hob sich. Als wir an der Wache vorbeifuhren, winkte uns der Mann mit einer Geste zu, die an einen Schwulen erinnerte, und plötzlich befanden wir uns in einem herrlichen Park mit Bäumen und Blumenbeeten, mit Brunnen und gepflegtem Rasen um ein seltsames Gebäude, das aus zwei quadratischen, jeweils etwa 150 Meter langen Flügeln bestand. Einer der Flügel hatte vier Stockwerke, der andere war niedriger und vollkommen fensterlos. Die beiden Flügel waren durch ein schmaleres und niedrigeres Gebäude miteinander verbunden. In diesem Hotel gab es keine Schilder, keinen Empfangstisch, keine Zimmerschlüssel.[3]

Es handelte sich um einen der Paläste Kims. Dennoch war das Leben dort nicht das reinste Zuckerschlecken. Einmal beklagte sich Kim oder einer seiner Gäste, die auf einem Vergnügungsschiff dinierten, über das Essen, das die italienischen Köche zubereitet hatten.

> An diesem Abend gönnten wir uns hinten im Diensttrakt ein leichtes Abendessen: zwei Hummer, Salat und französischen Weißwein. Plötzlich läutete das Telefon. Herr Om setzte sein Glas Remy Martin ab – den wir eimerweise tranken – und ging an den Apparat. Das war immer ein Augenblick der Anspannung für ihn: Er musste den täglichen Bericht über seine Fort-

schritte durchgeben und mitteilen, was wir für den nächsten Tag vorbereitet hatten. Plötzlich verdunkelte sich Herrn Oms Gesicht unübersehbar, während er schweigend der Stimme am anderen Ende lauschte – ich vermute, es war Herr Pak –, die sich darüber beklagte, dass das Essen keinen Gefallen gefunden hätte.

Nachdem unsere Frauen hurtig ins Bett geschickt worden waren, führte man den Chefkoch und mich in ein Büro und unterzog uns einer klassischen Gehirnwäsche. Dabei war gar nicht die Pizza das Problem gewesen, sondern das Lamm. Es hatte zwei Tage lang in der Marinade gelegen, und anschließend war in mühevoller Arbeit die Beilage zubereitet worden – kleine Bündel getrockneter Nudeln, die ich selbst probiert hatte. Es war wirklich ein hervorragendes Gericht und auch optisch eine Schau, aber leider hatte es jemand zu salzig gefunden. Und so mussten wir an jenem Abend bis ein Uhr aufbleiben und den ganzen Speiseplan überprüfen, wobei Herr Om alles herausnahm, was zu salzig hätte sein können.[4]

Auch Konstantin Pulikowskis Bericht über Kim Jong Ils Eisenbahnreise durch Russland im Jahre 2001 gibt einigen Einblick in Kims geschmäcklerisches Wesen. Er nahm nordkoreanische Küchenchefs mit, die in Frankreich gelernt hatten und koreanische, russische, chinesische, japanische und französische Gerichte zaubern konnten. Kim und Pulikowski besprachen jeden Tag den Speiseplan. Während der Reise wurden an vier Orten eingeflogener Hummer und andere Frischware zugeladen. *Kimchi*, eine pikante koreanische Beilage, war ein Muss, und Kim erklärte seinem Gastgeber, das scharfe Gewürz darin sei ein unabdingbarer Ersatz für ein Verdauungsenzym, das in der Spezies des *homo sapiens* einzig den Koreanern fehle. (Solche Mythen sind in Korea Allgemeingut. Zu ihnen gehört auch die Behauptung, die Koreaner seien deshalb kaum vom SARS-Virus betroffen gewesen, der im Jahre 2003 in Ostasien grassierte, weil *Kimchi* sie davor geschützt habe.)

Vielleicht hat Kim auch panische Angst vor Keimen. Denn als er 2001 in Chabarowsk durch eine Milchverarbeitungsfabrik geführt und aufgefordert wurde, den Hüttenkäse und die mit Vitaminen angereicherte Milch zu probieren, lehnte er ab, was ziemlich unhöflich war.

Es wäre falsch anzunehmen, Kim Jong Il sei gefräßig. Er ist ein Gourmet, kein Gourmand. Er genießt den Geschmack und die Konsistenz der Speisen und nimmt bescheidene Portionen zu sich. In St. Petersburg ließ ihm der Ortsgouverneur, den Pulikowski auf Kims Vorlieben aufmerksam gemacht hatte, gesalzenes Schweineschmalz, *Pelmeni* (Teigtaschen) und Essiggurken servieren – eine Vorspeise, die ihm zweifellos schmeckte, denn er bestellte sie später noch mehrmals.

»Der Tisch des Vorsitzenden Kim war stets mit teuren Gerichten aus der ganzen Welt gedeckt«, erzählte Kim Jong Ils ehemaliger japanischer Koch Kenji Fujimoto der japanischen Tageszeitung *Sankei Shimbun.* »Besonders gern mochte er üppige *Sushi*-Gerichte wie beispielsweise *Toro*, das mit köstlichem Thunfischbauchfleisch zubereitet wird, und *Uni*, das ist *Sushi* mit Seeigeleiern.«[5] Und offenbar ist er so scharf auf Haifischflossensuppe, dass er sie bis zu dreimal die Woche zu sich nimmt. Fujimoto berichtete außerdem, im Hochsommer esse er, der koreanischen Tradition gemäß, gern *Boshintang*, Hundesuppe. Als Kim über 40 war und ihm ostdeutsche Ärzte rieten abzunehmen, lief er, seinen Sohn und seinen Neffen im Schlepptau, über mehrere Monate täglich etliche Male die Treppe vor seinem Haus auf und ab, bis er 20 Kilogramm verloren hatte. Aber es dauerte nicht lange, bis er wieder sein altes Gewicht erreicht hatte.[6]

Trotz der bescheidenen Portionen bleibt Kim Jong Il dick. Um genauer zu sein: In Nordkorea ist er *der* Dicke. Er ist der einzige Beleibte im ganzen Land. Was seine Lebensweise so widerwärtig macht, ist die Tatsache, dass zehn Prozent der Bevölkerung seines Landes Hungers starben, während er seinen Schnabel in Gläser mit Burgunderwein steckte und sich über das Lamm beklagte.

Obwohl sich kaum 20 Prozent des Bodens für den Ackerbau eignen, kamen die Nordkoreaner damit zurecht. Bis zu den achtziger Jahren konnte sich das Land selbst mit Nahrungsmitteln versorgen. Doch dann begann man, um die wachsende Bevölkerung zu ernähren, kleine Mengen Getreide zu importieren, vorwiegend aus China. Darüber hinaus startete die Regierung ein paar Projekte zur Urbarmachung von Land. Doch an der Westküste verlief das Unternehmen nicht wie erwartet. Die Abholzung der Berghänge für den Terrassenanbau erwies sich als Katastrophe. Die Planer hatten keine Vorkehrungen gegen mögliche Auswaschungen getroffen, so dass die ersten Regenfälle die Muttererde wegspülten, die anschließend die Flüsse versanden ließ. In den neunziger Jahren versiegte durch den Zusammenbruch des europäischen Kommunismus der Tauschhandel mit den Sowjets, es gab keine »Freundschaftspreise« mehr, und die Chinesen verlangten die Bezahlung in Dollar. Um diese Zeit war es auch, dass Kim Jong Il den Rat erhielt, sich bei hochprozentigen Alkoholika zurückzuhalten, während den nordkoreanischen Bürgern nahe gelegt wurde, den Gürtel enger zu schnallen und nur zwei Mahlzeiten pro Tag zu sich zu nehmen. Doch um die gravierende und zunehmend bedrohliche Nahrungsmittelknappheit in den Griff zu bekommen, stellte man schließlich die staatliche Versorgung der nordöstlichen Bergregion mit Nahrungsmitteln ganz ein. Dennoch sollte die Illusion aufrechterhalten werden, dass der Staat alle materiellen Bedürfnisse seiner Bürger befriedigen konnte, und so leugnete die Regierung, überhaupt Probleme solcher Art zu haben. »Was ist falsch daran?«, erwiderte ein Vertreter des Wirtschaftsministeriums 1992 auf meine Frage, ob das Land Nahrungsmittel importiere.

1995 aber wurde aufgrund des schlechten Wetters aus dem ernsten Problem eine Katastrophe. Im September erbat das Regime internationale Hilfe, weil die heftigen Regenfälle des Sommers angeblich die Ernte zerstört hatten – ein ungewöhnliches Eingeständnis, das einen ersten Hinweis auf das wahre Ausmaß der Schwierigkeiten gab. Bisher hatte Nordkorea die Bettelschale nur den kommunistischen Verbündeten hingehalten, seine Feinde hatte es noch nie um Wohltätigkeiten gebeten. Eine Studie der Vereinten Nationen aus jenem Jahr ergab, dass das Land lediglich 50 Prozent seines Bedarfs an Nahrungsmitteln aus eigener Kraft decken konnte. Doch das kollektive Misstrauen gegenüber Nordkorea war so groß, dass nicht einmal diese schockierende Zahl bei der internationalen Gemeinschaft auf Beachtung stieß. Nordkorea fuhr die Ernte all der Lügen und aggressiven Parolen ein, die es über so viele Jahre gesät hatte.

Als internationale Hilfsorganisationen in Pjöngjang eintrafen, verweigerten ihnen nordkoreanische Regierungsbeamte kurzerhand den Zugang zu Informationen. Andrew Natsios von World Vision US, einer nichtstaatlichen Organisation, stellte bei seinem ersten Aufenthalt im Land fest, dass die zuständigen Stellen selbst den Leuten, die helfen wollten, Lügen über die wahre Lage auftischten. In seinem Buch *The Great North Korean Famine* schreibt er:

> Die nach Nordkorea entsandten Mitarbeiter der UNO und nichtstaatlicher Organisationen, die ich am Flughafen kennen lernte, legten ein Maß an Zynismus, Zorn und Frustration an den Tag, wie ich sie bei keinem anderen Notstand irgendwo auf der Welt jemals erlebt habe. Viele meinten, die Lage sei gar nicht so kritisch, niemand müsse sterben und die internationale Gemeinschaft solle gar nicht hier sein. Außerdem seien sie der tagtäglichen Manipulation, der Täuschung und Propaganda, mit denen sie die Regierung überschütte, überdrüssig. Nur eine Woche später verließ ich unter demselben Eindruck das Land.[7]

Bevor Mitarbeiter ausländischer Hilfsorganisationen ein Gebiet betraten, so Natsios, wurden Leichen, Bettler und ausgemergelte Kinder von den Straßen entfernt, und nur Parteimitglieder durften ihre Wohnung verlassen, um Nahrungsmittelhilfe in Empfang zu nehmen.[8]

Obwohl das kaum zu überbietende Versagen des Regimes für jedermann offensichtlich war, hielt es unerschütterlich an seiner Bereitschaft fest, die Bürger dem eigenen Überleben zu opfern und sie zu unterdrücken. Diese unbeugsame Arroganz kam auch in der nordkoreanischen Haltung gegenüber den Geberländern zum Ausdruck. So trichterten die Behörden den Bürgern ein, eigentlich hätten die Mitarbeiter der Hilfsorganisationen nichts anderes im Sinn, als das kommunistische System zu unterwandern. Als Japan im Jahre 1995 450 000 Tonnen Getreide lieferte, hieß es, das Land wolle damit nur Schadenersatz für seine Kolonialherrschaft leisten. Im selben Jahr schickte auch Südkorea 150 000 Tonnen, und man bewunderte Kim Jong Il, weil er seine Feinde dazu brachte, die heimischen Getreidesilos zu füllen. Um zu zeigen, was für ein harter Bursche er war, schickte er etwa zur gleichen Zeit Spionagekommandos in das Nachbarland. 1996 lief ein nordkoreanisches Spionage-U-Boot vor der südkoreanischen Küste auf Grund. Deshalb und weil Gerüchte aufkamen, die Hilfslieferungen gingen an die Armee, machte sich Seoul 1996 und 1997 dafür stark, die internationale Hilfe einzustellen.

Als das System der Rationierung zusammenbrach, machten sich die Menschen auf die Suche nach essbarem Unkraut und Wurzeln, die Behörden lockerten die Reisebeschränkungen im Land, damit die Leute dort, wo die Nahrungsverteilung besser funktioniere, ihre Verwandten besuchen konnten, und Einheiten der Armee plünderten die Vorräte der landwirtschaftlichen Kollektive. Frauen vermieden es möglichst, schwanger zu werden. Familien setzten ihre älteren Angehörigen aus, oder die Älteren überließen ihre Rationen den Jüngeren.

Eltern setzten ihre Kinder aus oder gaben ihnen ihre Rationen und verhungerten selbst. Nur die Elite und interessanterweise die Bauern hatten noch Zugang zu Nahrungsmitteln. In den Städten und Großstädten aber herrschte schiere Verzweiflung. Die Menschen starben scharenweise. Die Guten und Bescheidenen raffte es zuerst dahin, während die Niederträchtigen, die Raffinierten und die, die einfach Glück hatten, Wege fanden zu überleben. Kinder schlossen sich zu Banden zusammen, um etwas zu essen aufzutreiben, Lehrer drangsalierten ihre Schüler, ihnen Essbares mitzubringen. Überall gehörte der Diebstahl zum Alltag, ja, es gab sogar Berichte über Fälle von Kannibalismus.

Im Frühjahr 1998 war das Schlimmste überstanden. Die neue südkoreanische Regierung unter dem ehemaligen Dissidenten Kim Dae Jung begann eine Politik der Annäherung an den Norden und schickte dem Nachbarn großzügige Ladungen Dünger. Zusammen mit der Nahrungsmittelhilfe der USA, Chinas, Japans und der EU trug dies zum Ende der Hungersnot bei. Genaue Zahlen sind nicht bekannt, aber im Sommer 1998 zitierte der südkoreanische Geheimdienst einen demographischen Bericht der nordkoreanischen Regierung, wonach die Todesziffer knapp unter drei Millionen lag.[9] Dabei ist nicht klar, ob die Gulaginsassen mitgezählt wurden. Außerdem könnte es sein, dass Hunderttausende, die nach China flohen, von den Beamten ihrer Heimatorte als »verschwunden, vermutlich tot« in die Statistik aufgenommen wurden.

Aber das sind Feinheiten. Für ein Land mit einer Bevölkerung von lediglich 22 Millionen, das zudem noch in einer Region liegt, die zu den ökonomischen Aufsteigern der Welt gehört, ist diese Zahl an Verlusten schwindelerregend und nicht entschuldbar. Was die Ursache der Katastrophe betrifft, müssen wir nur einen Blick auf die Inkompetenz des Regimes werfen, das unter der Führung des einzigen Dicken im Land steht. Anstatt Korrekturen in der Landwirtschaft und im Verteilungssystem vorzunehmen, um die Gefahr der Lebensmittelknappheit zu bannen, setzten Kim Jong Il und seine rücksichtslosen Parteigenossen die staatlichen Mittel weiterhin vornehmlich für die Rüstung und die innere Überwachung des Landes ein.

Nach wie vor sind die Lebensbedingungen in Nordkorea hart. Noch 2003, also fünf Jahre nach dem Ende der Hungersnot, lebte Schätzungen zufolge ein Drittel der Bevölkerung von internationaler Hilfe. Das Gesundheitssystem ist völlig marode. »Für den durchschnittlichen Nordkoreaner besteht der Alltag aus einem erbitterten Kampf ums Überleben, doch die Widerstandsfähigkeit und Würde der Menschen ist beeindruckend«, berichtete Kathi Zellweger von der katholischen Wohlfahrtsorganisation Caritas.

Nach einer gemeinsamen Studie der Vereinten Nationen und der EU von 2002 sind 10 Prozent der nordkoreanischen Kinder »akut« und 40 Prozent »chronisch unterernährt«. Im Durchschnitt ist in Nordkorea ein siebenjähriger Junge 20 Zentimeter kleiner und wiegt 10 Kilogramm weniger als sein Bruder in Südkorea. Eine ganze Generation ist verkrüppelt.[11]

Hunderttausende normale Koreaner riskieren weiterhin Gefängnisstrafen, ja sogar die Hinrichtung, um auf der Suche nach Nahrung und Hoffnung die Grenze nach China zu überschreiten, wo sie bei Verwandten leben oder sich, versteckt vor der chinesischen Polizei, in Waldhöhlen einrichten. Südkoreanische und internationale Beobachter schätzen, dass ungefähr 300 000 Nordkoreaner in den drei chinesischen Grenzprovinzen untergetaucht sind, wo zuvor bereits eine große Zahl gebürtiger Koreaner lebte. Zehntausende Frauen wurden an Bordelle verkauft oder chinesischen Bauern zur Frau gegeben. Eine Tochter bringt 25 US-Dollar ein.[12]

Erstaunlicherweise geht dieser marode Staat immer noch mit unerbittlicher Härte gegen jedermann vor, der das Propagandabild vom »Arbeiterparadies« in Frage stellt. Und Peking macht dabei bereitwillig mit. So hat beispielsweise das Abkommen mit Pjöngjang, die Flüchtlinge zurückzuschicken, Priorität vor der von Peking mitunterzeichneten Flüchtlingskonvention der Vereinten Nationen. Nordkoreanische Emigranten, die von der chinesischen Polizei aufgegriffen und über die Grenze zurückgeschickt werden, erwartet das Gefängnis. Bei schwer wiegenden Vergehen – etwa wiederholter Grenzüberschreitung, Kontakt mit Südkoreanern, ausländischen Missionaren, Mitarbeitern von Hilfsorganisationen oder Journalisten, dem Besuch einer Kirche, Geschlechtsverkehr mit Ausländern oder der Bitte um politisches Asyl – muss der Flüchtling mit lebenslanger Haft oder sogar Hinrichtung rechnen.

Viele Nordkoreaner, die die Grenze in beiden Richtungen passieren, sind Schmuggler. Um die Kontrolle zu behalten, hat die Regierung immer wieder hart gegen den Schmuggel durchgegriffen. Typisch für solche Maßnahmen war der Fall von vier Frauen, die 1999 öffentlich exekutiert wurden, weil sie versucht hatten, Waren nach China zu schmuggeln. Die Todesstrafe bekamen sie deshalb, weil die betreffenden Gegenstände über fünf Kilogramm wogen. An die 500 Menschen versammelten sich auf dem Bauernmarkt, um der Hinrichtung beizuwohnen. Es war Hochsommer, aber die Opfer, denen man das Haar geschoren hatte, trugen Winterkleider, damit sich ihr Blut nicht auf dem Boden ausbreitete. Vor den Augen ihrer Familienangehörigen wurden sie von vier Männern erschossen.

Eine Auswanderungsbewegung in südlicher Richtung zu der stark abgesicherten entmilitarisierten Zone gibt es hingegen nicht, weil die Möglichkeit, gefasst zu werden, dort viel größer ist und weil man dort das Motiv, überlaufen zu wollen, nicht leugnen kann, aber auch, weil der Süden für die meisten Nordkoreaner nach wie vor als Feindesland gilt. Erst wenn sie China erreichen, können sie die antisüdkoreanische Propaganda, mit der sie aufgewachsen sind, allmählich vergessen. Inzwischen ist das Rinnsal der Flüchtlinge, die es durch China bis nach Südkorea schaffen, zu einem stetigen Strom angeschwollen. Bis in die neunziger Jahre konnten ein oder zwei

Nordkoreaner pro Jahr entkommen. 2002 stieg die Zahl auf 1200. Zur Zeit der Entstehung dieses Buchs zogen die Vereinigten Staaten in Erwägung, die Einwanderung nordkoreanischer Flüchtlinge zuzulassen.

Der wachsende Strom von Flüchtlingen und Überläufern weist auf einen Umbruch in Nordkorea hin: Das bewusste Aushungern der östlichen Provinzen, die landesweite Hungersnot und das Versagen des Regimes bei der Bereitstellung von Grundnahrung und materieller Hilfe haben den Mythos vom »Arbeiterparadies« und vom gütigen Führer Kim Jong Il zerstört. Mitarbeiter von Hilfsorganisationen in China berichten, dass die Nordkoreaner, die 2003 über die Grenze kamen, Kim Jong Il und sein Regime viel kritischer sahen als selbst während der Hungersnot. Anfang 1998 deckte der Geheimdienst angeblich eine geplante Meuterei von Armeeoffizieren in Hamhung auf, der Industriestadt an der Ostküste im Epizentrum der Hungersnot. Kim Jong Il hat die Nordkoreaner vielleicht noch unter seiner Kontrolle, aber er ist nicht mehr in ihren Herzen.

In ihrem vielsagenden Dokumentarfilm »Shadows and Whispers« über nordkoreanische Flüchtlinge in China bittet die koreanisch-amerikanische Regisseurin Kim Jung Eun ein paar Jungen, ein Lied über den väterlichen Führer Kim Jong Il zu singen, das sie gelernt hatten. Sie taten es nur zögernd.

Als sie fertig waren, hielt einer der Jungen nachdenklich inne und murmelte dann: »Schöner Vater.«

KAPITEL ELF

Den Markt gängeln

Der chronische Mangel an Nahrungsmitteln in Nordkorea wird sich so lange nicht beheben lassen, wie Kim Jong Ils Regime nicht das Wirtschaftssystem ändert (oder selbst verändert wird). Und selbst dann wird das Land noch etliche Jahre auf Entwicklungshilfe angewiesen sein. Nordkorea ist, um es im Börsenjargon zu sagen, ein »submerged market«, ein verschütteter Markt, der nach einem Jahrzehnt, das schlimmer war als erwartet, ins Nirgendwo steuert.

Es lässt sich kaum präzise bestimmen, wie schlecht es um die nordkoreanische Wirtschaft steht, weil Pjöngjang bereits Mitte der sechziger Jahre (als bei seinem Rivalen im Süden das Wirtschaftswachstum einsetzte) die Veröffentlichung aussagekräftiger Statistiken eingestellt hat und seither Jahresberichte herausgab, in denen es etwa hieß: »Dank des Großen Führers ist die Kohleförderung dieses Jahr um zehn Prozent gestiegen« – fragt sich nur, bezogen worauf. Die besten Statistiken über den Norden trägt die Bank of Korea in Seoul zusammen. Danach ist die nordkoreanische Wirtschaft seit 1990 um rund 40 Prozent geschrumpft. Solche Zahlen sind aus den verfügbaren Angaben abgeleitet, zum Beispiel dem Eingeständnis Pjöngjangs, dass von 1992 bis 1996 die Staatseinkünfte, die etwa 89 bis 90 Prozent des Nationaleinkommens darstellen, um fast die Hälfte gesunken sind.

Wie wir gesehen haben, setzte der Niedergang 1989 mit dem Zusammenbruch der Sowjetunion, dem langjährigen Wohltäter, ein. Bis dahin konnte Nordkorea Öl und andere Rohstoffe zu sowjetischen »Freundschaftspreisen« importieren, die bis zu 75 Prozent unter dem jeweiligen Weltmarktniveau lagen. Doch seit den neunziger Jahren musste Nordkorea echte Preise mit echtem Geld bezahlen, von dem es nicht viel besaß, weil es kaum exportierte und ausländischen Banken nicht kreditwürdig erschien.

1999 jedoch hörte die nordkoreanische Wirtschaft auf zu schrumpfen und ein Wachstum von 6,2 Prozent wurde verzeichnet – seit neun Jahren erstmals schwarze Zahlen.[1] Dank des historischen gesamtkoreanischen Gipfels im Jahr 2000, der dem südkoreanischen Präsidenten Kim Dae Jung den Friedensnobelpreis eintrug, nahm der wirtschaftliche Austausch mit dem Süden zu. Außerdem wurden alte diplomatische Beziehungen zu Australien wiederbelebt, neue wurden geknüpft – mit Kanada und den EU-Staaten außer Irland und Frankreich –, und auch das Verhältnis zu Russland und China verbesserte sich. Diese Entwicklungen führten im Jahr 2000 zu einem Wachstum von 1,3 Prozent beziehungsweise 3,7 Prozent im Jahr darauf. 2002 betrug das Bruttonationaleinkommen 15,7 Milliarden Dollar, was einem Pro-Kopf-Einkommen von 706 Dollar entspricht.

Strukturell ähnelt die nordkoreanische Wirtschaft derjenigen Südkoreas der späten sechziger Jahre, als dort die Industrialisierung einsetzte: Rund ein Drittel Dienstleistungen, ein Drittel Land- und Forstwirtschaft sowie Fischerei, und ein Drittel Industrie (Produktion, Bergbau und Bauwesen). 2001 betrug das Handelsvolumen 2,27 Milliarden Dollar, verzeichnete also einen Zuwachs von 15,1 Prozent, lag damit aber immer noch meilenweit hinter dem Stand von 4,2 Milliarden Dollar im Jahre 1990. Das Wachstum verteilt sich gleichmäßig auf Import und Export. Insbesondere 2001 kam es zu einer enormen Exportsteigerung bei Grundstoffen wie Fisch, Schalentieren und unedlen Metallen, was auf die Einfuhr von

Investitionsgütern für Viehzucht, Fischfarmen und Bergbau zurückzuführen ist. 2001 importierte Japan als größter Abnehmer nordkoreanischer Waren fast so viel wie die übrigen zehn wichtigsten Handelspartner zusammen. China hingegen war Hauptexporteur nach Nordkorea und insgesamt dessen größter Handelspartner. Ein Faktor hierbei ist Chinas Rolle als Mittler für den Handel zwischen den beiden koreanischen Staaten, denn auch Südkorea ist inzwischen zu einem bedeutenden Wirtschaftspartner Nordkoreas geworden. In den ersten neun Monaten des Jahres 2002 belief sich der innerkoreanische Handel auf 343,07 Millionen Dollar, im Vergleich zu 2001 eine Steigerung um 17,9 Prozent. Insgesamt besteht der nordkoreanische Aussenhandel immer noch zu zwei Dritteln aus Importen, wobei das Handelsdefizit teilweise durch den Verkauf von Raketen und möglicherweise durch Hilfe aus China gedeckt wird.

Aber es besteht kein Grund zur Euphorie. Einer Studie aus dem Jahre 2001 zufolge benötigt Nordkorea ausländische Investitionen von jährlich mindestens einer Milliarde Dollar über einen Zeitraum von fünf Jahren – die, wie man hinzufügen muss, geschickt eingesetzt werden müssten –, allein, um den wirtschaftlichen Schrumpfungsprozess zu beenden und nicht in die »Armutsfalle« zu geraten. Ein wirklicher Wiederaufbau würde noch weit mehr Kapital erfordern. Woher dieses Geld nehmen? Die meisten Banken zucken bereits bei der bloßen Erwähnung Nordkoreas zusammen, weil das Land sich notorisch weigert, seine Schulden zu begleichen.

Schätzungen zur Kreditlast Nordkoreas kommen zu unterschiedlichen Zahlen, aber vermutlich liegt sie bei über zwölf Milliarden Dollar. Bei Moskau allein steht Nordkorea mit mehreren Milliarden in der Kreide, wobei man sich dort wohl kaum der Illusion hingibt, dieses Geld jemals wiederzusehen. Auch könnte es sein, dass Pjöngjang die 4,6 Milliarden Dollar, die die Korea Energy Development Organization (KEDO) für die beiden Leichtwasserreaktoren zur Verfügung gestellt und zu deren Rückzahlung innerhalb einiger Jahrzehnte sich Nordkorea verpflichtet hat, vorwiegend zur »Gesichtswahrung« verwendet und nicht im Traum daran denkt, sie zurückzuerstatten. Der Rest sind Schulden von rund drei Milliarden Dollar plus Zinsen gegenüber westlichen Banken. Ein Teil davon sind Altlasten aus den frühen siebziger Jahren, als die Staatsführung für Spitzenfunktionäre einige Hundert Volvos geordert hatte, aber nicht zahlen wollte und darüber mit den westlichen Banken in Streit geriet.

Ebenso schäbig werden Investoren behandelt. Die erfolgreichsten unter den Joint-Venture-Unternehmern – einige Japaner koreanischer Abstammung mit familiären Bindungen nach Nordkorea – sind aus politischen Gründen dort tätig. Daneben gibt es taiwanesische Computerhändler, thailändische Textilfirmen und eine Handvoll Restaurants auf Joint-Venture-Basis, aber nicht viel mehr. In den neunziger Jahren war ein belgischer Geschäftsmann, der eine Edelsteinschleiferei betrieb, in Pjöngjang höchst erfolgreich. Er importierte Diamanten aus Südafrika, ließ sie in Nordkorea schneiden und verkaufte sie nach Europa. Der entscheidende Durchbruch gelang ihm, als er eine Möglichkeit fand, das staatliche Verbot von Anreizprämien zu umgehen: Er belohnte Bestleistungen seiner nordkoreanischen Arbeiter mit Konsumgütern, woraufhin sich innerhalb von zwei Monaten die Produktionsquote verdoppelte. Doch selbst er erlag dem Schicksal aller ausländischen Unternehmer: Durch irgendeine Banalität zog er sich den Ärger der Behörden zu, worauf sie seinen Betrieb dichtmachten.

Alles in allem gibt es nicht sehr viele positive Erfahrungen, die ausländische Kapitalgeber von den Freuden der Investition ins »Arbeiterparadies« überzeugen könnten. Gerade das aber sollte eigentlich die großen südkoreanischen Konzerne wie Hyundai, Samsung und LG, die den Süden aufgebaut haben, dazu veranlassen, im Norden Projekte aufzuziehen, finanziert von Banken, die ihre Kredite durch südkoreanische Staatsbürgschaften absichern. Aber nicht einmal diese Unternehmen scheinen Appetit darauf zu haben. In der Zeit, als Südkorea zu einer Nation heranwuchs – zwischen den sechziger und den achtziger Jahren –, mussten sich die besagten Konzerne keine Sorgen machen, was die Gewinne, die gute Entlohnung der Beschäftigten oder die Tilgung von Krediten anging. Da man jedoch inzwischen von ihnen hauptsächlich erwartet, dass sie hohe Profite erwirtschaften, stellt Nordkorea einfach ein zu großes Risiko dar. Vielleicht muss Nordkorea seine eigenen Hyundais und Samsungs gründen und dafür Südkoreaner als Manager und Berater anheuern.

Aber ich greife voraus.

Zu Beginn des 21. Jahrhunderts sollte man erwarten dürfen, dass Nordkorea einen neuen Kurs in Richtung auf Marktreformen nach dem Vorbild Chinas und Vietnams einschlägt. Im Juli 2002 schien es auch tatsächlich Anzeichen dafür zu geben. Pjöngjang hob das Rationierungssystem auf und führte auf dem Sektor der öffentlichen Dienstleistungen »Markt«preise ein. Gleichzeitig wurden die Gehälter der Partei- und Regierungsvertreter, der Firmenmitarbeiter und der Militärangehörigen erhöht. Vermutlich wurde sogar ein besonderes Rationierungssystem für Eier und andere rare Lebensmittel, in deren Genuss nur die Elite der Parteifunktionäre kam, abgeschafft.

Das waren aufregende Entwicklungen, zumindest für Beobachter von außen.

Für die Nordkoreaner selbst war es nicht ganz so aufregend. Entsprechend der neuen Preisgestaltung stieg der Preis für ein Kilogramm Reis, der bislang subventioniert und rationiert war, von ehedem 0,13 nordkoreanischen Won (NKW) auf nunmehr 44 NKW. Der Preis für ein Straßenbahnticket verzehnfachte sich auf einen NKW.[2] Doch die Lohnerhöhungen glichen diesen Preisanstieg keineswegs aus. Während die Warenpreise mindestens um das Fünfundzwanzigfache stiegen, wurden die durchschnittlichen Monatslöhne nur um das Zwanzigfache auf rund 2000 NKW angehoben. Um diese Zahlen richtig einzuordnen: Ein Arbeiter musste nun rund 50 Prozent seines

Lohns für Nahrungsmittel aufwenden, verglichen mit rund 3,5 Prozent unter dem alten Rationierungsregime. Während Bergleute und andere Schwerarbeiter oder Beschäftigte in strategisch wichtigen Industrien eine Erhöhung um das Zwanzig- bis Fünfundzwanzigfache erhielten, wurden die Löhne von »Fachleuten«, »Führungspersonen und Beschäftigten in nichtproduktiven Bereichen« nur um das Neunzehn- beziehungsweise Siebzehnfache angehoben. Den Bauern waren diese Veränderungen angeblich recht, weil es für sie ein höheres Nebeneinkommen aus dem Verkauf von Erzeugnissen aus eigenen Parzellen bedeutete. Aber für andere Beschäftigte wurde es schwer, auch weil Berichten zufolge viele Betriebe nicht mehr in der Lage waren, die Löhne zu zahlen.

Gleichzeitig wurde der Wechselkurs angeglichen. Ein US-Dollar, für den man jahrelang rund zwei NKW bekam, kostet inzwischen 150 NKW. Dahinter stand die Absicht, jene Dollar abzuschöpfen, die auf dem Schwarzmarkt für mehr als 200 NKW getauscht wurden. Stattdessen aber soll der Schwarzmarktkurs für den Dollar auf über 700 NKW angestiegen sein.

Die Reformen erinnerten an die Umbrüche in China im Jahre 1984, die nachhaltig Wirkung gezeitigt hatten. In Nordkorea jedoch scheinen die Reformen darauf abzuzielen, den Schwarzmarkt einzudämmen, auf den ein Großteil der wirtschaftlichen Aktivitäten abgewandert war, und die Menschen wieder an die Arbeit zu bringen. Mit anderen Worten: Was als »Marktreformen« präsentiert wurde, war nichts anderes als der Versuch, den Produktionsprozess innerhalb des alten Systems wieder zu normalisieren, und weniger ein Bemühen, ihn zu ändern.

Diese Deutung bestätigte Ende September 2002 ein Leitartikel des Parteiorgans *Rodong Shinmun*, in dem es hieß: »Die kapitalistische Kultur kann im Großen und Ganzen als das Gesetz des Dschungels definiert werden, als Feindschaft gegenüber der menschlichen Natur, als extremer Hedonismus und dekadenter Lebensstil.«

Die nordkoreanische sozialistische Gesellschaft werde jedoch »eine solch unmenschliche Kultur nicht tolerieren«, hieß es in dem Blatt. »Der bedenkenlose kulturelle Austausch mit anderen Ländern vergiftet den Sozialismus und zerstört unsere nationale Würde und einzigartige Kultur.«

Möglicherweise sollten mit solchen Propagandafloskeln die Massen auf Linie gehalten werden, während die Führungsclique bereits ihre ersten unsicheren Schritte auf dem freien Markt unternahm. Warum sonst reiste Kim Jong Ils Schwager Chang Song Taek unmittelbar nach Erscheinen dieses Leitartikels an der Spitze einer hochrangig besetzten Delegation zu einem wirtschaftlichen Informationsbesuch nach Südkorea und besuchte die Eisen- und Stahlwerke POSCO in Pohang, Samsung Electronics, Hyundai Motors, den Hafen von Busan und weitere Standorte von Schlüsselindustrien? Und weshalb sonst schickt Nordkorea, wie Mitarbeiter von Hilfsorganisationen und Diplomaten berichten, seit etwa 2001 zunehmend Vertreter ins Ausland, die sich dort mit internationalem Recht, Wirtschaft und Handel vertraut machen?[3]

Was immer hinter solchen Schritten stecken mag – es ist nicht mehr zu übersehen, dass die einzig wirkliche Hoffnung für Nordkorea in einer Marktreform besteht und es dafür die Hilfe Südkoreas benötigt. Eine harte Wahrheit, denn sie stellt die Existenzberechtigung des nordkoreanischen Regimes – die Notwendigkeit, den Süden zu »befreien« – in Frage.

Zum Glück für Kim Jong Il träumt der Süden nicht mehr vom Zusammenbruch des Nordens. Im Gegenteil: Seouls Politik der Verständigung geht teilweise auf die Befürchtung zurück, den Norden im Falle eines Zusammenbruchs eingliedern zu müssen. Die Kosten dafür wären in wirtschaftlicher und sozialer Hinsicht so hoch, dass sich sowohl die Regierung als auch die Bevölkerung Südkoreas mit überwältigender Mehrheit gegen jede Form einer raschen Wiedervereinigung ausspricht. Sie ziehen es vor, dem Norden zu helfen, nach eigenen Bedingungen zu wachsen, was vorläufig nichts anderes heißt, als das Regime Kim Jong Ils zu stützen.

Der Hilfsprozess für Nordkorea hat begonnen, aber er verläuft schleppend, weil der Norden dem Süden misstraut und befürchtet, zur südkoreanischen Kolonie zu werden, sollten die Dinge zu schnell voranschreiten. Folgende Bereiche werden sich wahrscheinlich ausweiten: der Handel mit nordkoreanischen Meeresprodukten und Bodenschätzen, der innerkoreanische Handel mit weiterverarbeiteten Produkten auf Kommissionsbasis (zum Beispiel die Verarbeitung von Stoffen aus dem Süden zu Anzügen, die zurück in den Süden geschickt und dort verkauft werden) und die Leichtindustrie in wirtschaftlichen Sonderzonen. Vermutlich auch Wirtschaftszweige wie der Tourismus werden Gewinn eintragen.

In diesen Bereichen tut sich bereits einiges. Mehrere Hundert kleine und mittlere südkoreanische Firmen nutzen den Vorteil billigerer Arbeitskräfte und betreiben Weiterverarbeitung auf Kommissionsbasis, oftmals via China. Doch Interesse wecken vor allem die wirtschaftlichen Sonderzonen.

Pjöngjang experimentiert schon seit geraumer Zeit mit solchen wirtschaftlichen Sonderzonen für ausländische Investoren, allerdings ohne großes Geschick. Der erste Versuch wurde auf einem Gebiet von etwa 800 Quadratkilometern rund um die Häfen Rajin und Sonbong im entlegenen Nordosten unternommen, wo Nordkorea an China und Russland grenzt. Die seit der Zusammenlegung der beiden Häfen als »Rason« bezeichnete Zone war Teil eines mit 30 Milliarden Dollar geförderten Entwicklungsprogramms der Vereinten Nationen Anfang der neunziger Jahre, zu dem auch die chinesische Autonome Präfektur Yanbian Korea und das russische Primorski-Territorium gehörte. Entscheidende Faktoren waren dabei die eisfreien koreanischen Häfen, die den frostigen Fernen Osten Russlands und das vom Meer abgeschnittene mandschurische Hinterland hätten versorgen können. Natürlich setzte in Pjöngjang manch einer große Hoffnungen darauf. Rason wurde als das Tor zu Europa beworben, als »Rotterdam des Ostens«.[4]

Zu den Investoren in dieser Zone gehört Dalmorproduct, ein gigantisches russisches Fischereiunternehmen, das in Rason 52 Schiffe unterhält. Die Flotte beliefert eine staatlich geführte Fabrik, die nach Japan und Südkorea exportiert. Die Emperor Group des aus Hongkong stammenden Großunternehmers Albert Yeung hat an der ansonsten verwaisten Küste für 63 Millionen Dollar ein Hotel mit Kasino für Gäste und Spieler aus China errichten lassen. Es stellt das größte ausländische Direktinvestment-Projekt in Nordkorea dar.[5] Daneben gibt es in dieser Region ein von den Sowjets errichtetes thermonukleares Kraftwerk, in dem die 500 Tonnen Rohöl verfeuert werden, die die USA bis November 2002 im Rahmen des KEDO-Abkommens geliefert haben. Das Kraftwerk liefert rund zehn Prozent der landesweit benötigten Energie.

Doch diese Investitionen reichten nicht. Das Handelsvolumen von Rason fiel von 310 Millionen Dollar im Jahre 1993 auf ein Zehntel dieser Summe im Jahre 1998, als der Plan einer umfassenden Entwicklung aufgegeben wurde. Die chinesische Yanbian-Zone (jenseits der Grenze) dagegen entwickelte sich weiter und lockte innerhalb von zehn Jahren Kapital in Höhe von 1,6 Milliarden Dollar an, vorwiegend von chinesischen und südkoreanischen Investoren. In Rason hofft man jetzt, dass der Plan einer Weiterführung der transsibirischen Eisenbahn nach Südkorea verwirklicht wird und dies zu neuen Investitionen führt.

Allein schon die Abgeschiedenheit der Sonderzone signalisierte den Investoren, dass sie eigentlich nicht willkommen waren. Anders verhielt es sich beim Keumgang-Projekt. An der Art und Weise, wie der Plan zustande kam, die wunderschöne Bergregion im südöstlichen Nordkorea in eine Freihandelszone zu verwandeln, und wie dieser Plan bisher verwirklicht wurde, lässt sich die »koreanische Methode« ablesen, mit der solche Projekte umgesetzt werden.

Die Idee entstand 1989, als der Gründer des Hyundai-Konzerns, Chung Ju Yung, der als erster südkoreanischer Geschäftsmann mit Kim Il Sung zusammentraf, dem Großen Führer vorschlug, die Keumgang-Region für südkoreanische Touristen zu öffnen. Chung, der in Nordkorea geboren war, sah in der touristischen Erschließung eine einfache Möglichkeit für den Norden, an Devisen zu kommen. Aber Kim Il Sung traute dem Kapitalisten Chung nicht.

Zwei Jahre später besuchte Reverend Sun Myung Moon, Gründer der Unification Church und ebenfalls gebürtiger Nordkoreaner, sein Heimatland und schlug vor, die Keumgang-Region in ein Zollfreigebiet für internationalen Tourismus zu verwandeln. Zu dieser Zeit, das darf man nicht vergessen, flossen die Überweisungen der *Chosen Soren* – der Vereinigung der Auslands-Nordkoreaner in Japan – an Kim Il Sung immer spärlicher. Möglicherweise sah der Große Führer in Moons Unification-Bewegung eine potenzielle neue Geldquelle, jedenfalls gab er sein Plazet. Daraufhin wurde eine Machbarkeitsstudie durchgeführt, ein Plan ausgearbeitet, der eine ganze Palette von touristischen Einrichtungen und einen Leichtindustriekomplex vorsah, und ein detailliertes Modell angefertigt. Doch dann tauchten Probleme auf, die verhinderten, dass das Projekt aus den Startlöchern kam: Die Regierung in Seoul wollte nicht zulassen, dass Touristen in den Norden reisten; das nordkoreanische Militär war nicht glücklich bei der Vorstellung, eventuell Besucher in unmittelbarer Nähe ihrer Seite der entmilitarisierten Zone anzutreffen; und die Unification Church verschuldete sich und wurde zahlungsunfähig. Damit konnte Hyundai, sobald die beiden anderen Probleme gelöst waren, nach der Wahl des südkoreanischen Präsidenten Kim Dae Jung im Jahre 1997 die Gelegenheit beim Schopf packen und das Projekt übernehmen, dessen Grundidee das Unternehmen ohnehin stets für sich beansprucht hatte.

Der Hyundai-Gründer brach das Eis, indem er via Panmunjom in der entmilitarisierten Zone 500 Kühe in den Norden liefern ließ.

Mit einer Geste, die in ihrer Emotionalität typisch ist für das Engagement von Südkoreanern im Norden und die bei den kommunistischen Brüdern Wunder wirkt, wollte der in Nordkorea geborene Chung, der Jahrzehnte zuvor seinem Vater eine Kuh gestohlen und von zu Hause weggelaufen war, um sein Glück zu suchen, eine Art Heimkehr symbolisieren.

Im November 1998 fuhr das erste Touristenschiff aus dem Süden die Ostküste hinauf, um in Nordkorea anzulegen – für beide Länder ein historischer Augenblick. Bis Ende 2001 unternahmen 400 000 Südkoreaner eine solche Reise. Zusätzlich hatte Hyundai im Auftrag Südkoreas wichtige Verbindungen zu der misstrauischen Führung im Norden geknüpft. Aber diese hatten ihren Preis. Hyundai musste nicht nur sämtliche Anlagen auf eigene Kosten bauen, sondern monatlich auch noch zwölf Millionen Dollar zahlen für eine garantierte Mindestzahl von Touristen, die jedoch niemals erreicht wurde. Um Kosten zu sparen, drängte das Unternehmen auf den Bau einer Straße durch die entmilitarisierte Zone, damit die Touristen per Bus befördert werden konnten. Im September 2002 erklärten sich beide Regierungen damit und mit einer zusätzlichen Eisenbahnverbindung entlang der Ostküste einverstanden. Der offizielle südkoreanische Tourismusverband trat als Partner hinzu, um das Projekt am Leben zu erhalten. Trotz großer Verluste hat Hyundai bisher an dem Vorhaben festgehalten in der Hoffnung, Kim Jong Ils Vertrauen zu gewinnen und auch andernorts in Nordkorea Geschäfte tätigen zu können.

Die folgende Sonderzone, die angekündigt wurde, lag an der Grenze zu China. Im September 2002 erklärte Nordkorea die Stadt Sinuiju zu einer Besonderen Verwaltungsregion. Diese Nachricht wurde mit ungewöhnlichem Aufwand lanciert. Journalisten von *AP Dow Jones* und des *Asian Wall Street Journal* bekamen eine Einladung nach Pjöngjang, um darüber zu berichten. Wahrscheinlich hatte dabei der Mann seinen Einfluss geltend gemacht, den Pjöngjang als Gouverneur der Zone ausersehen hatte: der in China geborene holländische Orchideenmagnat Yang Bin.

Man fragt sich, weshalb das ausländerfeindlichste Regime der Welt die Leitung eines Prestige-Projekts ausgerechnet in die Hände eines Ausländers legt. Natürlich war dies Kim Jong Ils persönliche Entscheidung, und sie zeigt einmal mehr, dass Nordkorea von einem einzigen, noch dazu launischen Herrscher regiert wird. Es gibt dafür drei mögliche Erklärungen. Erstens: Wie Kim Jong Il in Privatgesprächen mit südkoreanischen Geschäftsleuten durchblicken ließ, glaubt er nicht, dass einer seiner eigenen Leute ein solches Projekt leiten könnte. Zweitens: Yang erwies sich als vertrauenswürdig, weil er im Norden in Gartenbauprojekte investiert hatte. Drittens: Vielleicht hat Yang nicht nur ein einträgliches Geschäft gewittert, sondern sich auch das Missionierungsfieber eingefangen, das so viele befällt, die mit Nordkoreanern zu tun haben, und für seinen Posten einen Batzen Geld auf den Tisch gelegt. Genau das aber könnte die chinesischen Behörden in Rage versetzt haben, so dass sie Yang schnurstracks wegen Betrugs, Steuerhinterziehung und Bestechung einsperrten, was dem Ganzen etwas Groteskes verleiht. Natürlich – China war vor Yangs Ernennung nicht konsultiert worden, was merkwürdig ist, da Sinuiju nur durch den Grenzfluss Yalu von der chinesischen Nachbarstadt Dandong getrennt ist. Und in Dandong fanden Gespräche mit südkoreanischen Regierungsvertretern über einen Industriekomplex statt, der ausschließlich südkoreanischen Unternehmen vorbehalten sein sollte. (Ein entsprechendes Abkommen wurde im November 2002 unterzeichnet.)[6]

Wie alle nordkoreanischen Städte außer Pjöngjang ist Sinuiju ein schmuddeliger, heruntergekommener Ort. Trifft man mit dem Zug aus Peking nach einer langen Fahrt durch die Mandschurei dort ein, hat man den Eindruck, hier gehe alles gemächlich zu. Die Lokomotive wird gewechselt und ein Speisewagen angehängt, in dem unter den Porträts von Kim Il Sung und Kim Jong Il ein kärgliches Essen serviert wird. Obwohl die Stadt über eine Maschinenbau- und metallverarbeitende Industrie, über Chemiefaser- und Konsumgüterbetriebe verfügt, wirkt sie im Vergleich zu Dandong verschlafen. Die Zone sollte die gesamte Stadt und einen geplanten Hafen 30 Kilometer entfernt an der Mündung des Yalu umfassen. Südkoreanische Unternehmen sind an entsprechenden Infrastrukturprojekten interessiert, aber vermutlich werden chinesische Firmen den Großteil der Investitionen tätigen. Es ist tatsächlich beabsichtigt, Sinuiju zu einem internationalen Finanz- und Handelszentrum auszubauen. Vor seiner Verhaftung hatte Yang dazu einige Ideen unterbreitet. Beispielsweise wollte er die jetzigen 200 000 Einwohner komplett umsiedeln und dafür eine halbe Million Fachkräfte in die Stadt holen. Allerdings müsste Sinuiju dann mit einer Mauer umschlossen werden.[7] Außerdem müsse die Stadt nahezu vollständig abgerissen und neu aufgebaut werden. Ein Sondergesetz für die Zone garantiert das Recht auf freie Religionsausübung, Privateigentum und Streik sowie Presse-, Meinungs- und Versammlungsfreiheit, alles Dinge, die den nordkoreanischen Sitten und Gebräuchen konträr entgegenstehen. Schwer vorstellbar, dass Pjöngjang sich dort nicht einmischt, aber laut Gesetz darf die Zentralregierung nur im Falle eines »Krieges oder bewaffneten Aufstands« intervenieren.

So wie Sinuiju an China grenzt, grenzt Kaesong an Südkorea.[8] Der nur 78 Kilometer von Seoul und lediglich einen Steinwurf von Panmunjom (in der entmilitarisierten Zone) entfernte Ort mit 400 000 Einwohnern war vor Seoul Sitz der koreanischen Könige gewesen und hatte bis zum Koreakrieg zu Südkorea gehört.

Während Hyundai vorschlug, entweder in Kaesong oder im nahe gelegenen Hafen Haeju einen Industriepark zu errichten, forderte Kim Jong Il wiederholt Hilfe bei der Entwicklung von Sinuiju. Kim Jong Il bezweifelte, dass der Hafen Haeju geeignet sei, und ihm war auch das Interesse der Südkoreaner an dem sensiblen Militärgebiet nahe der entmilitarisierten Zone nicht geheuer. So ging es zwei Jahre lang hin und her. Hyundai schickte Ingenieure, die in Sinuiju eine ausführliche Machbarkeitsstudie anfertigten. Daraus ging hervor, dass die Stadt keine produzierenden Betriebe aus dem Süden anlocken würde. Das Hauptproblem war, dass zuerst der Hafen mit viel Geld für die Schiffe hätte ausgebaut werden müssen, die die notwendigen Rohstoffe für den Betrieb des Industrieparks geliefert hätten. Nachdem Kim Jong Il die Hyundai-Studie gelesen hatte, willigte er im August 2000 in das Vorhaben des südkoreanischen Unternehmens ein, statt dessen Kaesong zu einer Sonderzone zu machen.

»Dieses Gebiet gehörte vor dem Krieg zu Südkorea, und nun gebe ich es Ihnen ohne Krieg wieder zurück«, sagte Kim Jong Il zu den Hyundai-Vertretern. Zwei Jahre später – in denen es weitere interkoreanische Probleme kleinerer Art gab – unterzeichneten die beiden Regierungen Vereinbarungen für das Kaesong-Projekt und begannen, in der entmilitarisierten Zone Minen zu räumen, um Straßen und Bahnverbindungen wieder öffnen zu können.

Die Anziehungskraft von Kaesong liegt auf der Hand. Vielen südkoreanischen Firmen, die die hohen Lohn- und Logistikkosten beklagen, erscheint eine Lösung, nur eine Autostunde von Seoul entfernt und noch dazu an einem Ort, wo die Arbeiter dieselbe Sprache sprechen und somit die Anweisungen auch verstehen, wie ein Geschenk des Himmels. Kaesong bildet zusammen mit Seoul und dem südkoreanischen Hafen Incheon ein Dreieck, in dem fast die Hälfte der südkoreanischen Bevölkerung lebt. Eine Nachfrage von Hyundai bei koreanischen Firmen in China ergab, dass großes Interesse an einer Umsiedlung nach Kaesong besteht.

Der Plan sieht einen Industriekomplex und eine neue Stadt vor, die bis 2010 in zwei Phasen errichtet werden sollen. Nach Fertigstellung soll die Zone 2000 Unternehmen beherbergen, die 360 000 Menschen aus dem Süden und 250 000 aus dem Norden (so Kim Jong Ils Ankündigung) beschäftigen, bei einem Jahresumsatz von 15 Milliarden Dollar. Die alten Grabanlagen und andere historischen Stätten sollen jährlich über eine Million Touristen anlocken.

Gemäß einem im November 2002 erlassenen Sondergesetz ist die Zone steuer- und visumfrei, Investitionen sollen gefördert werden und Währungstransaktionen ohne Kontrollen vonstatten gehen. Der südkoreanischen Regierung zufolge wird der monatliche Mindestlohn auf weniger als 100 Dollar festgelegt. Das ist günstiger als die 150 Dollar in der chinesischen Shenzen-Zone und lässt darauf schließen, dass Pjöngjang kein Prestigeproblem mehr damit hat, als Billiglohnland zu gelten. (Noch Anfang der neunziger Jahre fassten es die Behörden in Rason als Beleidigung auf, wenn man zu verstehen gab, dass hier die Löhne niedriger als im chinesischen Durchschnitt lagen. Ein weiteres Beispiel: Pjöngjang forderte für die Bauarbeiter bei der von KEDO betriebenen Atomanlage einen Monatslohn von 700 Dollar.) Anders als beim Sinuiju-Konzept will Pjöngjang hier die Souveränität behalten und lediglich eine Verwaltungsagentur, bestehend aus Vertretern beider Seiten, in Kaesong mit der Aufgabe betrauen, Konzessionen zu erteilen und die Gesamtaufsicht in der Zone zu übernehmen. Als Erschließungsunternehmen wird Hyundai eine Empfehlung aussprechen, wer diese Agentur leiten soll.

Was folgt aus alledem? Im Unterschied zu China, dessen Investitionen in die Infrastruktur bei ausländischen Investoren Vertrauen geschaffen haben, besteht der Hauptbeitrag Nordkoreas darin, Grund und Boden zur Verfügung zu stellen. Südkorea zahlt für die Infrastruktur. Weiter ist bisher der Wandel in Nordkorea noch nicht gediehen. Ohne tiefer gehende Veränderungen kann man sich allerdings kaum vorstellen, dass ein einziges dieser Projekte auch nur die Startphase erreicht.

KAPITEL ZWÖLF

Dem Geld hinterher

Trotz des wirtschaftlichen Trümmerhaufens um ihn herum verfügte Kim Jong Il stets über genügend Kleingeld, um seine Familien zu alimentieren und natürlich auch, um seine politischen Zwecke zu verfolgen. Unabhängig vom Auf und Ab der Wirtschaft des Landes musste er nie darauf verzichten, die Rolle des Großzügigen zu spielen. Michail Kapitsa, ehemals stellvertretender Außenminister der Sowjetunion, der ihn bei der Jagd begleitet hatte, überraschte er einmal damit, dass er ihm eine LKW-Ladung Fasane und anderes Wild als Geschenk schickte.[1] Bei anderer Gelegenheit überwies er seinem Schwager Chang Song Taek telegrafisch eine Million Dollar. Chang, der sich mit Freunden im Urlaub in Macao aufhielt, hatte angerufen und ihm erzählt, er habe sein ganzes Geld verloren.[2]

Auf den ersten Blick erscheint solch ein Verhalten empörend, schließlich könnte man in Nordkorea mit einer Million Dollar viele Leben retten. Andererseits zeugt es von einer gewissen Generosität. Dem südkoreanischen Beobachter hingegen ist es ein deutlicher Beweis für die politischen Fähigkeiten Kim Jong Ils, denn er handelt wie ein traditioneller koreanischer Boss. Wer in Politik, Wirtschaft oder beim organisierten Verbrechen eine Machtposition innehat, muss stets in der Lage sein, Geld aufzutreiben und es so zu verteilen, dass sich Untergebene und Unterstützer zu Dank verpflichtet fühlen und sich neue Einflusssphären öffnen. Daher auch die ostasiatische

Kultur des strategischen Schenkens, in der die Wurzeln der endemischen Korruption in dieser Region zu suchen sind. (Südkoreanische Politiker wie Kim Dae Jung und Kim Young Sam, die später beide Präsidenten wurden, konnten dank ihrer Fähgkeit, Spenden zu sammeln und geschickt Geschenke zu verteilen, als Oppositionsführer in einem autoritären politischen Umfeld überleben.)

Trotz weit verbreitetem Hunger erwartet man es in Nordkorea nicht anders, als dass Kim Jong Il als Führer des Landes die größte Schale aus der Suppenküche bekommt. Aber man erwartet auch ein paar Gesten – vielleicht sogar öffentliche Auftritte, um die leidenden Menschen zu trösten –, zumindest aber eine gewisse Enthaltsamkeit. Doch keine Spur davon, dass Kim Jong Il auch nur gelegentlich das Frühstück aus Solidarität ausfallen ließe. Er ist immun gegen das Leiden anderer. Während seine treuesten Anhänger verhungerten – allein 1995 starben 50 000 Parteimitglieder –, musste er nicht einmal den guten ausländischen Wein durch das schlechte einheimische Gebräu ersetzen.[3] Dabei hatte er durchaus ein reines Gewissen, weil er sich nicht an der Staatskasse vergriff. Er hat seine eigenen Geldquellen.

Doch woher stammt sein Vermögen? Das ist eine entscheidende Frage, denn die Kenntnis der Kanäle, über die sich die Schaltzentrale der Diktatur finanziert, erlaubt Rückschlüsse darauf, wie die Vereinigten Staaten, Südkorea und ihre Verbündeten womöglich diese Kanäle trockenzulegen versuchen.

Die Antwort lautet, dass Kim Jong Il einen eigenen Konzern besitzt. Ja, richtig, er ist ein Kapitalistenschwein. Sein Unternehmen des Bösen trägt den Namen »Abteilung 39«, und es operiert weitgehend im Geheimen. Man kann davon ausgehen, dass nur zwei oder drei Leute in das ganze Ausmaß der Geschäftstätigkeit eingeweiht sind. Die Ironie dabei ist, dass dieses kapitalistische Gebilde unbehelligt als Sondergliederung innerhalb der Arbeiterpartei angesiedelt ist, genau jener Institution, die sich nach wie vor dem Gedanken eines sozialistischen »Arbeiterparadieses« in Nordkorea verpflichtet fühlt.

Berechnungen zufolge hat Abteilung 39 bislang an die fünf Milliarden Dollar erwirtschaftet, die sicher in Banken und Firmen in der Schweiz, in Macao und anderswo angelegt sind.[4] Diese erstaunliche Summe zeugt von der Bedeutung des Unternehmens. Abteilung 39 ist Kim Jong Ils Achillesferse.

Offenbar Mitte der siebziger Jahre aus der Taufe gehoben, um Kim Jong Ils politische Pläne zu finanzieren, erstrecken sich die Geschäftsaktivitäten angeblich auf zwei große Bereiche. An der Spitze des einen steht die Daesong Group, die im Besitz der Daesong Bank und der Golden Star Bank mit Sitz in Wien ist, zu der aber auch andere legale Unternehmen gehören. So ist Daesong beispielsweise Nordkoreas größter Exporteur von Kiefernpilzen und Ginseng, treibt Handel mit Meeresfrüchten und fördert Gold, Silber und Magnesium. Doch anstatt die Produktivität zu erhöhen, entscheidet der Konzern alljährlich, wie viel Gewinn er z. B. mit dem Verkauf von Gold erzielen will, schürft dann die entsprechende Menge aus den ihm gehörenden Minen und verkauft sie auf dem Londoner Goldmarkt. (Man nimmt an, dass einige Minen zur so genannten Zweiten Wirtschaft gehören, die vom Militär kontrolliert wird.[5]) Viele Funktionäre, die für Daesong arbeiten, haben im Ausland studiert und dort gelernt, wie das kapitalistische Banken- und Handelswesen funktioniert.[6]

Der zweite Geschäftsbereich der Abteilung 39 umfasst den Waffenhandel und illegale Unternehmen wie Drogenschmuggel und die Fälschung von US-Dollarnoten. *Wall Street Journal* zitiert Ermittler in Südkorea und Macao, die schätzen, dass der Handel mit Heroin und Methamphetaminen Kim Jong Il pro Jahr 500 Millionen Dollar einbringt. Der Verkaufswert der nordkoreanischen Methamphetamine auf dem japanischen Drogenmarkt wird *Time* zufolge auf bis zu drei Milliarden Dollar veranschlagt. Das Magazin ließ einen

Rauschgiftsüchtigen zu Wort kommen, der auf Entzug war und erklärt habe, die nordkoreanische Ware sei »mindestens 20 Jahre lang« erhältlich gewesen. Die Drogen werden angeblich teils in Südkorea, teils aber auch in Russland, China und Taiwan verkauft.

Zwischen 4200 und 7000 Hektar urbares Land wird für den Anbau von Opium verwendet.[7] Auch tun sich die Nordkoreaner gern mit internationalen Drogenringen zusammen. Im Lauf der Zeit wurden etliche nordkoreanische Diplomaten wegen Drogenhandels festgenommen, mit dem möglicherweise der Haushalt der Botschaften bestritten wird – was bedeuten würde, dass nicht alles an die Abteilung 39 geht. Seit 1977 wurden in der Sowjetunion beziehungsweise in Russland, in Ägypten, Deutschland, China, Venezuela, Indien, Schweden, Sambia, Äthiopien, Laos und Nepal über 20 nordkoreanische Diplomaten ertappt. Im Jahre 2003 fing Australien in einer groß angelegten Aktion das nordkoreanische Schiff *Pong Su* ab und nahm an Bord 30 Passagiere fest, die 125 Kilogramm Heroin hatten schmuggeln wollen.

Kim Jong Il weiß sehr wohl, dass all dies ziemlich abscheulich ist. »Ich habe den Befehl erteilt, alle Drogenhändler und Drogenkonsumenten zu erschießen«, erklärte er einem Regierungsvertreter anlässlich seiner Rundreise durch Russland. »Was die Chinesen betrifft, die die Verbreitung unerlaubter Drogen fördern, so habe ich befohlen, ihnen Stockschläge zu verabreichen. Wenn Ihnen ein koreanischer Drogenabhängiger über den Weg läuft, haben Sie meine Einwilligung, ihn zu erschießen.«[8]

Aller Wahrscheinlichkeit nach flossen auch die 450 Millionen Dollar, die Hyundai vor dem gesamtkoreanischen Gipfel im Jahre 2000 heimlich nach Nordkorea schickte, an die Abteilung 39. (2003 ordnete die neue Regierung von Präsident Roh Moo Hyun eine offizielle Untersuchung des illegalen Überweisungsvorgangs an. Vorgeblich wurden damit Geschäftskonzessionen in der Entwicklungszone Kaesong und bei anderen Projekten erworben, doch Kritiker und selbst Befürworter der Annäherungspolitik vermuten, dass es sich um Bestechungsgelder handelte. Der Topmanager von Hyundai, Chung Mong Hun, dem das Hauptaugenmerk der Ermittler galt, beging im August 2003 Selbstmord.)

Ein weiterer Geschäftsbereich ist die Geldfälschung. 1994 wurden mehrere Mitarbeiter einer Handelsniederlassung von Daesong in Macao festgenommen, weil sie im Besitz von 250 000 US-Dollar in gefälschten Noten waren. Dabei scheint es sich um einen Teil des Falschgeldes in Höhe von 50 Millionen Dollar gehandelt zu haben, das die Abteilung 39 in das internationale Bankensystem geschleust hatte. Die Nordkoreaner, die als technisch hochbegabt gelten, haben ihre Produktion inzwischen angeblich auf japanische Yen und den Euro ausgeweitet.

So empörend die internationalen Aktivitäten der Abteilung 39 auch sind – die Ausbeutung nordkoreanischer Arbeitskräfte ist es nicht weniger. Nordkorea stellt Quoten auf, wie viel Geld und Ware die Bevölkerung an die Abteilung 39 abliefern muss. Überläufer berichteten in der *Time*, die Bürger würden gezwungen, Pilze, Muscheln, Araliensprossen und wilden Ingwer zu sammeln, die die Abteilung 39 dann verkauft.[9] Gefangene suchen Wildpilze, die älteren Leute züchten Seidenraupen, und Städter schürfen in den Flüssen nach Goldpartikeln. All dies landet in Referat 5 der Abteilung 39.

»Wir haben nie Fragen gestellt«, sagte der Überläufer Kim Yong Chul gegenüber der *Time*. Als Fahrer in einer Militäreinheit brachte er raffiniertes Heroin bis zum Kai in Chongjin, einer Hafenstadt im Nordosten. »Wir dachten, wir würden damit unsere Treue zu Kim Jong Il unter Beweis stellen. Dass er das Geld dazu benutzen würde, uns ein besseres Leben zu verschaffen.«[10]

In Wahrheit benutzte Kim es, um sich selbst das Leben zu versüßen.

KAPITEL DREIZEHN

Auf Kollisionskurs

Es gibt, daran muss man wohl kaum erinnern, auf der Welt eine Reihe unangenehmer Staaten, die von ziemlich unangenehmen Staatsführern regiert werden. Zu ihnen gehört Nordkorea.

Doch das Unangenehme zu erkennen, ist nicht immer leicht, denn meist liegt es im Verborgenen. Wie ich bei meiner ersten Reise nach Nordkorea im Jahre 1989 feststellen konnte, braucht sich der ausländische Besucher nicht bedroht zu fühlen. In Peking, wo ich drei Tage lang auf ein Touristenvisum warten musste, wurde mir schlecht vor Angst und ich befürchtete, die Nordkoreaner hätten das Täuschungsmanöver durchschaut, das meine drei Mitreisenden und ich uns ausgedacht hatten, und würden uns als Spione verhaften. Wir hatten angegeben, harmlose Touristen zu sein, die für eine Firma in Hongkong arbeiteten, während wir tatsächlich Journalisten waren und in Südkorea lebten. Deshalb achteten wir peinlich genau darauf, dass wir nichts Verräterisches wie Visitenkarten oder Kleider mit südkoreanischen Etiketten bei uns trugen. Doch im Zug durch die Mandschurei entdeckte ich, dass ich immer noch meine Clubkarte der Auslandskorrespondenten in Seoul und, noch schlimmer, meinen Ausweis für den Stützpunkt der 8. US-Armee in Yongsan, ebenfalls Seoul, bei mir hatte. Ich schnitt beide in kleine Stücke und warf sie in die Zugtoilette, wobei ich die ganze Zeit das Gefühl hatte, heimlich beobachtet zu werden.

Sobald wir in Nordkorea angekommen waren, fiel die Anspannung von mir ab. Als Ausländer fühlten wir uns ausgesprochen sicher. Das Schlimmste, was jetzt noch passieren konnte, war, dass wir ausgewiesen wurden.

Seither, so muss ich zugeben, haben mir alle Reisen nach Nordkorea gefallen. Das Land ist auf eine Weise faszinierend, die zukünftige Generationen wohl kaum werden nachvollziehen können: Es ist Hitlers Deutschland und Stalins Sowjetunion inmitten des Wahnsinns der maoistischen Kulturrevolution. Natürlich nehmen es Fremde aus einer sicheren Warte wahr, was jedoch nicht heißt, dass es nicht auch Augenblicke der Angst gibt. Als meine Kollegen einmal am Bahnhof von Pjöngjang fotografierten, wurden sie von einer kreischenden Menschenmenge eingekreist, durch die sie sich stoßend und schubsend den Weg bahnen mussten – was ziemlich kühn war –, um ins sichere Hotel zurückzugelangen. Ein anderes Mal drohte mir indirekt ein Armeegeneral. Nachdem ich auf seine Frage, warum meiner Ansicht nach amerikanische Truppen in Südkorea stationiert seien, geantwortet hatte, vermutlich um das Land im Falle einer nordkoreanischen Invasion zu verteidigen, meinte er: »Das ist nur die halbe Wahrheit. Und wer nur die halbe Wahrheit kennt, riskiert sein Leben.«

Bei einem Abendessen mit großem Besäufnis erwähnte unser Gastgeber, der Parteisekretär Kim Yong Soon, seine Leute fragten sich, ob ich wohl südkoreanischer Spion sei. Sie seien darauf gekommen, weil ich von einem höheren Funktionär hatte wissen wollen, wann die Klausel aus dem Parteistatut entfernt würde, wonach der Süden mit welchen Mitteln auch immer kommunistisch gemacht werden sollte. (Paradoxerweise hatte mich ein südkoreanischer Diplomat in Peking, den ich für einen der besten Kenner Nordkoreas hielt, auf diese Frage gebracht.) Jedenfalls schwadronierte ich, bereits ein wenig angetrunken, darüber, dass die Arbeit eines Journalisten eine gewisse Ähnlichkeit mit der eines Spions hätte, nur dass jeder seine Berichte lesen könne – bis mein Nachbar mich unter dem Tisch ans Bein trat.

Es gibt aber auch bewegende Augenblicke. In den Bergen von Myohyang kletterte ich einmal am frühen Morgen, bevor meine offiziellen Begleiter wach waren, einen Hügel hinauf. Plötzlich sah ich in der Ferne ein kleines Militärlager, in dem Soldaten ihren morgendlichen Drill absolvierten. Als ich weiter oben in einen Wald kam, hatte ich das Gefühl, nicht mehr allein zu sein. Und obwohl ich niemanden sah, gewann ich mit jedem Schritt mehr den Eindruck, dass mich eine ganze Reihe Menschen in der traditionellen weißen Tracht Altkoreas begleiteten – Tote aus dem Koreakrieg. Das versetzte mich in einen für mich ganz untypischen sentimentalen Zustand.

Natürlich erlebt man auch vieles, was einen schmunzeln lässt. Damon Darlin vom *Wall Street Journal* wurde einmal dabei ertappt, wie er hinter einem Wohnblock in einem Berg Abfall herumwühlte. Zu sehen, was der normale Nordkoreaner wegwarf, so meinte er, würde ihm einen besseren Einblick in ihr Leben verschaffen. Interessant war, dass er nur wenig Papier, hingegen eine Menge Kohlblätter fand.

Um ehrlich zu sein, erfährt der ausländische Gast die Unfreundlichkeit des Landes in den meisten Fällen nicht direkt, sondern leitet sie aus anderen Dingen ab. Allerdings gibt es eine Erscheinungsform, die den Fremden in seinem unangenehmen Gefühl bestätigt: Er wird, trotz der allseits verbreiteten Gastfreundschaft, wie ein Feind behandelt. Die Nordkoreaner spinnen ihre Besucher in einen Kokon ein, halten sie auf Distanz, beaufsichtigen und belügen sie ständig. Dies ist der Hauptgrund, warum sich kein Fremder in Nordkorea richtig wohlfühlt. Man trifft ausländische Berater, die positiv über die Investitionsmöglichkeiten sprechen, Mitarbeiter von Hilfsorganisationen, die sagen, dass die Behörden ihr Bestes tun, und Kenner des Landes, die meinen, Kim Jong Il werde eines Tages Reformen durchführen.

Doch man braucht nur ein wenig an der Oberfläche zu kratzen, und schon geben alle zu, dass sie Nordkorea entsetzlich finden.

Dieses einhellige Urteil ist frappierend.

Ohne allzu großen Widerspruch befürchten zu müssen, kann man konstatieren, dass das Problem ganz einfach ist: Die meisten anderen asiatischen Länder haben sich aus der Diktatur befreit und, wenn auch in unterschiedlichem Grade, für Wirtschaftswachstum und Demokratisierung entschieden. Nicht so Nordkorea – schlicht und einfach deshalb, weil es die falsche Führung hat.

Und die Führung ist es auch, die im historischen Wettkampf mit dem Süden unterliegt. Der Staat Nordkorea mag sich noch eine Weile halten, weil Südkorea darauf verzichtet, ihn sich einzuverleiben. Aber es ist nur eine Frage der Zeit, bis das Regime sich entweder reformiert oder durch innere oder äußere Ereignisse hinweggefegt wird. Ob Liberale oder Konservative, ob Auslandskoreaner oder Bürger der westlichen Welt, ob Russen oder Japaner – alle sind sich ziemlich einig darin, dass solch ein Wandel wünschenswert ist. Doch bis dahin muss man mit der nordkoreanischen Führung zurechtkommen. Fragt sich nur, wie. Soll man sie ignorieren, soll man sich mit ihr einlassen oder soll man auf ihren Zusammenbruch hinarbeiten?

So sehr wir uns auch wünschen mögen, dass das Regime mit einem Handstreich beseitigt wird, und sei es auch nur, um das nordkoreanische Volk aus seinen Fängen zu befreien – innenpolitische Machtfragen allein bewegen nur selten andere Länder zu einem derartigen Eingriff. Das Verhalten der Regierungen ist meist von Eigeninteresse bestimmt, nicht von Altruismus.

Mit der Entwicklung von Atomwaffen bedroht Kim Jong Il allerdings die Sicherheitsinteressen verschiedener Länder. Die Vereinigten Staaten, Südkorea, Japan, China, Russland, sie alle sind gegen ein mit Atomwaffen gerüstetes Nordkorea. Doch was kann man dagegen unternehmen? Soll man zulassen, dass Nordkorea zur neunten Atommacht wird? Ist es denkbar, dass die Völkergemeinschaft außer einem riskanten Krieg keine andere Wahl hat? Und falls es doch eine andere Option gibt, welche könnte das sein? Sollte man dem Geliebten Führer die Sicherheitsgarantien geben, die er verlangt?

Atommacht zu werden, scheint nicht nur ein sehr kluger Schritt Kim Jong Ils gewesen zu sein, sondern auch ein hervorragendes Beispiel für die Fähigkeit Nordkoreas, aus der eigenen Schwäche Gewinn zu ziehen. Mit dem globalen Zusammenbruch des Kommunismus Anfang der neunziger Jahre schien das Schicksal der Kim-Dynastie in Nordkorea besiegelt. Aber sie konnte sich halten. Sie überlebte, weil das Land isoliert war, weil das Regime Informations- und Reisebeschränkungen verhängte und selbst das geringste Anzeichen von Widerspruch gnadenlos unterdrückte, doch vor allem, weil das Atomprogramm eine Versicherungspolice mit langer Laufzeit darstellte.

Als Nordkoreas Atomprogramm 1993 zu einem internationalen Problem wurde, sahen viele Beobachter darin lediglich ein Druckmittel und meinten, Pjöngjang werde es als Gegenleistung für Wirtschaftshilfe und politische Anerkennung durch die Vereinigten Staaten – der einzigen verbleibenden Supermacht, die die Sicherheit Nordkoreas garantieren konnte – zur Disposition stellen. Doch der Norden spielte ein geschicktes Spiel und gewann durch Drohungen und politische Drahtseilakte die Oberhand. Die USA, die anfangs ihr Desinteresse an Gesprächen mit Nordkorea bekundet hatten, erklärten sich 1994 schließlich bereit, Leichtwasserreaktoren zu liefern, wenn Pjöngjang sein Plutoniumprogramm einmotten würde. Doch das war keine glückliche Lösung, weil die USA nicht überprüfen konnten, ob Nordkorea die Vereinbarungen tatsächlich einhielt. Dennoch war dieser Handel besser als nichts.

Als im Oktober 2002 Kim Jong Ils geheimes Atomprogramm zur Anreicherung von Uran ans Licht kam, bedeutete dies vielleicht nicht den Bruch des Abkommens von 1994 dem Buchstaben nach – dieses bezog sich nämlich auf die Verwendung von Plutonium –, wohl aber dem Geist nach. Von da an waren viele Beobachter überzeugt, dass Nordkorea die Atomwaffen keineswegs als Verhandlungsmasse ins Spiel bringen, sondern tatsächlich selbst Atommacht werden wollte.

Angenommen, das stimmt, werden sich die Atomwaffen nicht durch Verhandlungen aus der Welt schaffen lassen. Oder aber – falls Verhandlungen doch Erfolg hätten – das nordkoreanische Regime zieht noch eine weitere Versicherungspolice aus dem Ärmel, zum Beispiel die Drohung mit biologischen Waffen. Das wäre durchaus möglich, denn Kim Jong Il gehört wohl kaum zu denen, die einem Abkommen mit den Vereinigten Staaten, Südkorea oder Japan wirklich trauen. Er wird sich immer die Möglichkeit offen halten wollen, in die Hosentasche zu greifen und daraus ein neues Abschreckungsmittel hervorzuzaubern.

Nimmt man all dies zusammen – ein antiwestliches Regime, eine marode Wirtschaft, Hunger und Atomwaffen – und überlegt, was entstehen könnte, wenn der Westen hierbei tatenlos zusieht – denkbar wären eine atomare Eskalation in Ostasien, die Weitergabe von Atomwaffen und anderen Kampfstoffen an Terroristen, ein gezielter Einsatz von Atombomben oder auch ein Unfall mit solchen Waffen –, dann wird klar, dass ein internationaler Konsens über den Umgang mit Nordkorea erzielt werden muss. Je länger die jetzige Pattsituation bestehen bleibt, desto wahrscheinlicher wird sie in einen Krieg münden.

Bis jetzt will Washington einen Krieg vermeiden. Eine Studie der US-Streitkräfte in Korea von 1994 kommt zu dem Schluss, dass jeder größere Konflikt eine Million Menschen das Leben kosten würde, darunter bis zu 100 000 Amerikanern. Dennoch sollten wir diese Möglichkeit nicht von vorneherein ausschließen. Auch wenn den USA an einer friedlichen Lösung für das Nordkorea-Problem gelegen ist, haben sie seit dem 11. September 2001 deutlich gemacht, dass sie bereit sind, nicht nur zur Selbstverteidigung Krieg zu führen, sondern auch – wie der Angriff auf den Irak gezeigt hat –, um einer empfundenen Bedrohung mit einem Präventivschlag zu begegnen.

Nordkorea will keinen Krieg, weil es genau weiß, dass es der überlegenen Militärmacht der Vereinigten Staaten und Südkoreas rasch unterliegen würde. Angeblich wünscht es ein Sicherheitsabkommen mit den USA. Washington hingegen erklärt, zuvor müssten die Atomwaffen verschwinden, und besteht außerdem darauf, dass die Gespräche auf multilateraler Ebene geführt werden. Neben den Vereinigten Staaten selbst wäre China dabei der wichtigste Verhandlungspartner. China, als langjähriger Verbündeter Nordkoreas, ist besorgt, dass Kim Jong Il in der Region einen Wettlauf um den Besitz von Atomwaffen entfesseln könnte. Wahrscheinlich hat Nordkorea erst auf den Druck von China hin im Juli 2003 dem Vorschlag zugestimmt, ein multilaterales Forum ins Leben zu rufen.

Abgesehen davon, dass die USA eine geschlossene internationale Front anstreben, zeigt die Haltung Washingtons auch, dass sie nicht willens sind, sich auf das in ihren Augen erpresserische Vorgehen des nordkoreanischen Regimes einzulassen. Dessen klassischer Verhandlungsstil – seht, wie gefährlich ich bin, ich könnte sogar mich selbst verletzen, deshalb tut ihr besser das, was ich sage – stößt auf taube Ohren. Die USA wollen Fehlverhalten nicht auch noch belohnen. Diese Haltung der Regierung von Präsident George W. Bush erinnert an die ursprüngliche Antwort der Clinton-Regierung im Jahre 1993. In Washingtoner Regierungskreisen herrscht die tiefe Überzeugung, dass allein schon die Aufnahme von Verhandlungen eine Art Belohnung für die Gegenseite darstellt, und die persönliche Haltung George W. Bushs verstärkt diese Haltung noch. Er hegt nahezu religiöse Ansichten über bestimmte Staatsführer, und es steht ihm nicht der Sinn danach, sich mit denen einzulassen, die er dem Reich des Bösen zurechnet. Kim Jong Il, den er als »Pygmäen« bezeichnet hat, gehört zweifellos in diese Kategorie.

»Ich denke, [der Präsident] ist zu dem Schluss gekommen, dass Kim Jong Il ein böser, abscheulicher Mensch ist und dass es unmoralisch ist, mit ihm zu verhandeln«, erklärte der ehemalige Verteidigungsminister William Perry im Juli 2003 gegenüber der *Washington Post.*[1]

Statt über das Geben und Nehmen bei Verhandlungen nachzudenken, will Bush offenbar lieber die Macht Amerikas dazu benutzen, um Druck auf Nordkorea auszuüben. Obwohl dies jedem liberalen Denken widerspricht und viele Südkoreaner empört, die es ohnehin für wahrscheinlicher halten, dass die USA einen Krieg beginnen und nicht Nordkorea, hat diese Überlegung einiges für sich, weil sie auf einer bestimmten Realität beruht: Wenn man die Macht hat und sie nicht einsetzt, nutzt der Gegner dies als Schwäche aus.

Washington sucht bei seinen Verbündeten Unterstützung für Maßnahmen gegen den nordkoreanischen Handel mit Waffen (der, wie betont werden muss, nicht illegal ist), Drogen und gefälschten Banknoten (was beides zweifellos kriminell ist). Dabei geht es insbesondere darum, Kim Jong Il am eigenen Geldbeutel zu treffen. Es ist das erste Mal, dass eine solche Strategie verfolgt wird, die noch dazu ohne formelle Ankündigung von Sanktionen auskommt. Es lässt sich kaum etwas dagegen einwenden, außer dass sie die Politik Südkoreas konterkariert, die darauf abzielt, die Macht Kim Jong Ils anzuerkennen und mit allen zur Verfügung stehenden Mitteln eine Annäherung zu suchen. Daher hat Seoul vor allem auf die Strategie gesetzt, den nordkoreanischen Diktator durch Bestechung dazu zu bringen, dass er sich dem Westen gegenüber zahm verhält. Dies mag auch der Grund sein, warum Seoul ungern der Ansicht beipflichtet, dass Nordkorea Atommacht werden will.

Aber auch die amerikanische Strategie leidet darunter, dass sie zu einseitig auf die Frage der Atomwaffen ausgerichtet ist. Wenn diese durch Verhandlungen aus der Welt geschafft werden könnten, so scheint es, könnten die USA wieder wie früher Nordkorea ignorieren. Doch dem Regime in Pjöngjang geht es ums Überleben, und Kim Jong Il wird dafür alles aufs Spiel setzen. Er könnte die von den USA eingeleitete Politik, seinen schmutzigen Geschäften das Wasser abzugraben, als Kriegserklärung verstehen – die sie ja auch ist – und entsprechend aggressiv darauf reagieren, sei es unmittelbar mit Gewalt oder dadurch, dass er amerikafeindliche Terrorgruppen mit Waffen versorgt.

Die USA müssen ihre Ziele weiter stecken, wollen sie es Japan und China gleichtun, die um die Sicherheit in der Region besorgt sind, und wie Südkorea, dem an einer friedlichen Aussöhnung und dem langfristigen Schicksal der Halbinsel gelegen ist.

Wirksamer wäre es, wenn die USA diskret gegen die illegalen Geschäfte der Abteilung 39 vorgingen und gleichzeitig offensiv die größeren Probleme anpacken würden. Warum schlägt man Nordkorea nicht einen Nichtangriffspakt vor, einen koreanischen Friedensvertrag – den der Norden schon seit Jahren verlangt –, die Einrichtung einer US-Botschaft in Pjöngjang, Kredite und Zugang zu den amerikanischen Märkten? Warum unterstützt man nicht rückhaltlos den Annäherungsprozess, den der Süden eingeleitet hat, und bietet Kim Jong Il die Aussicht auf eine sichere Zukunft an?

Und könnten die USA nicht gleichzeitig Südkorea davon überzeugen, in die Verhandlungen das Thema der Menschenrechte aufzunehmen? Allerdings müsste dieser Punkt mit großer Vorsicht und großem Geschick angesprochen werden. Vielleicht ist es ein Wunschtraum, aber einen Versuch wäre es wert. Natürlich müsste man diese heikle Sache so verpacken, dass auch die Nordkoreaner sie akzeptieren könnten. Zum Beispiel als Verpflichtung der gesamten Region auf bestimmte Grundrechte, denen auch China zuzustimmen bereit wäre. Dabei sollte jedoch bereits im Voraus genügend Beweismaterial über den Gulag zusammengetragen werden, um jede mögliche Vertuschungsaktion des Nordens oder ein Massaker an den Gefangenen zu verhindern.

Umfassende Schritte in diese Richtung könnten zu einem brauchbaren Frieden führen. Nordkorea bekäme seine Sicherheitsgarantien und die USA ein verifizierbares Abkommen über die Nichtverbreitung von Atomwaffen. Alle Seiten könnten sich auf die Wirtschaft konzentrieren. Dennoch ist kaum vorstellbar, dass es zu einem solch glimpflichen Ende kommt, so lange Kim Jong Il an der Macht ist. Doch selbst unter dieser Voraussetzung würden zumindest die Grundlagen geschaffen für den Tag, an dem ein Regimewechsel stattfindet und Kim Jong Il nicht mehr ist – worauf wir ja letztendlich warten.

Traurig nur, dass das arme nordkoreanische Volk bis zu diesem glücklichen Tag weiterhin leiden muss.

Anmerkungen

VORWORT

1 Hendrik Hertzberg, »Axis Praxis«, *New Yorker*, 13. Januar 2003.
2 Siehe Kapitel 10, Anmerkung 9.

KAPITEL EINS

1 Eine chinesische Kunstbeauftragte, die 1996 Nordkorea besuchte, sagte, dieser Betrag in Höhe von 100 Millionen Dollar sei ihr von Nordkoreanern genannt worden.
2 Lim Un, *The Founding of a Dynasty: An Authentic Biography of Kim Il-song*, S. 9–10. Lim, ein Sowjet-Koreaner, dessen richtiger Name Ho Chin lautet, zitiert hier aus *Kim Il-song Chunjip*, Bd. 4, S. 157.
3 Weitere Informationen darüber findet man in: Suh Dae Sook, *Kim Il Sung: The North Korean Leader*, S. 314–324.
4 Jay Solomon und Hae Won Choi, »How Hyundai's Quest for Ties to North Korea Worked to Its Detriment,« *Asian Wall Street Journal*, 4. März 2003, S. 1.
5 Mehr darüber bei Hahm Pyong Choon, »Shamanism and the Korean World-view«, in: *Shamanism: The Spirit World of Korea*, hg. von Chaishin Yu und Richard Guisso, Berkeley, Kalifornien: Asian Humanities Press, 1988.
6 Lim Un, S. 14.
7 Suh, S. 285.

8 *The Great Teacher of Journalists: Kim Jong Il*, S. 4.

9 Laut dem Überläufer Hwang Jang Yop. Siehe Peter Carlson, »For Kim Jong Il, ›Dear Leader‹ Is Role He Was Born to Play«, *The Asian Wall Street Journal*, 13. Mai 2003.

10 Wie ich erfuhr, wurde der nordkoreanische Geschäftsmann später wegen angeblich unsauberer Geschäfte mit südkoreanischen Konzernen in Peking inhaftiert. Ich glaube jedoch nicht, dass er bereits unter Verdacht stand, als er mit Kim Il Sung zusammentraf. Sein Fauxpas bestand darin, dass er versuchte, sich als Ausländer auszugeben.

KAPITEL ZWEI

1 Zur koreanischen Geschichte siehe Carter J. Eckert und Lee Ki-baik: *Korea Old and New: A History*; und die eher poetische Lektüre: James Scarth Gale: *History of the Korean People*. Zu der Zeit von 1392 bis 1910 siehe Martina Deuchler, *The Confucian Transformation of Korea*. Zur japanischen Besetzung vor hundert Jahren siehe Peter Duus, *The Abacus and the Sword: The Japanese Penetration of Korea 1895–1910*.

2 Im Süden »Gaesong« ausgesprochen.

3 Die detaillierteste Darstellung der Anfänge Kim Il Sungs findet man in seiner fünfbändigen Autobiografie *Reminiscences: With the Century*. Als kritischere Lektüre empfehle ich: Lim Un, *The Founding of a Dynasty in North Korea: An Authentic Biography of Kim Il-song*. Sowohl einzelne Details als auch gründliche Analysen finden sich in: Charles K. Armstrong, *The North Korean Revolution, 1945–1950*; Adrian Buzo, *The Guerilla Dynasty: Politics and Leadership in North Korea*; Sydney A. Seiler, *Kim Il-song 1941–1948: The Creation of a Legend, The Building of a Regime;* Suh Dae-sook, *Kim Il Sung: The North Korean Leader;* und Suh Dae-sook, *Korean Communism, 1945–1980.*

4 *With the Century*, Bd. 1, S. 353ff.

5 *With the Century*, Bd. 1, S. 367.

6 *With the Century*, Bd. 2, S. 108. Kim wurde beschuldigt, sich die Identität eines älteren Unabhängigkeitskämpfers angeeignet zu haben, um seine Popularität zu steigern. Dieser andere konnte nie identifiziert werden.

7 Suh, *Kim Il Sung: The North Korean Leader*, S. 52.

8 Aus einem Gespräch des Autors mit Richard Underwood, damals US-amerikanischer Dolmetscher. Dies war die Antwort von Bauern auf seine Frage, warum sie von der Straße in den Graben fuhren, wenn er vorbeikam.

9 Buzo, S. 9f.

10 Seiler, S. 46, der eine Zeugenaussage von Generalmajor Nikolai Lebedew laut der südkoreanischen Tageszeitung *JoongAng Ilbo* im August 1991 zitiert.

11 Seiler, S. 56; Lim, S. 25f.

12 Nähere Einzelheiten über diese Zeit finden sich auch in: Cumings, *The Origins of the Korean War.*

13 Busan hieß bis zum Jahr 2000 »Pusan«.

14 Incheon hieß bis zum Jahr 2000 »Inchon«.

15 Chang Myun dankte ab und versteckte sich in einem Kloster. Lee Kie Hong, ein Wirtschaftsexperte der Regierung, der damals Washington besuchte, sagte mir, laut Kennedys Berater in Fragen der nationalen Sicherheit, McGeorge Bundy, wären die USA eingeschritten, wenn Chang öffentlich um Unterstützung gebeten hätte. Gespräch des Autors.

16 Nach Suh, S. 192.

17 Gespräch des Autors mit Kim Shin Jo, sowie: Bermudez, *North Korean Special Forces*, S. 83ff.

18 Interview des Autors.

19 Laut Donald Gregg, ehemals US-Botschafter in Seoul und Vorsitzender der New Yorker Korea Society, der von den Plänen bei einem Besuch in Pjöngjang erfuhr.

20 Kim Hyun Hee, *The Tears of My Soul* (dt.: *Die Tränen meiner Seele*), S. 84. Kim war der gefasste Agent.

KAPITEL DREI

1 Interview des Autors mit Kim Shin Jo.

2 Die Angaben stammen aus: »2000 Report to Congress: Military Situation on the Korean Peninsula« des US-Verteidigungsministeriums vom 12. September 2000.
Siehe www.defenselink.mil/news/sep2000/korea09122000.html.
In diesem Kapitel stütze ich mich auch auf die Zahlen, die Bermudez in seinem Buch *The Armed Forces of North Korea* nennt.

3 Im März 2003 wurde die Dienstzeit verkürzt; bis dahin betrug sie für Männer 13 Jahre, für Frauen 10 Jahre. *The Korea Herald*, 28. Mai 2003.

4 Die Angaben für 2001 stammen aus: CIA World Factbook 2002.

5 Bermudez, op. cit., S. 12.

6 Die Angaben stammen aus: Defense White Paper, Seoul 1999.

7 Umfassende Informationen über die nordkoreanischen Massenvernichtungswaffen bieten Bermudez, op. cit., und Albright/O'Neill, *Solving the North Korean Nuclear Puzzle*.

8 Moody's stufte Südkorea tatsächlich herab, nannte dabei als Grund aber nur das nordkoreanische Atomprogramm.

KAPITEL VIER

1 Laut Konstantin Pulikowski, *Touring Russia with Kim Chong-il* (auf Russisch veröffentlicht unter dem Titel »Orient Express«, Moskau 2002).

2 Der höchste Berg auf der koreanischen Halbinsel wird in Südkorea gewöhnlich »Baekdu« ausgesprochen. Daneben gibt es die Varianten »Baektu« und »Paektu«. Ich verwende durchgängig »Paekdu« in Übereinstimmung mit den zitierten Stellen aus nordkoreanischen Veröffentlichungen.

3 *The Great Teacher of Journalists: Kim Jong-il*, S. 139ff.

4 Beide auf Englisch zu finden unter kimsoft.com.

5 Diese Episode ist entnommen aus: Tak Jin u. a., *Great Leader Kim Jong Il*, Bd. I, S. 7ff.

6 Interview mit Lee Won Sup in: *Hankyoreh Shinmun*, Oktober 1999: www.kimsoft.com/war/leemin1.htm.

7 Dieser Hinweis stammt aus einer privaten E-Mail von Peter Hyun. Sein Interview mit Lee Min erschien in der südkoreanischen Monatszeitschrift *Wolgan Chosun*, Februar 2002.

8 Ebd., S. 9f.

9 Aidan Foster-Carter, »Dear Leader Kim Jong Il turns 50: Birth of a legend«, *Far Eastern Economic Review*, 12. Februar 1991. Jo Yung Hwan liefert in seinem Buch *Kim Jong-il: A Psycho-Profile* weitere Belege, darunter auch die Behauptung, dass das Geburtsdatum 1941 vor 1982 durchgängig verwendet wurde; außerdem befand es sich auch auf einem Dokument, das ein nordkoreanischer Beamter einem gebürtigen Koreaner in China übergab, der sich von ihm Kim Jong Ils Zukunft wahrsagen ließ.

10 Oh und Hassig, *North Korea through the Looking Glass*, S. 86.

11 Lee Min in dem Interview mit Peter Hyun, *Wolgan Chosun*, Februar 2002: www.kimsoft.com/war/leemin2.htm.

12 Siehe »My Love and Marriage« in: *With the Century*, Bd. 23: www.kimsoft.com/war/r-23-3.htm.

13 *JoongAng Ilbo*, 4. Oktober 1991.

14 *Wolgan Chosun* op. cit.

15 »Nurturing the Root of the Revolution«, *With the Century*, Bd. 23.

16 Ko Yong Hwan, zitiert von Jerrold M. Post und Laurita M. Denny in »Kim Jong-il of North Korea: A Political Psychology Profile«.

17 Choe In Su, *Kim Jong Il: The People's Leader (I),* S. 51.

18 Ebd., S. 64f.

19 Ebd., S. 75f.

20 Ebd., S. 39.

21 Ebd., S. 79.

22 Ebd., S. 85ff.

23 Nach der südkoreanischen Version in *Daehan Maeil*, 12. Juli 2000, in englischer Übersetzung unter kimsoft.com.

24 Tak u. a., S. 84.

25 Laut Sohn Kwang Joo, der ausführliche Gespräche mit Überläufern führte und zwei Bücher über Kim Jong Il veröffentlichte. Interview des Autors.

26 Choe, S. 277ff.

1 Lim, S. 48ff.
2 Lim, S. 210.
3 Suh Dae Sook, *Kim Il Sung: The North Korean Leader*, S. 193.
4 Zitiert in: Oh und Hassig, *North Korea through the Looking Glass*, S. 87.
5 »Nurturing the Root of the Revolution«, in: *With the Century*, Bd. 23. Natürlich ist es möglich, dass Kim die Rolle des Historikers Lim überhöht und ihn benutzt, um dem Nachfolgeplan intellektuelle Glaubwürdigkeit zu verleihen. Und ebenso möglich wäre es, dass Kim Jong Il die Abfassung der väterlichen Memoiren beaufsichtigt hat.
6 Tak u.a., Bd. I, S. 123; und Suh, S. 285.
7 Tak u.a., Bd. II, S. 14ff.
8 In Seoul änderte Lee seinen Namen von Il Nam in Han Yong. Die zitierten Vorfälle habe ich seiner Biografie *dae-dong-gang royal family seoul jamhaeng 14 nyeon* (Die königliche Famile vom Daedong lebt 14 Jahre lang zurückgezogen in Seoul) entnommen, die 1996 erschien.
9 Hwang Jang Yop, *na-neun yeoksa-eui jinri-reul boada* (Ich sah die Wahrheit der Geschichte), S. 137.
10 Ebd., S. 126f.
11 Ebd., S. 21ff.
12 Buzo, S. 116f.
13 Tak u.a., Bd. I, S. 209.
14 Zur Zeit der Abfassung dieses Buchs lebte Sung Hae Rang irgendwo in Europa. Ihr Sohn Lee Han Yong konnte 1982 fliehen, ihre Tochter Lee Nam Ok 1992.
15 Sung Hae Rang, *deung namu jibi* (Haus der Glyzinie); und Lee Han Yeong, *dae-dong-gang royal family seoul jamhaeng 14 nyeon.* Siehe auch »Secret Lives«, basierend auf einem Interview mit Sung Hae Rang, *Time*, 30. Juni 2003.
16 Lee Han Yong sagt, dass Kim Il Sung 1975 von der Existenz seines Enkels erfuhr und er angeblich stolz auf ihn gewesen sei. Es scheint jedoch, dass weiterhin die Notwendigkeit bestand, ihn geheim zu halten.
17 Aus der Übersetzung eines Interviews mit seinem Cousin Lee Nam Ok in der japanischen Publikation *Bungei Shunju*: www.kimsoft.com/1997/namok.htm.

18 Zitiert von Jo Yung Hwan.
19 Kims ehemaliger japanischer Chefkoch Kenji Fujimoto: *The Korea Times*, 23. Juni 2003.
20 Laut Lee Han Yong.
21 AP Yonhap Report, 19. Juni 1994.
22 *The Korea Times*, 23. Juni 2003.
23 Jo Yung Hwan, *Kim Jong-il: A Psycho-Profile*, »Through Chinese Eyes«.

KAPITEL SECHS

1 *Kim Jong Il on the Art of Opera*, Honolulu: University Press of the Pacific, 2001, S. 7.
2 Ebd., S. 28.
3 *Kim Jong Il On the Art of the Cinema*, Pjöngjang: Foreign Languages Publishing House, 1989, S. 303.
4 Ebd., S. 269.
5 Ebd., S. 249.
6 Ebd., S. 251f.
7 Ebd., S. 267f.
8 Ebd., S. 220f.
9 Ebd., S. 169.
10 Ebd., S. 42f.
11 Ebd., S. 205.
12 Die folgende Schilderung entstammt einem Gespräch des Autors mit Shin Sang Ok und Choi Eun Hee, das im März 2003 gemeinsam mit Donald Macintyre und Kim Yooseung von der Zeitschrift *Time* durchgeführt wurde, sowie *The Kingdom of Kim Chong-il*, der Übersetzung eines Buches der beiden über ihre Erlebnisse.
13 Interview des Autors.
14 Kim, *The Tears of My Soul*, (dt.: *Die Tränen meiner Seele*), S. 31.

1 Siehe Interview mit Moon Myong Ja auf der Website www.kimsoft.com.

2 Jerrold M. Post und Laurita M. Denny, »Kim Jong-Il of North Korea: A Political Psychology Profile«.

3 Zitiert bei Pulikowski, op. cit.

4 Hwang, op. cit., S. 216f.

5 Diese und die folgenden Angaben stammen aus Lee Yeong Kook, *na-neun kim jong-il gyeong-ho-weon i-eo-da* (Ich war Kim Jong Ils Bodyguard).

6 James David Barber, *The Presidential Character: Predicting Performance In The White House*, New Jersey: Prentice Hall, 1992 (4. Auflage; die Erstausgabe stammt von 1972).

7 Zu diesen Definitionen siehe Barber S. 9f.

8 Interview mit Shin und Choi. Shin sagte, die CIA-Leute, die ihn befragten, hätten sich sehr amüsiert, als er Jong Il als »micro-manager« (jemand, der zwanghaft Kontrolle über seine Mitarbeiter ausübt und nicht delegieren kann) bezeichnete, weil dies offenbar auch der Spitzname war, den sie dem CIA-Direktor William Casey verliehen hatten.

9 Gegenüber südkoreanischen Medien- und Regierungsvertretern, die zu Besuch in Nordkorea waren. Siehe »Kim Jong-il's Dialogue with South Korean Media Heads«, 15. August 2000, Website der *Chosun Ilbo*.

10 Diese Beobachtung stammt aus Lee Yeong Kook, *na-neun kim jong-il gyeong-ho-weon i-eo-da* (Ich war Kim Jong Ils Bodyguard).

11 Gegenüber südkoreanischen Medien- und Regierungsvertretern. Siehe *Chosun Ilbo*, op. cit.

12 Krzysztof Darewicz, ein polnischer Journalist, der über Nordkorea und China berichtete, verglich ihn in diesem Punkt mit Deng Xiaoping. Zitiert in: Jo Yung Hwan, op. cit.

13 Transkript eines Gesprächs mit Ho Chong Man und So Man Sul, »I Ordered them to Whine to Get Aid from Abroad«, *Monthly Chosun*, Januar 2003, S. 104–126.

14 Aus einer mir vorliegenden unveröffentlichten Übersetzung.

15 Beobachtung seines ehemaligen japanischen Chefkochs Kenji Fujimoto. Siehe *JoongAng Daily*, 23. Juni 2003.

16 Laut Kim Jong Ils Neffen Lee Han Yong, zitiert in: Jo Yung Hwan, op. cit.
17 Krzysztof Darewicz, zitiert in: Jo Yung Hwan, op. cit.
18 »Secret Lives«, von Adriana S. Lee, *Time*, 30. Juni 2003.
19 Laut dem Überläufer Kang Myong Do, zitiert in: Jo Yung Hwan, op. cit.
20 Entsprechende Artikel vom 23. Juni 2003, in: *JoongAng Daily*, *The Korea Times* und *The Korea Herald*.
21 *Monthly Chosun*, Januar 2003, op. cit.
22 *Time*, op. cit.
23 Interview des Autors mit dem Überläufer Hong Soon Kyung, der davon hörte, als er als nordkoreanischer Botschafter in Thailand tätig war.
24 Diese Beschreibung von Kim Jong Il ist dem *Time*-Interview mit Sung Hae Rang entnommen.
25 Kim sagte dies während seiner Russland-Reise im Jahre 2001 zu Pulikowski.
26 Interview mit Shin und Choi.
27 Lee Kun Hu in: »In-Depth Analysis: N. Korea's Future Seen Through Kim Jong-il's Voice«, *Monthly Chosun*, Februar 2003, S. 231ff. Siehe auch die Artikel in dieser Zeitschrift vom Oktober 1995 und Januar 2003.
28 Zitiert von dem Journalisten Kim Song Dong in: »Did Kim Jong-il's Sensitivity Win Kim Dae-jung's Logic?«, *Monthly Chosun*, Juli 2000, S. 77ff.
29 *Chosun Ilbo*, op. cit.
30 Interview in *Bungei Shunju*, op. cit.
31 *Monthly Chosun*, Juli 2000, op. cit.

KAPITEL ACHT

1 Siehe Stephane Courtois u. a., *The Black Book of Communism*, Boston: Harvard University Press, 1999 (Übersetzung aus dem Französischen).
2 Siehe auch Kapitel 12.
3 In Pjöngjang sagte mir eine Diplomatin, sie habe ihr Kind aus diesem

Grund aus einem Kindergarten für Ausländer genommen, der unter nordkoreanischer Leitung stand.

4 Gespräch des Autors.

5 Ali Lameda und Jacques Emmanuel Sédillot. Für weitere Informationen über diese Fälle siehe Kapitel 9.

6 Siehe sein unveröffentlichtes Manuskript *A Year in Pyongyang* unter aidanfc.net, der Website von Aidan Foster-Carter.

7 Grauhar siedelte später nach Südkorea über, wo er mittlerweile als Direktor der Europäischen Handelskammer tätig ist.

8 Kim Jong-il, »Abuses of Socialism are Intolerable«, eine Abhandlung in *Kulloja*, der Zeitschrift des Zentralkomitees, 1. März 1993.

9 *Time*, 30. Juni 2003.

10 Ich danke Kwak Dae Jung for diese Zusammenstellung. Siehe Kwak, *ookineun kim jong-il* (Der lachende Kim Jong Il).

11 M. Scott Peck, *People of the Lie: The Hope for Healing Human Evil*, New York: Simon & Schuster Inc. 1983 (dt.: *Die Lügner – Eine Psychologie des Bösen und die Hoffnung auf Heilung*, München: Claudius-Verlag, 1990, S. 84). Siehe S. 78.

12 Jerrold M. Post und Laurita M. Denny, »Kim Jong-Il of North Korea: A Political Psychology Profile«.

KAPITEL NEUN

1 Interview des Autors. Vollertsen hat seine Erlebnisse auf Koreanisch und Japanisch veröffentlicht. Eine englischsprachige Ausgabe mit dem Titel *Inside North Korea: Diary of a Mad Place*, ist vom Verlag Encounter Books für Oktober 2003 geplant.

2 Siehe Andrei Lankov, »The Repressive System and The Political Control in North Korea«, die übersetzte und erweiterte Version eines Kapitels aus *Sewernaia Koreia: Wchera I Segodnia* (Nordkorea gestern und heute), Moskau: Wostochnaia Literatura, 1995. http://northkorea.narod.ru/control_lankov.htm

3 Lamedas Fall wurde bekannt, als Amnesty International 1979 seinen Bericht veröffentlichte. Ich danke Jon Halliday für die Informationen über Sédillot.

4 Die hier wiedergegebenen Schilderungen beruhen auf einem Interview des Autors mit Kang Chol Hwan und An Hyuk kurz nach ihrer Flucht im Jahre 1992; Kang Chol Hwan, *The Aquariums of Pyongyang*; Lee Soon Ok, *Eyes of the Tailless Animals*; und John Larkin, »Exposed – Kim's Slave Camps«, *Far Eastern Economic Review*, 12. Dezember 2002.

5 Lee, op. cit., S. 18.

6 Ebd., S. 22.

7 Ebd., S. 54.

8 Ebd., S. 56.

9 Ebd., S. 70f.

10 Ebd., S. 95.

11 Kang, op. cit., S. 100f.

12 Ebd., S. 73.

13 »The Game of Their Lives« wurde von Nicholas Bonner konzipiert und produziert. Bonner war in Peking als Berater tätig und organisierte dort Tourismusreisen von Nordkoreanern.

14 Human Rights Watch, »The Invisible Exodus: North Koreans in the People's Republic of China«, New York, November 2002, S. 25f.

15 Jo Yung Hwan, op. cit., der sich auf einen FBIS-Bericht vom 5. November 1980 bezieht.

16 Kang Myong Do, *North Korean Dreams of Defection*, Seoul: JoongAng Ilbo-sa, 1995, S. 255–272. Kang ist der Sohn des ehemaligen nordkoreanischen Premierministers Kang Song San.

17 Kang Chol Hwan, S. 99.

18 Human Rights Watch, op. cit., S. 26.

19 Sämtliche Lager werden offiziell mit Nummern bezeichnet.

20 Zu Ahns Geschichte siehe John Larkin, »Exposed – Kim's Slave Camps«, *Far Eastern Economic Review*, 12. Dezember 2002, MSNBC-Bericht »Former Guard: Ahn Myong Chol«: www.msnbc.com/news/859865.asp?0sl=-42.
Siehe auch Ahn Myong Chol, *geu-deul-ee oolgo-ida* (Diese Menschen weinen), Seoul: Cheonji Media Publishing Co., 1995.

KAPITEL ZEHN

1 Einzelheiten über Kim den Gourmet sind Pulikowskis Buch und dem psychologischen Profil von Post und Denny entnommen.
2 Wie Kim Pulikowski erzählte.
3 Ermanno Furlanis, »I made pizza for Kim Jong-il«, *Asia Times Online*, 4., 11, und 18. August 2001.
4 Ebd., »Part 3: The great man eats«.
5 *JoongAng Daily*, 23. Juni 2003.
6 Lee Han Yong, op. cit.
7 Natsios, *The Great North Korean Famine*, S. 24.
8 Ebd., S. 47.
9 Ebd., S. 203f.
10 So bei einem Treffen mit ausländischen Reportern in Seoul im Juni 2003.
11 Zellwegers Angaben: Der durchschnittliche südkoreanische Junge ist 125 cm groß und wiegt 26 kg, während der nordkoreanische nur 105 cm misst und 16 kg wiegt.
12 Natsios, S. 69. Natsios zitiert einen südkoreanischen buddhistischen Mönch namens Pomnyun, dessen Organisation Korean Buddhist Sharing Movement die Lebensbedingungen entlang der chinesisch-nordkoreanischen Grenze am eingehendsten untersucht hat.

KAPITEL ELF

1 Die Zahlen in diesem Absatz stammen von der Bank of (South) Korea.
2 Die Zahlen stammen von KOTRA in Seoul.
3 Möglicherweise sind diese offiziellen Vertreter dazu ausersehen, in Kim Jong Ils eigenem Unternehmen zu arbeiten. Siehe Kapitel 12, Anmerkung 6.
4 Folgende Quellen wurden für diesen Abschnitt über die wirtschaftlichen Sonderzonen verwendet: Für Rajin-Sonbong Werbematerial und Presseberichte; für Keumgang Gespräche des Autors mit Beteiligten, die als Unternehmensberater tätig sind; für Sinuiju Presseberichte; für Kaesong Presseberichte und Gespräche mit Vertretern von Hyundai.

5 Eine Liste der Investoren ist auf folgender Website veröffentlicht: www.kotra.or.kr/main/trade/nk/nation/invest_overl9.jsp

6 Im Juli 2003 wurde Yang wegen Betrugs und Bestechung zu 18 Jahren Haft und einer Geldstrafe von 2,3 Millionen Yuan (278 000 Dollar) verurteilt.

7 Dieser Punkt stößt bei Außenseitern auf Befremden, wenngleich die chinesischen Sonderzonen in Shenzen und Hongkong auf ähnliche Weise kontrolliert wurden, um zu verhindern, dass Arbeitssuchende in Scharen eindringen.

8 »Gaeseong« in südkoreanischer Aussprache.

KAPITEL ZWÖLF

1 So Kapitsa zu Jo Yung Hwan.

2 Laut Ko Young Hwan, ehemals nordkoreanischer Diplomat und Überläufer. Zitiert von Jo Yung Hwan.

3 Die Zahl stammt von Hwang Jang Yop, der 1997 nach Südkorea überlief.

4 Diese und andere Details über Abteilung 39 stammen aus: Jay Solomon und Hae Won Choi, »Shadowy Business Arm Helps Regime Keep Grip On Power in Pyongyang«, *The Asian Wall Street Journal*, 14. Juli 2003; und Anthony Spaeth, »Kim's Rackets«, *Time*, 9. Juni 2003. *Time* übersetzt den Namen des Unternehmens mit »Bureau 39«.

5 Interview des Autors mit einem höheren Angestellten der Daesong Bank Anfang der neunziger Jahre.

6 Siehe Kapitel 11, Anmerkung 3.

7 *Time*, op. cit.

8 Pulikowski, op. cit.

9 Ebd.

10 Ebd.

KAPITEL DREIZEHN

1. Thomas E. Ricks und Glenn Kessler, »US, N. Korea Drifting Towards War, Perry Warns«, *The Washington Post*, 15. Juli 2003.

Auswahlbibliografie

Ahn Myong Chol: *geu-deul-ee oolgo-ida* (Diese Menschen weinen), Seoul: Cheonji Media Publishing Co., 1995.

Albright, David und Kevin O'Neill (Hg.): *Solving the North Korean Nuclear Puzzle*, Washington, D. C.: The Institute for Science and International Security, 2000.

Anonymus: *Kim Jong Il: Short Biography*, Pjöngjang: Foreign Languages Publishing House, 2001.

Anonymus: *The Great Teacher of Journalists: Kim Jong Il*, Amsterdam: Fredonia Books, 2002 (Nachdruck der 1983 in Pjöngjang erschienenen Ausgabe).

Armstrong, Charles K.: *The North Korean Revolution, 1945–1950*, Ithaca, N. Y.: Cornell University Press, 2003.

Bermudez, Joseph S.: *North Korean Special Forces*, Annapolis, M. D.: Naval Institute Press, 1998.

Ders.: *The Armed Forces of North Korea*, New York: I. B. Tauris, 2001.

Buzo, Adrian: *The Guerilla Dynasty: Politics and Leadership in North Korea*, Sydney: Allen & Unwin, 1999.

Choe In Su: *Kim Jong Il: The People's Leader (I)*, Pjöngjang: Foreign Languages Publishing House, 1983.

Cumings, Bruce: *The Origins of the Korean War: Liberation and the Emergence of Separate Regimes, 1945–47*, New Jersey: Princeton University Press, 1981.

Ders.: *Koreas Place in the Sun: A Modern History*, New York: W. W. Norton & Company, 1997.

Deuchler, Martina: *The Confucian Transformation of Korea*, Cambridge, Mass.: Harvard University Press, 1992.
Downs, Chuck: *Over the Line: North Korea's Negotiating Strategy*, Washington, D. C.: The AEI Press, 1999.
Duus, Peter: *The Abacus and the Sword: The Japanese Penetration of Korea 1895–1910*, Berkeley: University of California Press, 1995.
Eberstadt, Nicholas: *The End of North Korea*, Washington, D. C.: The AEI Press, 1999.
Eckert, Carter J., Lee Ki Baik u. a.: *Korea Old and New: A History*, Seoul: Ilchokak Publishers, 1990.
Foley, James A.: *Korea's Divided Families: Fifty Years of Separation*, London: RoutledgeCurzon, 2003.
Harrison, Selig S.: *Korea Endgame: A Strategy for Reunification and U.S. Disengagement*, Princeton University Press, 2002.
Holloway, Andrew: »A Year in Pyongyang«, unveröffentlichtes Manuskript, zu lesen auf www.aidanfc.net, der Website des Nordkorea-Experten Aidan Foster-Carter.
Hunter, Helen-Louise: *Kim Il-song's North Korea*, Westport, C. T.: Praeger Publishers, 1999.
Hwang Jang Yop: *na-neun yeoksa-eui jinri-reul boada* (Ich sah die Wahrheit der Geschichte), Seoul: Haneul, 1999.
Jo Yung Hwan: mae-woo teukpyeolhan inmul kim jong il (Kim Jong Il: Ein Psychogramm), Seoul: Chishikgongjakso, 1996.
Kang Chol Hwan und Pierre Rigoulot: *The Aquariums of Pyongyang: Ten Years in the North Korean Gulag*, New York City: Basic Books, 2002.
Kim Chang Ha: *The Immortal Juche Idea*, Pjöngjang: Foreign Languages Publishing House, 1984.
Kim Hyun Hee: *The Tears of My Soul*, New York: William Morrow and Company, 1993 (dt.: *Die Tränen meiner Seele*, Bergisch Gladbach: Lübbe 1994).
Kim Il Sung: *Reminiscences: With the Century*, Bd. 1–5, Pjöngjang: Foreign Languages Publishing House, 1992–1994 (dt.: *Mit dem Jahrhundert*, Verlag für Fremdsprachige Literatur: Pjöngjang, o. J.).
Kim Jong Il: *Kim Jong Il On the Art of the Cinema*, Pjöngjang: Foreign Languages Publishing House, 1989.

Ders.: *Kim Jong Il on the Art of Opera*, Honolulu: University Press of the Pacific, 1990 (Neuauflage 2001).

Ders.: *Giving Priority to Ideological Work is Essential for Accomplishing Socialism*, Pjöngjang: Foreign Languages Publishing House, 1995 (dt: *Die ideologische Arbeit in den Vordergrund stellen – ein unumgängliches Erfordernis der Verwirklichung des sozialistischen Werkes*, Pjöngjang: Verlag für Fremdsprachige Literatur, o. J.).

Kwak Dae Jung und Shin Ju Hyun: *ookineun kim jong-il* (Der lachende Kim Jong Il), Seoul: Sidaejungsin, 2002.

Lee Han Yong (s. o.): *dae-dong-gang royal family seoul jamhaeng 14 nyeon* (Die königliche Famile vom Daedong lebt 14 Jahre lang zurückgezogen in Seoul), Seoul: Dong-A Ilbo, 1996.

Lee Yeong Kook: *na-neun kim jong-il gyeong-ho-weon i-eo-da* (Ich war Kim Jong Ils Bodyguard), Seoul: Sidaejungsin, 2002.

Lee Soon Ok: *Eyes of the Tailless Animals: Prison Memoirs of a North Korean Woman*, Bartlesville, O. K.: Living Sacrifice Book Company, 1999.

Lim Un: *The Founding of a Dynasty in North Korea: An Authentic Biography of Kim Il-song*, Tokio: Jiyu-sha, 1982.

Natsios, Andrew S.: *The Great North Korean Famine: Famine, Politics and Foreign Policy*, Washington, D. C.: United States Institute for Peace, 2001.

Noland, Marcus: *Avoiding the Apocalypse: The Future of the Two Koreas*, Washington, D. C.: Institute for International Economics, 2000.

Oberdorfer, Don: *The Two Koreas: A Contemporary History*, Basic Books, 1997.

Oh, Kongdan und Ralph C. Hassig: *North Korea through the Looking Glass*, Washington, D. C.: Brookings Institution Press, 2000.

Pulikovski, Konstantin: *Vostochnyi (Orient) Express* (Mit Kim Jong Il durch Russland), Moskau, 2002.

Rutt, Richard: *James Scarth Gale and his History of the Korean People*, Seoul: Royal Asiatic Society, 1972.

Seiler, Sydney A.: *Kim Il-song 1941–1948: The Creation of a Legend, The Building of a Regime*, New York: University Press of America, 1994.

Shin Sang Ok: *kim jong-il e-ge bo-nae-neun pyeon-ji* (Brief an Kim Jong Il), Seoul: Haengrim Chulpan, 1995.

Sigal, Leon: *Disarming Strangers: Nuclear Diplomacy with North Korea*, Princeton, N.J.: Princeton University Press, 1998.

Snyder, Scott: *Negotiating on the Edge: North Korean Negotiating Behavior*, Washington, D.C.: United States Institute of Peace Press, 1999.

Society for Northeast Asian Peace Studies: *The Kim Dae-Jung Government, The Sunshine Policy*, Seoul: Millennium Books, 1999.

Suh Dae Sook, *Korean Communism, 1945–1980*, Honolulu, University of Hawaii Press, 1981.

Ders.: *Kim Il Sung: The North Korean Leader*, New York: Columbia University Press, 1988.

Sung Hae Rang: *deung namu jib* (Haus der Glyzinie), Seoul: Jishiknara, 2000.

Tak Jin, Kim Gang Il und Pak Hong Je: *Great Leader Kim Jong Il* (2 Bände), Tokio: Sorinsha, 1985–1986.

US-Regierung: *21st Century Complete Guide to North Korea and the Regime of Kim Jong-il*, CD der Core Federal Information Series, 2003.

Yi Sun Kyung: *Inside the Hermit Kingdom: A Memoir*, Toronto: Key Porter Books, 1997.

Register

Kim Jong Il selbst, genannt »Jura«, der auf fast jeder Seite genannt wird, ist im Register nicht verzeichnet